个人信息
侵权责任研究

朱荣荣 著

九州出版社 | 全国百佳图书出版单位

图书在版编目（CIP）数据

个人信息侵权责任研究 / 朱荣荣著. -- 北京 : 九
州出版社, 2025. 4. -- ISBN 978-7-5225-3848-8

Ⅰ. D923.04

中国国家版本馆CIP数据核字第2025K3C759号

个人信息侵权责任研究

作　　者	朱荣荣　著	
责任编辑	肖润楷	
出版发行	九州出版社	
地　　址	北京市西城区阜外大街甲 35 号（100037）	
发行电话	(010)68992190/3/5/6	
网　　址	www.jiuzhoupress.com	
电子信箱	jiuzhou@jiuzhoupress.com	
印　　刷	北京九州迅驰传媒文化有限公司	
开　　本	720 毫米 ×1020 毫米　16 开	
印　　张	14.5	
字　　数	248 千字	
版　　次	2025 年 5 月第 1 版	
印　　次	2025 年 5 月第 1 次印刷	
书　　号	ISBN 978-7-5225-3848-8	
定　　价	52.00 元	

本书系 2024 年度江苏省社会科学基金青年项目"数字风险社会预防性侵权责任研究"（项目编号：24FXC010）成果。

目　录

导　言

一、研究背景

随着自动化信息收集技术的发展，信息收集、利用、共享等信息处理行为日趋普遍化，给社会生活带来了极大便利，但也增加了个人信息被侵害的风险。当前，人们强烈呼吁落实个人信息的法律保护，惩戒不法侵犯个人信息的行为。个人信息侵权是随着信息化进程的高速发展而衍生的社会问题，个人信息之上的价值或利益具有复杂性，个人信息不仅承载着信息主体的人格利益、财产利益，更是社会存续发展所必不可少的基础性资源。近年来，个人信息侵权频发的根本原因在于信息保护与信息利用的失衡，有关个人信息的立法呈现出或偏重于信息保护或偏重于信息利用的两极趋势。个人信息所承载利益的多元性决定了个人信息侵权的复杂性，如何运用法律武器守护好公民的个人信息是亟须解决的重大问题。司法实践中，由于缺乏立法的明确指引，个人信息侵权的认定与救济不尽一致，严重影响了司法机关的权威性与公信力。

2020 年 5 月 28 日，第十三届全国人民代表大会第三次会议表决通过了《中华人民共和国民法典》（以下简称《民法典》），标志着我国正式迎来"民法典时代"，《民法典》明确了个人信息保护的相关规则，足见我国立法对于个人信息保护的重视。遗憾的是，《民法典》并未正面回应个人信息侵权的归责原则、构成要件以及具体的救济措施等相关问题。2021 年 8 月 20 日，第十三届全国人民代表大会常务委员会第三十次会议通过了《中华人民共和国个人信息保护法》（以下简称《个人信息保护法》），作为我国第一部个人信息保护方面的单行法，其历史意义不容忽视。《个人信息保护法》的出台标志着我国个人信息保护问题迎来新的阶段，接下来理论界与实务界面临的主要任务将是个人信息保护规则的解释与适用问题，譬如，如何协调《民法典》与《个人信息保护法》的适用关系、如何协调侵权法与人格权法在个人信息保护方面的适用关系、如何确定个人信息侵权责任的构成要件与赔偿范围等问题均有待进一步探讨。

从现实角度来看，大数据时代个人信息能否得到有效保护的一个关键举措就是侵害个人信息的责任能否得到合理解决。个人信息侵权责任的认定与救济关系信息主体与信息处理者的切身利益，作为民事权益保护最后阀门的侵权法需要发挥好应有的救济功能。在《民法典》《个人信息保护法》以及其他相关规范陆续颁行的背景下，我国个人信息保护立法层面的空白得到了一定的弥补，但仍存在诸多不足之处，其中尤以个人信息侵权缺乏相对充分且明确的救济规则最为突出，难以为司法实践提供有价值的指导，成为个人信息保护不得不直面的重要议题。鉴此，本书从侵权法视角探讨个人信息保护问题，具有较强的理论意义与实践价值。

二、文献综述

（一）国内文献综述

我国个人信息的法律保护经历了以公法保护为主到日益重视私法保护的发展历程，自 2017 年《中华人民共和国民法总则》（以下简称《民法总则》）第一百一十一条以民事基本法的形式确立个人信息受法律保护以来，理论界对于个人信息展开了激烈的探讨。然而，通过梳理相关文献可知，目前我国学者对于个人信息保护问题的探讨主要聚焦于个人信息的概念界定及其与隐私等相关概念的区别、个人信息的法律地位、个人信息的保护模式等问题的研究，鲜有学者针对个人信息侵权问题展开系统化论述，且既有研究对于相关问题争议也较大，难以形成一致的共识。结合目前有关个人信息侵权问题的研究资料，以下从个人信息侵权的归责原则、构成要件及救济方式等三个方面简要阐述我国个人信息侵权问题的研究现状。

关于个人信息侵权的归责原则，我国规范层面存在不同的做法。大陆（内地）新近颁行的《个人信息保护法》以及香港的《个人资料（私隐）案例》与澳门的《个人资料保护法》采取的是一元的过错推定责任原则；而我国台湾地区的"个人资料保护法"则采取的是二元的归责原则，其依据信息处理者的性质将信息处理者区别为公务机关与非公务机关，进而适用不同的归责原则。理论层面，学者众说纷纭，大致存在"一元归责论""二元归责论"以及"多元归责论"。"一元归责论"认为，个人信息侵权应当适用统一的归责原则，但依据何种标准确定归责原则争议较大，对此，主要存在"无过错责任一元论""过错责任一元论"以及"过错推定责任一元论"等三种不同的主张。不同于"一元归责论"单一性的思维方式，"二元归责论"主张区别个人信息侵权的不同情形适用不同的归责原则，至于以何种标准作为归责的基础，则存在"主体归责"与"技术归责"两种不同的主张。持"主体归责"的学者认为，应当依据侵害行为人的类别区别适用归责原则，持"技术归责"的学者则认为，应当依据侵害行为人在实施侵害行为时是否采取了相应的技术而适用不同的归责原则。"多元归责论"认为，个人信息侵权具有高度的复杂性，单一的归责原则或二元的归责原则均难以周延地解决实践中复杂的个人信息侵权纠纷，应当采取多元的归责原则。对此，有学者认为，个人信息侵权的归责原则应着眼于责任形式与责任主体的不同而采取不同的归责原则，[①] 还有学者认为，应当根据侵害主体是否为公务机关以及侵害人是否采取了自动化数据处理技术分别确定个人信息侵权的归责原则。[②] 由上述争议可知，目前学界对于个人信息侵权的归责原则尚未形成一致的认识，但主流观点认为应当区别适用归责原则，只是区分的标准不尽相同。现代社会，自动化信息处理技术涉及社会生活各个方面，以信息处理者是否采纳了自动化处理技术为标准来区别适用归责原则是否具有合理性，有待商榷。此外，个人信息侵权行为可能同时涉及多个信息处理者，根据侵害行为人主体性质的不同采取不同的归责原则可能增加信息主体的证明负担，不利于信息主体权益的保护。

在个人信息侵权的具体构成要件方面，学者亦存在不同的看法。在加害行为方面，主流观点认为应当对于个人信息的侵害行为进行类型化考察，将个人信息的侵害行为区分为信息主体权益的积极侵害与信息处理者行为义务的违反、直接侵权行为与间接侵权行为、公务机关侵权行为与非公务机关侵权行为以及作为侵权行为与不作为侵权行为等。在个人信息侵权的损害认定方面，理论界逐渐认识到传统的损害难以有效应对个人信息侵权的复杂性，主张积极接纳新型损害成为一种现实趋势。在个人信息侵权的因果关系认定方面，一种观点认为，为减轻信息主体的证明负担，个人信息侵权应当采纳"条件说"；另一种观点认为，个人信息侵权行为属于一般的侵权行为，适用相当因果关系即可。还有的学者认为，相当因果关系无法解决个人信息侵权因果关系的现实难题，并主张采取"三阶层因果关系"等特殊的因果关系理论。

① 刁胜先：《个人信息网络侵权归责原则的比较研究——兼评我国侵权法的相关规定》，《河北法学》2011年第6期，第98页。
② 叶名怡：《个人信息的侵权法保护》，《法学研究》2018年第4期，第93—95页。

关于个人信息侵权的救济方式，学者的分歧也较大。张建文教授主张，应当认可预防性责任方式、完善二元化的补偿性责任方式以及建立惩罚性赔偿制度，构建兼具预防性、补偿性、惩罚性功能的个人信息侵权救济制度。[①] 目前，学界对于个人信息侵权救济的探讨主要集中于损害赔偿，对于预防性侵权责任以及惩罚性赔偿缺乏应有的关注。从理论上来说，由于个人信息承载着人格利益与财产利益，侵害个人信息不仅会造成信息主体精神损害，也可能对其造成财产损害。关于财产损害赔偿，任龙龙主张侵害个人信息造成的财产损害既包括因侵害个人信息人格利益而在例外情形下产生的财产损失，也包括因直接侵害个人信息财产利益而导致的财产损失。[②] 还有学者认为，应当对信息主体所受到的经济利益损失予以全面赔偿，具体损失难以确定的则根据侵害者的所得利益进行赔偿，为防止法官滥用自由裁量权，有必要建立法定最高额制度，从而限制财产损失和精神损失的赔偿总额。[③] 关于精神损害赔偿，学者争执的焦点在于个人信息侵权精神损害赔偿的运用是否需要受害人的精神损害达到严重性程度，一种观点认为，个人信息侵权精神损害赔偿必须满足严重性要件，否则可能使得精神损害赔偿的泛化。另一种观点认为，个人信息与信息主体的人格利益关系密切，且侵害个人信息造成的精神损害难以具体证明，若严格固守精神损害的严重性要件，不利于信息主体权益的有效保护，故而应当舍弃精神损害后果的严重性要求。

（二）国外文献综述

比较法上，相关国家（地区）对于个人信息保护问题关注的时间较早，积累了丰富的经验，形成了较为成熟的个人信息保护体系，通过考察域外立法及学理研究状况可为我国个人信息的侵权法保护提供经验借鉴。相较于其他国家或地区，美国和欧盟的个人信息保护水平走在世界前列，但由于价值理念、法律传统、社会发展现状等方面的差异，美国与欧盟个人信息侵权的理论与实践呈现出不同的样貌。鉴此，本书主要选取美国与欧盟作为考察对象，依循上述针对我国研究现状展开的逻辑顺序，以下仍从个人信息侵权的归责原则、构成要件及救济方式等三个方面进行介绍。

[①] 张建文、时诚：《个人信息的新型侵权形态及其救济》，《法学杂志》2021年第4期，第49—52页。
[②] 任龙龙：《大数据时代的个人信息民法保护》，对外经济贸易大学博士学位论文，2017年，第97页。
[③] 秦成德、危小波、葛伟：《网络个人信息保护研究》，西安交通大学出版社2016年版，第264—265页。

关于个人信息侵权的归责原则，域外立法一般不明确使用"过错""过错推定"或"无过错"等字眼，而常以"违反本法规定的行为致人损害"为归责基础，使得归责标准具有客观化、外在化的特点。[①] 国际立法方面，1995 年欧洲议会和欧盟理事会出台的《关于个人信息处理和流通过程中对个人信息保护的指令》（以下简称"95 指令"），该指令第二十三条采取的是无过错责任原则，不论信息控制者主观上是否存在过错，只要信息主体的合法权益遭受损害就应当承担责任。在"95 指令"的影响下，荷兰、匈牙利等欧盟国家也采取了无过错责任原则。2018 年正式施行的欧盟《一般数据保护条例》（General Data Protection Regulation, GDPR）取代了"95 指令"，成为适用于欧盟境内数据保护的指导性规定，与"95 指令"不同，《一般数据保护条例》具有直接的法律效力，成员国在处理数据保护问题时可以直接援引条例的相关规定。《一般数据保护条例》第八十二条明确规定，个人信息侵权统一适用过错推定责任。国家立法方面，关于个人信息侵权归责原则的规定也存在较大差异，主要存在"统一规制模式"与"区别规制模式"，"统一规制模式"指对于个人信息侵权归责原则的适用不作类型化考察，而采取一元的归责原则。2020 年修正的韩国《个人信息保护法》第三十九条在个人信息侵权归责问题上采取的是过错推定原则，并没有进一步予以类型化规定。"区别规制模式"主张对于不同类型的个人信息侵权适用不同的归责原则，但在具体的区分依据上又存在不同的做法。德国《联邦数据保护法》采取的是二元的归责原则，但其归责的依据在不断地调整，根据 2003 年的德国《联邦数据保护法》第七条、第八条之规定可知，《联邦数据保护法》所采行的二元归责原则主要是依据信息处理者是否为公共机关及其是否采取了自动化处理技术，简言之，当公共机关采取自动化处理技术侵害个人数据时应当适用无过错责任，其他场合则适用过错推定责任。2018 年德国新修订的《联邦数据保护法》第八十三条第一款重构了个人信息侵权的归责原则，其摒弃了此前依据侵害人是否为公务机关而区别适用归责原则的做法，转而根据信息处理者是否采取了自动化数据处理技术适用不同的归责原则，对于侵害行为人采用自动化数据处理技术侵害个人信息的适用无过错责任原则，而对于没有采用自动化数据处理技术的侵害行为人则适用过错推定责任原则。

关于个人信息侵权的构成要件，各国（地区）的理论与实务也不尽相同。在侵权行为方面，美国早期的司法实践倾向于认为个人信息侵权行为仅限于信

---

① 刁胜先：《个人信息网络侵权问题研究》，上海三联书店 2013 年版，第 87 页。

息披露行为，但在"朱迪斯·维达霍尔诉谷歌公司"（Judith Vidal-Hall v Google Inc.）一案中，高等法院和上诉法院均认为，个人信息侵权行为不再局限于信息披露行为，而是包括任何形式的信息滥用行为。① 不同于此，欧盟立法对于个人信息侵害行为做出了一定的限制，其倾向于认为，违反个人信息保护法的行为给当事人造成损害的，该侵害行为被推定具有违法性，行为人需要就此承担损害赔偿责任。② 譬如，根据 GDPR 第八十二条之规定可知，信息处理者的侵害行为主要是指违反了该条例所规定的信息处理者的义务，或者其行为违反或超出了相关指令的可能范围。关于个人信息侵权损害的认定，有学者建议降低损害的认定标准，对于个人信息泄露增加的未来受到伤害的风险应当认定为"事实上的损害"（injury-in-fact），此外，个人因信息泄露所遭受的情感上的困扰、恐惧以及为保护个人身份所花费的成本等都可以认定为损害，法律对于这些真实存在的损害应当予以救济。③ 有学者则认为，恶意使用私人身份信息的风险应当主要关注于集体损害，而非个人损害。④ 司法实践中，美国法院则存在不同的做法，第六、第七、第九以及哥伦比亚特区巡回法院等一些法院倾向于对美国宪法第三条之"损害"采取广义的解释，允许个人在其个人信息被不当泄露时提起诉讼，并不要求实际损害的存在，第三、第四以及第八巡回法院等一些法院则认为存在事实上的损害是享有原告资格的必备条件。此外，还有的法院认为原告遭受的损害是微不足道的，并以此判决其败诉。在"希伯利诉时代公司"（Shibley v. Time, Inc.）一案中，俄亥俄州上诉法院裁定，出版商将订阅列表信息出售给直销邮件广告公司的行为虽然可能揭示一个人的生活方式，但并不会给一个有普通情感的人造成精神痛苦、羞愧或耻辱，因而不是侵犯隐私的侵权行为。⑤ 在"德威尔诉美国运通公司"（Dwyer v. American Express Co.）一案中，伊利诺伊州上诉法院认为，美国运通公司创建并租用了有关持卡人消费习惯的信息并没有侵犯任何隐私权，相反，这一行为创造了价值，因为一个

---

① See Judith Vidal-Hall v Google Inc. [2014] EWHC 13, Google Inc v Judith Vidal-Hall [2015] EWCA Civ 311.

② 杨芳：《个人信息保护法保护客体之辨——兼论个人信息保护法和民法适用上之关系》，《比较法研究》2017 年第 5 期，第 77 页。

③ Miles L. Galbraith, Identity Crisis: Seeking a Unified Approach to Plaintiff Standing for Data Security Breaches of Sensitive Personal Information, American University Law Review, vol. 62, no. 5, 2013, pp. 1387-1399.

④ Robert L. Rabin, Perspectives on Privacy, Data Security and Tort Law, DePaul Law Review, vol. 66, no. 2, 2017, pp.333-334.

⑤ 341 N.E.2d 337 (Ohio Ct. App. 1975).

人的姓名只有在与被告的名单相关联时才有价值。① 可见，伊利诺伊州上诉法院所关注的不是侵害个人信息造成的损害而是个人信息所具有的价值。与美国类似，欧盟近年来也强调扩张个人信息侵权损害的范围。2014 年，欧盟基本权利机构（The European Union Agency for Fundamental Rights）的一项调查研究显示，受访者倾向于将侵害个人信息权造成的损害描述为一种心理和社会损害，比如情绪困扰或名誉损害，还有部分受访者认为个人信息侵权造成的损害也包括经济损失。② 立法上，相关规范更是明确表示，为了实现 GDPR 的立法目标，个人信息侵权损害的概念应当根据欧洲法院的判例法进行广泛地解释。关于个人信息泄露而没有后续滥用行为是否构成实质性损害的问题，德累斯顿高等法院在一份判决中做出了否定性的回答，该案中，一名用户起诉某社交网络删除其帖子并将其个人信息切换为"只读"模式的行为给其造成了损害，法院认为，个人信息的遗失或被封锁本身不构成实质损害。③ 有学者则认为，如果侵害行为影响了受害人利用数据获得利益的可能性，则应当认可受害人提出的损害赔偿请求，但受害人需要提供证据证明有关数据具有经济价值，且其因此被剥夺了市场机会。④ 关于个人信息侵权因果关系的判定，欧盟《一般数据保护条例》仅规定侵权行为与损害之间应当具有因果关系，但并未言明认定该因果关系时应当采取何种标准。对此，有学者主张判定个人信息侵权的因果关系必须考虑联邦法院的判例法，虽然 GDPR 序言第一百四十六条第三款仅规定个人信息侵权损害的认定应当考虑联邦法院的判例法，而对于因果关系的认定是否需要考虑判例法则没有具体言明，但在判定个人信息侵权因果关系时借鉴欧洲法院有关损害赔偿的判例法是可行的。⑤

　　关于个人信息侵权的救济方式，美国的相关规范鲜有明确性的规定，理论界则存在较多的观点。有学者主张侵害个人信息造成的损害包括物质损害与非物质损害，物质损害包括因第三方向服务提供者非法传输数据而导致的最终服务成本的增加、因非法收集有关候选人的个人数据而导致雇主未执行雇佣合同或解雇，以及因金融企业非法使用个人资料而对当事人造成负面影响等；非物

① 　652 N.E.2d 1351, 1356 (Ill. App. Ct. 1995).

② 　Carmen Tamara Ungureanu, Legal Remedies for Personal Data Protection in European Union, Logos Universality Mentality Education Novelty Section: Law, vol. 6, no. 2, 2018, pp.30-31.

③ 　Vgl.OLG Dresden ZD 2019, 567, Rdnr. 13.

④ 　Vgl.Gola/Piltz (o. Fußn. 2), Rdnr. 11; in diese Richtung auch Neun/Lubitzsch, BB 2017, 2563, 2567.

⑤ 　Boris P. Paal, Schadensersatzansprüche bei Datenschutzverstößen Voraussetzungen und Probleme des Art. 82 DS-GVO. MMR 2020, Rn17.

质损害则包括不受欢迎的公开曝光、焦虑以及由此产生的歧视或对人格发展的限制等。[1] 还有学者认为，侵害个人信息造成的损失可以进一步区分为直接损失与间接损失，直接损失是指那些可以立即显现出来的损失，诸如因个人的消费偏好被泄露而遭受的不利的价格歧视；间接损失则指个人信息被泄露后可能引发的潜在的损失，具体包括劳务损失、律师费以及时间成本等。[2] 不同于美国，欧盟立法对于个人信息侵权责任的承担做出了明确的规定，根据《一般数据保护条例》第八十二条第一款之规定可知，信息主体因信息处理者违反数据保护法而遭受的任何物质损害或非物质损害，都有权向信息处理者请求赔偿。对此，有学者认为，物质损害既包括受害人现有财产的损失也包括可得利润损失，非物质损害则包括侮辱、歧视、身份盗窃、名誉受损、未经授权的假名撤销以及其他重大损失，并进一步指出，GDPR 所遵循的理念很大程度上源自美国法中的惩罚性赔偿，在这种价值理念的指引下，其不仅要补偿信息主体遭受的损失，也要惩戒与教育任何无视信息主体权利的信息处理者。[3] 司法实践中，有的法院则明确否认个人信息侵权非物质损害赔偿的合理性，卡尔斯鲁厄地区法院在一起案件中驳回了原告根据《一般数据保护条例》第八十二条 GDPR 提出的赔偿请求，原因在于原告对于非物质损害的陈述不足。[4]

三、研究思路与研究方法

（一）研究思路

关于"个人信息侵权责任"这一议题，本书将从以下五个方面具体展开：

第一章主要阐述了个人信息的理论基础，包括个人信息内涵的界定、个人信息的主体以及个人信息的法律地位，通过全景视角揭示个人信息的真实样貌，为个人信息侵权责任的研究奠定理论根基。个人信息概念的准确界定是个人信息侵权法保护的前提要件，合理界分个人信息与非个人信息事关信息保护与信息利用的平衡兼顾，如果个人信息界定的过于宽泛，可能影响信息处理者的行为自由，反之，如果个人信息界定的过于狭窄，可能无法全面救济信息主体的

---

[1]　Cordeiro, A. B. Menezes, Civil Liability for Processing of Personal Data in the GDPR. European Data Protection Law Review (EDPL), vol. 5, no. 4, 2019, p.495.

[2]　Sasha Romanosky, Alessandro Acquisti, Privacy Costs and Personal Data Protection: Economic and Legal Perspectives, Berkeley Technology Law Journal, vol. 24, no. 3, 2009, pp. 1093-1094.

[3]　Dirk Bieresborn, The impact of the General Data Protection Regulation on Social Security, ERA Forum, vol. 20, no. 2, 2019, pp.301-302.

[4]　LG Karlsruhe ZD 2019, 511, Rdnr. 17.

受损权益。实际上，个人信息的范围不是恒定不变的，而是随着社会的变迁动态调整的，为此，应当以识别性为核心要素、场景考量为补充性要素相结合的方式来动态地认定个人信息的范围，使个人信息的范围既具有一定的稳定性，又保持一定的弹性，从而灵活适应复杂的现实实践。从个人信息的本质属性可知，个人信息的主体仅限于自然人，法人或非法人组织无法成为个人信息的主体。个人信息法律地位的确定关系个人信息侵权救济的保护方式与保护强度，通过翔实考察权利与利益的本质特征，进而得出个人信息应当定位于受法律保护的利益，原因在于个人信息不符合权利的基本构成要素，且个人信息的权利化保护可能阻碍个人信息正常的流通与利用。

第二章着重分析了个人信息的利益格局及其归属。个人信息所承载的利益具有多元性、复杂性，个人信息是财产利益与人格利益的综合体，一方面，个人信息是信息主体人格形象的具体呈现，通过对个人信息的收集与分析可以勾勒信息主体的人格形象。不同于隐私权的消极防御性，个人信息主要体现为积极利用的面向，不论美国法的信息隐私权还是欧盟法的信息自决权，均旨在维护个人的主体性地位。另一方面，信息技术的发展使得个人信息的财产属性愈益凸显，具体而言，个人信息满足财产的基本构成要素，承认个人信息的经济价值有利于增强信息主体的议价能力，同时为信息处理者利用个人信息提供理论支撑。个人信息所承载利益的多元性要求我们必须综合考量多方主体的利益，否则可能出现对一方保护过度而对另一方保护不足的现象，不利于大数据时代人格尊严的维护与社会生产的有序发展。对于个人信息之人格利益，应由信息主体享有，而对于个人信息之财产利益，则需要在信息主体与信息处理者之间合理地分配，统筹兼顾双方的正当性利益。

第三章论述了大数据背景下个人信息侵权救济的现实困境及其路径转向，尝试对我国个人信息侵权救济制度进行重构。在信息科技快速变革的时代背景下，个人信息侵权呈现新的特征，个人信息利益的多元性导致损害形态愈加复杂，侵害行为的技术性使得个人信息损害证明困难，个人信息侵权主体的牵连性导致无法有效追责。现阶段，我国《民法典》与《个人信息保护法》虽然对个人信息保护有所规定，但两者关于个人信息侵权的构成要件相互抵牾，不利于司法实践的统一适用。此外，我国现行规范强调信息主体利益的保护，忽视了个人信息的利用价值，在价值理念的选择方面有欠妥当。个人信息内涵丰富、外延广泛，不同类型的个人信息对于信息主体的重要性程度存在较大的差异，统一规制个人信息的保护模式无法统筹兼顾信息主体与信息处理者的利益，这要求我们应当依据个人信息固有的现实差异性采取不同程度的保护措施。就此而言，依据信息敏感度的不同将个人信息区别为个人一般信息与个人敏感信息触及了个人信息本质意义上的差异，且域外立法及我国相关规范均采取了这种分类模式，可以成为我国个人信息侵权规则重构的基石。在个人敏感信息与个人一般信息区分的基础上采取不同的保护策略，能够缓和知情同意规则适用的僵硬性，实现信息保护与信息利用的动态平衡，是破解我国个人信息侵权救济困境的理想方案。

第四章主要探讨类型化视域下个人信息侵权责任的构成。由于个人敏感信息关系信息主体基本的人格权益，侵害敏感信息可能给信息主体造成更严重的损害，这要求我们应当分别探讨个人敏感信息与个人一般信息侵权责任的具体构成。就归责原则来说，侵害个人一般信息的适用过错推定责任原则，而侵害个人敏感信息的则适用无过错责任原则。在具体的侵权责任构成方面，个人一般信息侵权责任的构成要件包括侵害行为、损害、因果关系以及主观过错。唯须注意的是，在认定个人一般信息侵权损害时应当坚持实际损害要件，同时为减少信息主体的证明负担，可采取规范性损害的评价模式，在具体个案中综合考量多种因素判定损害是否存在。由于个人一般信息承载着更多的社会属性，过度保护个人一般信息可能不当侵蚀信息利用的空间，因此对于个人一般信息侵权应当适用"二阶层式的因果关系"，除了考察侵害行为与损害是否存在相当因果关系外，还需要考察被侵害的个人一般信息是否属于现行法律规范所保护的范畴，通过构造"二阶层式的因果关系"，适度释放个人一般信息的利用空间。个人敏感信息侵权的构成要件包括侵害行为、损害以及因果关系。在评价个人敏感信息损害时，除了传统的财产损失、精神损害等现实损害外，有必要引入"风险性损害"，承认尚未实际发生但极有可能发生的影响人身财产安全的风险也构成损害。在因果关系方面，个人敏感信息侵权适用一般的"相当因果关系"即可，过高的因果关系标准可能增加信息主体的证明负担，不利于侵权纠纷的及时解决。

第五章主要探讨个人信息侵权的救济方式。个人信息侵权问题最终的落脚点仍要回归具体责任的承担上，鉴于个人一般信息与个人敏感信息对于信息主体的重要性程度存在差异，需要根据被侵害的对象为个人敏感信息或个人一般信息而提供不同程度的保护。对于个人一般信息来说，应当对其提供基础性的保护，以免阻碍正常的社会交往。对于个人敏感信息来说，则需要提供强化性的保护，从而全面保护信息主体的受损权益。在具体的救济路径上，对于侵害个人一般信息的，应当主要采取补偿性的侵权责任，通过财产损害赔偿与精神损害赔偿填补受害人所受的损害。关于财产损害的赔偿范围，可以按照损失赔偿、获益赔偿或者酌定赔偿予以确定。就损失赔偿来说，侵害个人信息造成的财产损失既包括个人信息泄露引发的银行卡被盗取等直接损失，也包括维权成本的支出等间接损失。关于获益赔偿，学界存在损害赔偿说、不法管理说、不当得利说等不同的解释路径，如何在现行法体系下合理阐释获益赔偿的理论基础关系到获益赔偿的范围是否合理。关于精神损害的赔偿，个人一般信息的精神损害赔偿应当要求损害后果的严重性，否则可能阻碍个人信息正常的流转。由于个人敏感信息是信息主体基本人格利益的重要体现，除了财产损害赔偿与精神损害赔偿等补偿性的侵权责任外，有必要引入预防性侵权责任以及惩罚性赔偿责任等强化性的救济措施，从而阻遏潜在的侵害个人敏感信息的行为，为受害人积极主动地寻求司法救济提供动力支撑。

（二）主要研究方法

在探讨"个人信息侵权责任"时，应当同时面向理论与实务，为了更好地把握这一命题，拟采用下列研究方法：

第一，法释义学方法。在《民法典》《个人信息保护法》以及其他相关规范陆续颁行的社会背景下，为维护法律的安定性及可预期性，有关个人信息侵权救济的相关问题应当首先从既有的法律规定中寻求解决方案。因此，该书在研究个人信息的侵权法保护问题时立足于我国现行法律体系，从解释论的视角探讨个人信息侵权救济面临的现实困境及其可能的路径选择。

第二，比较分析法。近年来，国内外有关个人信息保护的文献大量涌现，相较于我国个人信息侵权的理论研究及相关立法，比较法上的个人信息侵权研究起步较早，发展的也较为成熟。通过对域外有关个人信息侵权的立法保护与学理研究进行系统地考察，形成关于个人信息保护较为全面的认识，进而分析比较法有关个人信息侵权救济的科学合理之处以及我国立法、司法以及学理存在的问题，为我国个人信息侵权的制度构造提炼出切合实际的解决之法。

第三，判例研究法。司法判例是法规范是否具有妥适性的最好印鉴，通过搜查大量的案例，对于实务中个人信息侵权相关问题进行整理，归纳出司法裁决在处理个人信息侵权问题上存在的不足之处，有助于该论题研究的深入展开，从而为个人信息侵权救济提供针对性的解决方案。

第一章　个人信息的基本理论

第一节　个人信息与相关概念的辨析

一、个人信息与相关概念被混用

人是社会性动物，个人的生存与发展离不开社会活动与社会交往，个人信息作为个人形象的具体化描述，推动了个人融入社会共同体的步伐。据联合国贸易和发展会议（United Nations Conference on Trade and Develo Pment, UNCTAD）统计，目前全球已制定或正在制定个人信息保护法的国家占比高达76%，足见个人信息的重要地位。[①] 实际上，对于个人信息的收集和利用并非现代社会特有之现象，之所以个人信息保护问题成为目前理论界以及立法界研讨的热点，乃是因为大数据技术的变革性发展使得侵害个人信息的现象频频发生，人们对于个人信息保护的诉求愈益迫切。

根据目前学界的研究，"个人信息"这一概念缘起于1968年联合国国际人权会议提出的"数据保护"（data protection），[②] 可见，对于个人信息的研究与关注属于法律领域相对新兴的范畴。实践中，由于各国（地区）法律文化、用语习惯存在较大差异，导致"个人信息"的术语选择相对混乱，主要有"个人信息""个人数据""个人资料"以及"个人隐私"等。具体来说，我国台湾地区、香港特别行政区采纳的是"个人资料"；欧盟国家（地区）大多采用"个人数据"（personal data），诸如1970年德国的《黑森州个人数据保护法》《一般数据保护条例》等；日本、韩国以及亚洲其他一些国家采纳的是"个人信息"；美国则大多以隐私代指个人信息，或者将"个人信息"称为"个人身份可识别信息"（Personal Identifiable Information,）；还有一些国家或地区则并不严格区分

---

① UNCTAD, Data Protection and Privacy Legislation Worldwide, https://unctad.org/page/data-protection-and-privacy-legislation-worldwide. (Last visited: 2021-10-18)

② 李建新:《两岸四地的个人信息保护与行政信息公开》，《法学》2013年第7期，第98页。

个人数据与个人信息。

就我国而言，"个人信息"在我国是一个相对较新的概念，由于缺乏相对权威性与体系化的立法指引，导致学理与实践不加区分地使用个人信息、数据以及隐私。理论界，有学者主张采用"个人资料"，认为"个人信息"或"个人资料"不是单纯的概念之争和翻译问题，也不是"政治正确"所能正当化的，纯粹的个人信息不是法律保护的客体，没有真正的法律意义。[①] 齐爱民教授亦曾力主采纳"个人资料"这一概念，认为"个人资料"具有确定性，而"个人信息"往往因收集者的主观目的不同而有差别。[②] 随着时间的推移，齐爱民教授改变了其原先的观点，认为"个人信息"与"个人资料"是可以通用的概念，但使用"个人信息"更能体现立法目的。[③] 周汉华教授则认为，"个人信息""个人数据"与"隐私"是可以互换使用的，概念的不同主要源于不同的法律传统和使用习惯，实质上并不影响法律的内容。[④]

二、个人信息与相关概念的比较

（一）个人信息不同于隐私

关于隐私与个人信息的关系，立法体例上存在一体保护模式与区分保护模式之别。美国是典型的一体保护模式的践行者，其认为个人信息本质上属于隐私范畴，故而应将个人信息纳入隐私权框架进行调整，无需另设个人信息保护规则。美国学者威斯汀（Alan Westin）认为，隐私不仅意味着信息不被他人知悉，更意味着个人对于信息的自主控制。[⑤] 区别保护模式则认为，个人信息不同于隐私，应当分别针对隐私与个人信息确立保护机制。德国早期立法借鉴美国的一体保护模式，通过隐私权来规制个人信息，但随着社会实践的发展，个人信息与隐私权逐渐分离，形成了隐私权与个人信息区别规制的二元保护模式。

相比于其他国家，隐私的法律保护在我国出现的较晚，1986年《民法通则》明确列举了姓名权、肖像权、名誉权等具体人格权，并未对隐私权做出规定。1988年，最高人民法院发布的《关于贯彻执行〈民法通则〉若干问题的意

---

① 马特：《个人资料保护之辩》，《苏州大学学报（哲学社会科学版）》2012年第6期，第77—78页。

② 齐爱民：《论个人资料》，《法学》2003年第8期，第80—81页。

③ 齐爱民：《论个人信息的法律保护》，《苏州大学学报（哲学社会科学版）》2005年第2期，第31—32页。

④ 周汉华：《个人信息保护法（专家建议稿）及立法研究报告》，法律出版社2006年版，第28—29页。

⑤ Alan F. Westin, Privacy and Freedom, New York: Atheneum, 1967, p. 208.

见（试行）》第一百四十条首次提出要保护个人隐私，使得隐私在我国立法层面实现了从无到有的历史性突破，遗憾的是，隐私并未被规定为一项独立的权益类型，对于侵害隐私的行为只能援引名誉权进行救济。2010 年，《中华人民共和国侵权责任法》（以下简称《侵权责任法》）第二条明确规定隐私权为独立的具体人格权，使得隐私从受法律保护的利益升级为独立的民事权利类型，标志着法律对于隐私的保护方式由间接保护转为直接保护，具有里程碑的意义。《民法典》更是从民事基本法的层面对隐私的概念予以明确规定，为大数据时代隐私的法律保护提供了基本遵循，值得肯定。

个人信息在我国属于新兴事物，由于缺乏立法的明确规定，导致个人信息与隐私的关系在我国一直呈现混乱不清的状态。理论界，早期学者大多认为个人信息并不具有独立性，其依附于隐私权，因此个人信息在性质上应当归属于隐私权范畴。马俊驹教授认为，隐私权作为一种人格权，其内涵包括自然人有权自主支配其个人信息。[①] 张新宝教授也持类似观点，其认为隐私权是指自然人享有的私人生活安宁与私人信息秘密依法受到保护，不被他人非法侵扰、知悉、搜集、利用和公开的人格权。[②] 司法实践中，法院在涉及个人信息保护问题时，也倾向于认为个人信息属于隐私权范畴，进而通过援引隐私权制度解决个人信息侵权纠纷。随着理论研究的不断深入以及社会的发展进步，立法者逐渐意识到个人信息与隐私并非同一事物，个人信息遂脱离于隐私权，成为独立的受法律保护的利益。

目前，个人信息与隐私的关系渐趋明朗，学界主流观点认为隐私与个人信息并非全然没有关联，而是相互交融但又独立有别。根据《民法典》第一千零三十四条之规定可知，私密信息不仅属于隐私权范畴，亦属于个人信息范畴，个人信息与隐私存在一定的交叉重合之处。然而，个人信息与隐私毕竟是不同事物，两者存在诸多差异之处：首先，个人信息与隐私的内涵不同。通过比较《民法典》第一千零三十二条与第一千零三十四条可以发现，隐私强调的是私密性、非公开性，个人信息的核心特征则在于可识别性。其次，个人信息与隐私的法律属性不同。隐私更多体现为人格权属性，个人信息除了表征信息主体的人格尊严外，还具有一定的财产利益。实践中，隐私在特定情况下可能也会涉及物质利益，但其财产属性远不足以比肩其人格属性，相反，个人信息的财产

---

① 马俊驹:《人格和人格理论讲稿》，法律出版社 2009 年版，第 260 页。
② 张新宝:《隐私权的法律保护》，群众出版社 2004 年版，第 12 页。

属性和人格属性则具有同等重要的地位。[①] 因此，隐私权被侵害时主要适用精神损害赔偿，而侵害他人个人信息造成损害的，信息主体除可请求精神损害赔偿外，还可以请求财产损害赔偿。再者，个人信息与隐私的救济方式不同。隐私主要在于保护个人内心世界的不受打扰状态，更多地体现为被动性、防御性，因而隐私权的救济通常具有事后性。不同于此，个人信息则兼具被动防御性与积极主动性，信息主体除了在个人信息被侵害时主动寻求救济之外，还可以自主决定与控制信息的流转与使用。

（二）个人信息不同于数据

当前，大多学者混淆使用数据与个人信息，并不加以严格地区分。然而，部分学者则认为个人信息与数据并不等同，纪海龙教授认为，个人信息包含于数据，数据包括物理层、符号层和内容层三个层面，个人信息属于数据的内容层。[②] 还有学者认为，数据可以进一步细分为代码符号层面的数据和语义信息层面的数据，语义信息层面的数据在私法领域主要体现为对个人信息的保护。[③] 不难发现，无论是数据的三元划分还是数据的二元划分，两者在阐述数据与个人信息的关系方面有着异曲同工之处，均认为个人信息是数据的一个维度，数据的范围远大于个人信息。

虽然个人信息与数据存在一定的关联，但两者不能等同视之，亦非包含与被包含的关系。我国现行法语境下，立法已经认识到个人信息与数据分属于不同范畴，并将个人信息与数据分别规制。2017 年发布的《中华人民共和国民法总则》（已废止，以下简称《民法总则》）首次以民事基本法的形式确立了个人信息与数据受民法保护，遗憾的是，《民法总则》并未对个人信息与数据的内涵予以明确。但是，在具体的制度安排上，《民法总则》将个人信息与数据规定于不同的条文，具体来说，《民法总则》以单独的条文明确规定个人信息受法律保护并将其置于自然人的人身权利部分，不同于此，数据则与网络虚拟财产被规定在同一条文，且被置于自然人的财产权利部分。虽然不能直接根据这种条文安排推导出个人信息属于人身权利范畴而数据属于财产权范畴，但一定意义上反映了立法者有意区分个人信息与数据。《民法典》承袭《民法总则》的规则设计，将个人信息与数据置于不同的条文，并对个人信息的概念予以了明确规定，

---

① 余筱兰：《民法典编纂视角下信息删除权建构》，《政治与法律》2018 年第 4 期，第 32 页。

② 纪海龙：《数据的私法定位与保护》，《法学研究》2018 年第 6 期，第 72—75 页。

③ 冯德淦：《数据的二元划分与体系保护》，《中南大学学报（社会科学版）》2020 年第 5 期，第 70—79 页。

但对于数据的内涵与外延仍作了留白处理。2021 年颁布的《中华人民共和国数据安全法》(以下简称《数据安全法》)第三条对于数据的概念进行了明确地界定,其规定"数据,是指任何以电子或者其他方式对信息的记录。"由此可见,个人信息与数据在我国现行法律体系下所指向的内容是不同的,两者不能混淆使用。

(三)个人信息与个人数据等同

现阶段,关于个人信息与个人数据关系的厘定,理论界倾向于先行比较数据与信息的异同,在分析数据与信息具有实质上的同一性或者数据异于信息的基础上,便径直得出个人信息与个人数据可以基本等同或两者归属于不同范畴的武断性结论。一种观点认为,信息是数据经处理后的结果,个人数据与个人信息是形式与内容的关系,个人数据"可以"但不"必然"是个人信息的形式,个人信息也"可以"但不"必然"是个人数据所反映的内容。[①]另一种观点认为,信息不可能脱离数据而存在,数据处理过程中也会产生许多新的信息,因而个人信息的内涵基本上与个人数据的内涵相一致,没有区分二者的必要。[②]还有一种观点认为,虽然信息与数据紧密相连,但个人信息与个人数据存在明显的差异,个人信息属于人格权保护范畴而个人数据属于财产权保护范畴,个人信息只有进入商业流通领域才会成为个人数据。[③]

关于上述争议,暂且不考虑研究结论是否具有合理性,但将一组概念进行比对继而得出另一组概念的异同,这种研究进路存在严重的逻辑上的缺陷。换句话说,"信息 = 数据"并不意味着"个人信息 = 个人数据",无法从信息与数据的关系顺畅地推导出个人信息与个人数据的关系。原因在于,"个人信息"并非指个人的信息,不是"个人"与"信息"的简单叠加,个人信息是一个完整的、不可分的事物,法律之所以规制个人信息是因为其具有识别或可识别特定个人的属性,能够对信息主体的人身财产安全造成威胁。实际上,"个人数据"止步于理论探讨的范畴,我国现行规范并没有采纳"个人数据"这一术语,一定意义上可以说,"个人数据"并不被立法所承认。理论界,关于"个人数据"的探讨异彩纷呈,很多学者更是强行割裂"个人数据"与"个人信息",主要是

---

① 周斯佳:《个人数据权与个人信息权关系的厘清》,《华东政法大学学报》2020 年第 2 期,第 89—90 页。

② 梅绍祖:《个人信息保护的基础性问题研究》,《苏州大学学报(哲学社会科学版)》2005 年第 2 期,第 27 页。

③ 赵磊:《数据产权类型化的法律意义》,《中国政法大学学报》2021 年第 3 期,第 73—76 页。

因为学者想当然地把"个人"与自然科学意义上的"数据"简单结合，把"个人数据"变成法律规范意义上的产物。[①] 笔者赞同此种观点，通过考察相关规范可知，我国的"个人信息"与比较法的"个人数据"具有实质上的同一性，均强调个人信息（个人数据）的核心特征在于识别性。只是，在我国《中华人民共和国网络安全法》（以下简称《网络安全法》）、《民法典》、《个人信息保护法》以及其他相关规范均明确使用"个人信息"的现实背景下，为尊重立法的权威性与稳定性，本书采用"个人信息"这一术语。

第二节　个人信息的基本内涵

个人信息概念的准确界定是探讨个人信息保护的逻辑起点，没有限定严格的专门概念，我们便不能清楚地和理性地思考法律问题，也无法将我们对法律的思考转变为语言，并以一种可理解的方式把这些思考传达给别人。[②] 准确界定个人信息的概念是个人信息保护的前提与基础，只有厘清个人信息的内涵，才能准确适用相关的法律规则。

一、个人信息内涵界定的既有观点及其检讨

（一）识别性说

"识别性说"认为，识别性是个人信息区别于非个人信息的本质属性，从语义层面分析，"识别"是指将自然人从一定的群体中辨别、挑选出来。个人信息的"可识别性"系指个人信息与信息主体存在某种客观确定的可能性，通过这些信息能够把当事人直接或间接地辨认出来。[③] 需注意的是，个人信息的"可识别性"必须具备稳定性、静止性、不变性和可复制性，如果一种信息不具有这些特点，则难以归属于个人信息。[④] 实践中，信息可以通过三种方式对个人进行识别：（1）与个人的创作性关系，即个人可以有目的地创造信息，并将该信息传递给他人，以便他人通过该信息与信息的生产者联系起来，这种关系解

---

① 彭诚信、向秦：《"信息"与"数据"的私法界定》，《河南社会科学》2019 年第 11 期，第 34 页。

② [美] E. 博登海默：《法理学——法律哲学与法律方法》，邓正来译，中国政法大学出版社 1998 年版，第 504 页。

③ 蒋坡主编：《个人数据信息的法律保护》，中国政法大学出版社 2008 年版，第 4 页。

④ 叶良芳、应家赟：《非法获取公民个人信息罪之"公民个人信息"的教义学阐释——以〈刑事审判参考〉第 1009 号案例为样本》，《浙江社会科学》2016 年第 4 期，第 75 页。

释了为什么电话交谈、私人日记、情书或电子邮件也构成个人信息;(2)与个人的描述性关系,即信息可以某种方式对个体进行描述,包括生物性信息与社会性信息;(3)与个人的工具性映射关系,即信息是为了机构身份识别、安全访问或提供某些服务与商品而对个人进行的划分,典型者如社会保障号码。[①]

据学者考证,个人信息的身份识别标准大约形成于二十世纪六十年代,由美国学者瑞布豪森(Oscar M. Ruebhausen)与布林(Orville G. Brim)率先提出,其认为如果他人通过相关数据能够将个人身份识别出来,则在对该数据处理时必须取得当事人的同意并采取一定的匿名化措施,以免特定主体被识别出来。[②]1973 年,美国自动化个人数据系统咨询委员会出台的《记录、电脑与公民权利》(*Records, Computers and the Rights of Citizens*)明确指出"自然人的个人隐私受到一份记录中与其相关之可识别信息的披露与运用的直接影响",这一规定标志着隐私保护领域内"特定个人识别标准"的正式形成。[③]1974 年,美国国会通过的《家庭教育和隐私权法》(*Family Educational Rights and Privacy Act*)是第一部明确提及"个人可识别信息"(personally identifiable information)这一术语的联邦法规,其规定"禁止教育机构发布或提供教育记录中的个人可识别信息"。[④]虽然国会没有在该法中明确定义个人可识别信息的概念,但其提供了一个广义的界定路径,根据该法,个人可识别信息包括姓名、地址、社会保障号码以及某些间接标识符。此后,美国 1974 年的《隐私权法》(*Privacy Act*)、1984 年的《有线通信政策法案》(*Cable Communications Policy Act*)以及 2004 年的《儿童在线隐私保护法》(*Children's Online Privacy Protection Act*)等均沿用了可识别标准来界定个人信息,可以说,"可识别性"几乎成为美国立法通用的个人信息判定标准。值得注意的是,美国大多数立法在个人可识别信息界定方面采取狭义的解释路径,将个人可识别信息限定于已识别(identified)个人的信息,而不包括可识别(identifiable)个人的信息。

同样,"识别性说"也受到了欧盟立法的青睐,1980 年世界经济合作与发展组织(Organization for Economic Co-operation and Development,OECD)颁布

---

① Jerry Kang, Information Privacy in Cyberspace Transactions, Stanford Law Review, vol. 50, no. 4, 1998, pp.1207-1208.

② 苏宇、高文英:《个人信息的身份识别标准:源流、实践与反思》,《交大法学》2019 年第 4 期,第 55 页。

③ 席斌、汪渊智:《大数据时代个人信息的法释义学分析——以〈民法典〉"个人信息"的概念为中心》,《贵州社会科学》2020 年第 12 期,第 99 页。

④ See 20 U.S.C. § 1232g(b)(2) (2006).

的《隐私保护与个人数据跨境流通指南》(*Guidelines on the Protection of Privacy and Transborder Flows of Personal Data*)明确规定,个人数据是指"任何与已识别或可识别的个人有关的数据",其将个人数据的识别标准进一步区分为"已识别"和"可识别"两个层面,通过扩大识别范围以应对大数据时代个人信息保护的迫切要求。"95 指令"则进一步将可识别细化为直接识别与间接识别,丰富了个人信息"识别性"的内涵。2007 年,欧盟第 29 条数据保护工作组(Article 29 Data Protection Working Party)发布了《关于个人数据概念的意见书》,明确指出个人数据包括四个要素,即任何信息(any information)、相关性(relating to)、识别或可识别(identified or identifiable)以及自然人(natural person),"任何信息"要求对于个人信息做广义的解释,有关个人的客观信息及主观信息均属于个人信息范畴;"相关性"指的是若某一信息在内容、目的或结果上与个人相关就具有关联性;"已识别"指可将个人与其他人区别开来,"可识别"则指虽然尚未识别,但有可能识别;"自然人"仅限于活着的自然人,不包括死者以及胎儿。[①]2018 年正式生效的《欧盟一般数据保护条例》第 4(1)条在概括界定个人信息概念的基础上,还具体列举了个人信息的类型,诸如自然人姓名、身份证号、位置信息等。

目前,我国立法大多采取的是"识别性"标准,主张以信息是否可以识别到具体个人作为判定个人信息的核心标准。2012 年,全国人大常委会发布的《关于加强网络信息保护的决定》第一条虽然没有对个人信息的概念作一个完整的定义,但其明确提出个人信息的核心要义在于识别性。2013 年,《电信和互联网用户个人信息保护规定》第四条首次从正面规定了个人信息的内涵,其认为个人信息是指"能够单独或者与其他信息结合识别用户以及用户使用服务的时间、地点等信息"。2017 年通过的《最高人民法院、最高人民检察院关于办理侵犯公民个人信息刑事案件适用法律若干问题的解释》第一条对于个人信息的内涵进行了更为细致化的表述,其认为"公民个人信息是指以电子或者其他方式记录的能够单独或者与其他信息结合识别特定自然人身份或者反映特定自然人活动情况的各种信息"。民事立法层面,2017 年出台的《民法总则》第一百一十一条首次以民事基本法的形式确立了个人信息受法律保护,是我国个人信息立法迈出的跨越性一步。在《民法总则》立法过程中,关于个人信息保护的条文最早出现在 2016 年 11 月公布的二次审议稿,草案三审稿及四审稿亦对

---

① See Article 29 Data Protection Working Party, Opinion 4/2007 on the concept of personal data (01248/07/ENWP 136),2007, pp.6-24.

个人信息保护做出了相应规定，遗憾的是，《民法总则》及其历次审议稿均未对个人信息的概念予以明确。《民法典》第一千零三十四条则明确界定了个人信息的概念，具有重大的历史意义，其认为"个人信息是以电子或者其他方式记录的能够单独或者与其他信息结合识别特定自然人的各种信息"。

值得注意的是，虽然"识别性说"受到了理论界大部分学者的推崇以及诸多立法的践行，但也遭到了许多批判。有学者认为，识别性具有"相对性"及"流动性"之特质，容易造成个人信息范围难以界定。[1]实践中，不可识别往往只能针对一部分识别能力不强的主体而言，随着技术的进步，不可识别身份的信息可能转换为可识别或者已识别身份信息。[2]从更微观的角度来看，无论直接识别性还是间接识别性均面临着理论上的抵牾，就直接识别性来说，任何信息通常只能表征自然人的某方面特征或对其做出概括的认识，这种模糊的认知无法达到独立识别特定主体的程度，使得直接识别性的作用范围相当有限；就间接识别性来说，由于需要结合识别的信息不具有唯一性，若将具有识别可能性的信息均纳入间接识别个人信息范畴，可能导致间接识别信息的泛化。[3]美国学者欧姆更是直言，任何试图定义个人可识别信息的努力都是徒劳的，无论监管机构如何有效地遵循再识别研究，将新识别的数据字段合并到新的法律和法规中，研究人员总是会发现更多的数据类型，潜在的个人可识别信息的列表永远不会停止增长，直到它包含了所有的东西，这种个人信息界定模式就像"打鼹鼠"游戏一样，当你打到一只鼹鼠时，另一只马上就会冒出来。[4]

（二）关联性说

"关联性说"认为，只要相关信息与已识别或可识别的自然人相关，就被认定为个人信息。[5]关于何谓关联性，欧盟第 29 条数据保护工作组发布的《关于个人数据概念的意见》明确指出，关联性指内容（content）相关、目的（purpose）相关或结果（result）相关，这三个因素在判断"关联性"时是择一而非累积的

---

[1] 范姜真媺：《大数据时代下个人资料范围之再检讨——以日本为借镜》，《东吴法律学报》2017 年第 2 期，第 25 页。

[2] 岳林：《个人信息的身份识别标准》，《上海大学学报（社会科学版）》2017 年第 6 期，第 36 页。

[3] 杨楠：《个人信息"可识别性"扩张之反思与限缩》，《大连理工大学学报（社会科学版）》2021 年第 2 期，第 100 页。

[4] Paul Ohm, Broken Promises of Privacy: Responding to the Surprising Failure of Anonymization, UCLA Law Review, vol. 57, no. 6, 2010, p.1742.

[5] 龙卫球主编：《中华人民共和国个人信息保护法释义》，中国法制出版社 2021 年版，第 16 页。

关系，换句话说，数据只要满足上述任一方面的相关性即属于个人数据。[1] 还有学者进一步指出，依据个人信息与信息主体关联的程度，可以将个人信息区分为紧密层的个人信息与一般层的个人信息，紧密层的个人信息是指与隐私范畴基本重合的那部分个人信息，反之则为一般层的个人信息。[2]

立法方面，1998 年的《英国数据保护法》(The Data Protection Act 1998, DPA)明确规定，个人信息是指与可被识别的生存之人有关的信息。对此，有学者认为，DPA 扩张了个人信息的外延，按照 DPA 的解释路径，任何关于信息主体的观点或意向的表达都构成个人信息，因为这些信息显然与信息主体相关。[3]2010 年，美国国家标准与技术研究院 (National Institute of Standards and Technology, NIST) 发布的《个人可识别信息保密指南》(Guide to Protecting the Confidentiality of Personally Identifiable Information) 明确指出，个人信息可分为两种类型，即识别信息与关联信息，识别信息指用于识别或追溯个人身份的信息；关联信息指与个人相关 (linked) 或可能相关 (linkable) 的信息。[4]2018 年加利福尼亚州通过的《消费者隐私权法案》(California Consumer Privacy Act of 2018, CCPA) 同样吸收了关联性标准，其规定"个人信息是指识别、关联、描述、能够直接或间接地与特定消费者或家庭关联或合理关联的信息"。[5]作为我国首部个人信息保护方面的单行法，《个人信息保护法》明确规定"个人信息是以电子或者其他方式记录的与已识别或者可识别的自然人有关的各种信息"。可见，《个人信息保护法》在界定个人信息时采取的是"关联性"标准，凡是与特定自然人相关的一切信息都属于个人信息。

不可否认，"关联性"标准的引入进一步拓展了个人信息的范围，能够更广泛地保护信息主体的人身与财产利益，但其缺陷也不容忽视。从逻辑角度来看，"关联性"是"识别性"的具体内容之一，申言之，如果某一信息具备了"识别

---

① See Article 29 Data Protection Working Party, Opinion 4/2007 on the concept of personal data (01248/07/EN WP 136), 2007, pp.9-12.

② 陈奇伟、刘倩阳:《大数据时代的个人信息权及其法律保护》，《江西社会科学》2017 年第 9 期，第 188 页。

③ Laurel J. Harbour, Ian D. MacDonald, Eleni Gill, Protection of Personal Data: The United Kingdom Perspective, Defense Counsel Journal, vol. 70, no. 1, 2003, p.100.

④ National Institute of Standards and Technology, SP 800-122 (SP 800-122-2010), Guide to Protecting the Confidentiality of Personally Identifiable Information, http://nvlpubs.nist.gov/nistpubs/Legacy/SP/nistspecialpublication800-122.pdf.(Last visited:2021-07-05)

⑤ The California Consumer Privacy Act of 2018 (CCPA), https://leginfo.legislature.ca.gov/faces/billTextClient.xhtml?bill_id=201720180SB1121.(Last visited: 2021-07-11)

性",则其同时涵括了"关联性",相反,如果某一信息仅具有"关联性",则其未必能将特定主体识别出来。[①] 从功利角度来看,"关联性说"将与本人相关的信息均纳入个人信息范畴,可能引发信息主体滥用权利的风险,[②] 此外,如果将与主体相关联的信息都认定为"个人信息",可能导致个人信息的范围过于不确定,限制了社会整体信息自由的空间,并最终使潜在的信息主体反受其害。[③]

（三）场景说

"场景说"认为,个人信息与非个人信息的边界不是泾渭分明的,在界定个人信息时必须摆脱传统的二元思维模式,而聚焦于信息内在的、相对的特质,信息可以同时属于个人信息与非个人信息,因此,应当在信息处理的具体情境中判定其是否属于个人信息。[④] 换句话说,个人信息的保护应在流动的而非静态的情况下予以确定,有关个人信息的法律保护需要认识到更广泛的社会环境,诸如个人信息的创造、交换以及信息的二次利用等。[⑤] 我国学者冉克平教授也认为,个人信息具有动态性,个人信息的范围与科技发展水平、信息数量、收集方式等相关因素具有密切相关性,无法脱离相应的场景而作抽象地判断。[⑥] 在具体操作上,有学者进一步主张是否构成个人信息应当在具体情境下根据利益衡量原则加以确定,也就是说,在决定是否将某信息认定为个人信息时应当考虑是否有利于促进个人信息权利的保护,同时又不会对信息处理者造成过于繁重的负担。[⑦]

场景理论肇始于美国,这一理论的提出与美国隐私的内涵过于宽泛与模糊存在密切的关系。自 1890 年沃伦（Samuel D. Warren）与布兰迪斯（Louis D. Brandeis）提出隐私概念以来,学者不断探寻隐私的核心要义,但仍无法对隐私

[①] 程德理、赵丽丽:《个人信息保护中的"识别"要素研究》,《河北法学》2020 年第 9 期,第 48 页。

[②] 井慧宝、常秀娇:《个人信息概念的厘定》,《法律适用》2011 年第 3 期,第 90—91 页。

[③] 杨惟钦:《价值维度中的个人信息权属模式考察——以利益属性分析切入》,《法学评论》2016 年第 4 期,第 71—72 页。

[④] Alessandro El Khoury, Personal Data, Algorithms and Profiling in the EU: Overcoming the Binary Notion of Personal Data through Quantum Mechanics, Erasmus Law Review, vol. 11, no. 3, 2018, p. 165.

[⑤] Mark Burdon, Contextualizing the Tensions and Weaknesses of Information Privacy and Data Breach Notification Laws, Santa Clara Computer & High Technology Law Journal, vol. 27, no. 1, 2010, p.117.

[⑥] 冉克平:《论〈民法典〉视野下个人隐私信息的保护与利用》,《社会科学辑刊》2021 年第 5 期,第 104 页。

[⑦] Warren B Chik, Joey Keep Ying Pang, The Meaning and Scope of Personal Data under the Singapore Data Protection Act, Singapore Academy of Law Journal. vol. 26, no. 2, 2014, p.367.

的具体内涵作一个周延的描述。在此背景下，美国学者海伦·尼森鲍姆（Helen Nissenbaum）提出了场景完整性理论（Contextual Integrity Theory），建议摒弃精准定义隐私概念的传统做法，主张将隐私的保护与特定情境联系起来，具言之，信息的收集和传播应当符合具体情境并遵守特定情境下的相应规则，隐私是否受到侵害需要综合考量具体场景下的多种因素。[1] 场景完整性理论由于其强大的包容性与灵活性得到诸多学者的青睐，成为美国隐私领域较有影响力的学说，也为立法提供了新的思路。2012 年，白宫在其一份文件中明确提出"尊重场景原则"（Respect for Context Principle），具言之，企业应当尊重信息收集时的场景，其在利用个人信息时不得偏离消费者提供数据时的场景。[2]2015 年，美国《消费者隐私权利法案（草案）》（*Consumer Privacy Bill of Rights Act of 2015*，CPBR）将"具体场景中风险的合理性"作为信息处理的正当性基础，主张对于信息的处理不应严格固守信息主体的授权同意，而应当在具体场景中考察信息处理可能对信息主体造成的损害或负面影响，若信息处理产生的风险在合理范围内则认为信息处理行为具有正当性。[3]

　　由于多种因素，CPBR 最终未能付诸实践，但 CPBR 提出的场景与风险限定理念对美国以及其他国家（地区）个人信息保护的立法与实践产生了重大影响。2020 年《加利福尼亚州消费者隐私法案》（*California Consumer Privacy Act*，CCPA）也强调信息处理行为应当尊重信息收集时的场景，以平衡隐私保护与产业发展。我国司法实践中，相关案例也体现了场景导向的规制路径，在"凌某某诉北京某某科技有限公司"一案中，法院认为，在考量信息是否具有可识别性时，应当结合个人信息处理的具体场景进行判断，如果将各个信息机械地割裂开来，分别考量是否属于个人信息，既脱离了个人信息使用的现实情况，又与加强个人信息保护的立法意图相悖。[4]

　　（四）分析与评价

　　关于上述观点，"识别性说"认为只有能够识别特定主体的信息才属于个人

---

[1]　Helen Nissenbaum, Privacy as Contextual Integrity, Washington Law Review, vol. 79, no. 1, 2004, pp. 136-157.

[2]　See White House, Consumer Data Privacy in a Networked World: A Framework for Protecting Privacy and Promoting Innovation in the Global Digital Economy, https://obamawhitehouse.archives.gov/sites/default/files/privacy-final.pdf, accessed 1 November 2020, pp.15-19. (Last visited:2021-05-19)

[3]　See Administration Discussion Draft: Consumer Privacy Bill of Rights Act of 2015, https://obamawhitehouse.archives.gov/sites/default/files/omb/legislative/letters/cpbr-act-of-2015-discussion-draft.pdf, accessed 4 August 2020, pp.5-10. (Last visited:2021-09-23)

[4]　参见北京互联网法院〔2019〕京 0491 民初字第 6694 号民事判决书。

信息，以信息识别个人的可能性来判定其是否属于个人信息，清晰地认识到了个人信息与信息主体之间的实质性联系，但纯粹地从静态的维度对个人信息进行界定，无视复杂的现实生活对个人信息的影响，可能使得个人信息之界定陷入形式主义之困境。"关联性说"认为个人信息是与个人存在关联性的信息，任何与已识别或可识别自然人相关的信息都属于个人信息。不可否认，"关联性说"能够将 IP 地址、网页浏览记录等不具有识别个人的属性但与信息主体密切相关的信息归入个人信息范畴，实现全面保护信息主体合法权益之价值诉求。然而，"关联性说"存在严重的逻辑缺陷，其以"个人"为中心，由"个人"推及至信息，颠倒了个人信息与个人之间的逻辑关系，且存在过度地、不合理地扩大个人信息范围之嫌。目前，个人与社会共同体之间的联系日益紧密，个人在社会交往过程中不可避免地会留下大量的信息。从理论上来说，借助于大数据分析技术对收集到的信息进行分析、比对，任何人都能够被识别或可能被识别，若将与个人有关的信息都认定为个人信息可能导致个人信息的范围过于宽泛，进而不当挤占信息处理者利用信息的空间。

"场景说"舍弃了传统的个人信息界定路径，强调个人信息不是静态的、恒定的，无法预先判定某一信息是否为个人信息，任何试图先验地确定个人信息的范围都是不切实际的，在判定某一信息是否属于个人信息时只能在具体情境下进行个案式分析。"场景说"摆脱了"识别性说"与"关联性说"在认定个人信息时"全有或全无"的二元对立结论之局限，有利于个案情境下多方利益的平衡兼顾，为新时代背景下个人信息范围的界定开辟了新的方向。然而，"场景说"将个人信息的界定完全交由法官自由裁量权的运用，这种个案式的思维导向并不适配于我国的现实情况，可能导致诸多风险。首先，个人信息数量众多，且随着社会实践的发展，新型的个人信息不断出现，从制度体系效应及经济成本角度考虑，我国作为传统的成文法国家，通过立法详细规定不同场景下的个人信息不具有现实性。其次，将个人信息的界定全权交由具体个案中法官的自由裁量，使得个人信息的边界过于不确定，对于司法实践中法官的找法、用法都是一个很大的挑战，可能滋生同案不同判的非正义现象。最后，场景化地界定个人信息不得不面对的一个技术问题是，具体个案中的"场景"可能存在模糊性与不确定性，无法为社会公众提供稳定的行为预期，也使得信息处理者在处理信息时过分地谨小慎微，有碍于信息产业的正常发展。

个人信息的界定是个人信息法律保护的前提与基础，事关信息利用与信息保护的合理平衡，若个人信息的范围划定过宽，可能限制信息处理者处理信息的自由，阻碍正常的人际交往与社会生活，若个人信息的范围划定过窄，则可能无法实现充足保护信息主体权益之价值目标。从现实实践来看，个人信息是社会发展到一定阶段的产物，社会持续向前推进的客观现实又使得个人信息的范围不断调整变化，因之，个人信息的界定远非机械的技术性操作，而是内蕴多元利益的价值评价。如何平衡法的安定性与信息技术的发展性是个人信息界定需要考虑的核心议题，这要求我们在界定个人信息时既要追求法律的确定性，也要留有弹性的价值评价空间。

二、新型个人信息界定模式的提出及具体展开

（一）新型个人信息界定模式的基本内涵

新型个人信息界定模式是指，以识别性为核心要素，以具体场景下的动态考量为补充性要素相结合的方式灵活地界定个人信息虽然"识别性说"遭到了广泛的质疑，但仍未动摇其作为个人信息核心要素的基础性地位。个人信息与信息主体关系密切，而"识别"是信息与信息主体之间的桥梁，如果经由某种信息无法与特定主体建立起联系，则难以回答为何对该信息的利用能够影响到个体的独立意志，[①] 就此而言，在具体界定个人信息时应当从人的角度出发，考察透过相关的信息是否能够"对应"或"回溯"到特定主体。[②]

然而，个人信息的范围并非一成不变，而是随着社会的发展、技术的进步不断变化的，大数据挖掘技术的运用使得个人信息与非个人信息之间并不存在不可逾越的界限，匿名化信息或去识别化信息可能借助于再识别技术的发展而重新具备可识别性。碎片化的信息与其他信息结合之后也可能识别特定主体，将其完全纳入或者完全排除于个人信息范畴均存在价值擅断之嫌。必须明确的是，虽然可识别性是个人信息概念的一个关键组成部分，但其并不是描述个人信息的唯一标准，个人信息所处的情境也是至关重要的。[③] 因此，个人信息界定的理想路径应是，以传统的识别性为判定基准，通过识别性构筑个人信息的核心范畴，而对于碎片化信息或匿名化信息等是否应当归入个人信息范畴则需

---

① 廖宇羿：《我国个人信息保护范围界定——兼论个人信息与个人隐私的区分》，《社会科学研究》2016年第2期，第75页。

② 范为：《大数据时代个人信息定义的再审视》，《信息安全与通信保密》2016年第10期，第71页。

③ Sophie Stalla-Bourdillon, Alison Knight, Anonymous Data v. Personal Data - False Debate: An EU Perspective on Anonymization, Pseudonymization and Personal Data, Wisconsin International Law Journal, vol. 34, no. 2, 2016, pp.313-317.

要在具体场景中加以判定。

个人信息除了需要满足识别性这一实质性要素外，还必须以一定的形式记录下来，因为无法为人所探知的信息是没有价值和意义的，也无法成为法律保护的客体。[①] 换句话说，个人信息不是内在于人们头脑中的想法或观点，其必须通过外在的载体表达出来，以便于他人通过该信息与特定主体对应起来。大数据时代，个人信息记录或存储于电子文件是其主要的表现形式，但不能就此否认个人信息以其他形式存在的可能性。个人信息的基本属性在于识别性，为达到识别特定主体的目的，个人信息可以存在于任何载体，包括但不限于照片、视频、邮件以及纸质文本等，只要通过这些载体能够识别特定主体即可。

（二）识别的基本内容

1.识别的客体

目前，国内外立法基本认可个人信息的根本属性在于其识别性，也即通过该信息能够确认、描述或连接到特定主体，但对于识别的对象则存在不同的规定。以我国立法为例，有的立法主张识别的对象是"个人身份"，有的立法主张识别的对象是"个人身份"或"个人活动"，还有的立法则采取了概括性的规定，对识别的对象没有具体展开。

我国《网络安全法》第七十六条第（五）款规定，"个人信息是指以电子或者其他方式记录的能够单独或者与其他信息结合识别自然人个人身份的各种信息。"从文义解释上来说，可以认为《网络安全法》采取的是身份识别标准，凡是能够识别个人身份的信息均为个人信息。然而，有学者则认为，《网络安全法》采取的是广义的身份识别信息的概念，也就是说，识别的客体不仅包括狭义的身份识别信息，还包括体现特定自然人活动情况的信息。[②]2017年发布的《关于办理侵犯公民个人信息刑事案件适用法律若干问题的解释》明确规定个人信息识别的对象包括个人身份与个人活动，只要能够识别个人身份或反映个人活动的信息均属于个人信息范畴。与之不同，《民法典》以及《个人信息保护法》对于个人信息识别的对象采取了模糊的处理方式，仅强调个人信息的核心特征在于"识别性"，并未进一步明确识别性的具体指向对象为何。

从个人信息保护的规范目的来看，识别性指明了个人信息与主体之间的对应关系，只要能使得信息主体从特定群体中区别出来的信息均应当认定为个人

---

① 谢远扬：《个人信息的私法保护》，中国法制出版社 2016 年版，第 17 页。

② 周加海、邹涛、喻海松：《〈关于办理侵犯公民个人信息刑事案件适用法律若干问题的解释〉的理解与适用》，《人民司法》2017 年第 19 期，第 32 页。

信息，而不论该信息直接指向特定主体身份，抑或根据相关活动间接推断出主体身份。因此，在具体理解现行法所规定的"识别性"时，应将其解释为包括个人身份与个人活动在内的一切可以识别特定主体的所有信息。须注意的是，真实性并非个人信息的必要品格，能够识别特定主体的个人信息既可以是客观存在的，也可以是主观臆造的。

2. 识别的可能性

实际上，依据可识别与不可识别这种二分法的路径来定义个人信息具有局限性，因为不可识别的信息只是一种暂时的状态而非恒定不变的。[①] 换言之，"识别"与"不可识别"之间并非呈现截然对立的二元划分，从不可识别到可识别是一个识别性逐步加强的过程，获取某一个人信息可能直接识别出特定主体，也可能需要与其他信息相结合才能实现有效识别。目前，学界主流观点认为，根据个人信息识别特定主体的能力，可以将"识别"区分为"已识别"与"可识别"，"已识别"是指个人信息已经将特定主体从其所在群组内区别出来，"可识别"则指虽然某个人现在还未被识别，但有可能做到这一点。[②]

"可识别"指向的是一种数学计算上的概率性，是某一信息客观上所具备的识别特定自然人的可能性，既然是一种或然的可能性，则意味着可识别性存在程度上的差异。据此，"可识别"可以进一步被细分为直接识别与间接识别，直接识别是指无需借助于其他信息即可以独立识别特定主体的个人信息，间接识别则是指单独无法识别特定主体，需要与其他信息相结合才能将具体个人识别出来的个人信息。实际上，直接识别个人信息除了具有唯一性外，还应当具有一定的"外显性"，换句话说，一般民众运用一般手段就可以将特定主体识别出来，而不是必须借助于特殊识别主体或手段才能予以识别。[③] 虽然直接识别个人信息在理论上具有强大的吸引力，但在具体实践中，其适用情形却相当局限。除非特别熟识信息主体的自然人，一般公众仅凭借身份证号码、姓名等单独的直接识别个人信息很难识别出特定主体，而必须与其他信息相结合才能锁定信息主体。以姓名为例，在一定的时间与地域范围内，某一姓名可能同时对应多人，若不结合其他限制性条件，仅凭借姓名无法有效识别特定个人。可见，直接识别与间接识别的界限并非泾渭分明，即使是直接个人信息也需要根据个案

① Omer Tene, Jules Polonetsky, Big Data for All: Privacy and User Control in the Age of Analytics, Northwestern Journal of Technology and Intellectual Property, vol.11, no. 5, 2013, pp.257-259.

② 齐爱民、张哲:《识别与再识别:个人信息的概念界定与立法选择》,《重庆大学学报(社会科学版)》2018 年第 2 期, 第 125 页。

③ 郭明龙:《论个人信息之商品化》,《法学论坛》2012 年第 6 期, 第 109 页。

情境综合判断。

间接个人信息是指单独凭借该信息无法识别特定主体，只有当其与其他信息相结合时才能识别特定主体，这决定了间接个人信息的范围具有不确定性，实践中如何判断间接个人信息需要在具体个案中综合考量。个人信息以"识别性"为核心要素，这意味着应将那些不具有识别性的信息排除于个人信息范畴，单一的彩票中奖号码无法识别特定个人，因而不属于个人信息。随着信息分析技术的迅速发展，尤其是再识别技术的进步，借助信息比对、组合等手段可能使得之前无法识别特定主体的信息具有识别的可能性。诚如施瓦茨与索洛夫所言，信息技术的发展使得个人可识别信息与不可识别信息之间的界限愈益模糊，信息是否能够识别特定主体是无法预先确定的，必须依赖于具体的场景。[①] 有鉴于此，为了给行为人提供明确的行为预期，立法可以具体列举出争议较小的直接识别个人信息的类型，对于间接识别个人信息或无法确定是否属于个人信息的，则通过场景化的方式加以判定。

（三）间接识别的判断

1.间接识别的判定主体

目前，学界对于直接识别性的认定方式基本达成了一致的共识，但对于间接识别性的判断则众说纷纭，至今未有定论。间接识别性作为一个不确定法律概念，存在诸多有待明确的事项，其中，尤以间接识别的判定主体以及判定方法最具争议性。

依据一般的社会生活经验可知，不同自然人所知晓的特定主体的个人信息范围是存在差异的，通常来说，与特定主体关系越亲密的个人越可能知晓更多的信息，也更容易识别出信息主体。关于间接识别的判定主体，学界存在"主观说"与"客观说"相对立的观点。"主观说"又称为"信息处理者说"，该说主张以信息处理者的识别能力为基准来判定个人信息的间接识别性，从而限缩个人信息的范围，最大程度发挥个人信息的经济效用。[②] "客观说"则认为，应当以中立的第三人的视角具体判定某一信息是否为间接识别个人信息，根据所参照的群体的不同又可以进一步分为"社会一般多数人说"以及"任一主体说"。"社会一般多数人说"认为，应当以"社会一般多数人"是否可以依据信息的内

---

① Paul M. Schwartz, Daniel J. Solove, The PII Problem: Privacy and a New Concept of Personally Identifiable Information, New York University Law Review, vol. 86, no. 6, 2011, p. 1836.

② 黄耀赏:《浅谈"得以间接方式识别特定个人之资料"》,《科技法律透析》2015年第1期,第34—36页。

容识别特定主体作为判断基准。[①] 不同于此，"任一主体说"则认为，在判定某一信息是否可以间接指向特定主体时，应当以信息处理者或任何其他人采取所有合理的方法来判定，[②] 这是因为，识别的实质是不特定的他人对信息与自然人之间的联系因素的辨认过程，如果将识别主体仅限定为信息处理者，可能使得识别具有较高的主观性。[③]

"信息处理者说"认为应当以信息处理者自身的识别能力为基准来判定信息是否具有间接识别性，若信息处理者无法识别具体个人则该信息不属于个人信息，不受个人信息保护法的规制。"信息处理者说"有利于充分发挥信息的经济效用，释放信息的价值创造力。然而，现实实践中，信息处理者的信息保有量、处理技术、处理设备等往往存在较大的差异，这意味着信息处理者的识别能力并非一致，某一信息无法被该信息处理者识别不代表其不能被其他信息处理者识别，若就此将该信息认定为非个人信息，则其他信息处理者能够随意共享、利用该信息，可能导致该信息流转至具有识别能力的信息处理者，进而对信息主体产生一定的负面影响。此外，出于信息主体与信息处理者天然不对等的客观事实，信息主体很难证明信息处理者是否具有识别信息的能力，可能阻断信息主体获取法律救济的途径。依据"任一主体说"的逻辑思路，只有当任何人都无法借助该信息识别特定主体时，该信息才不属于个人信息。"任一主体说"课以信息处理者更为严格的责任与义务，能够为信息主体提供周延的法律保护，但忽视了信息利用已然成为社会发展重要动力之现实情况。

相较而言，在间接识别性的判定主体方面，采取"社会一般多数人说"更为合理。"社会一般多数人说"以社会大多数人的识别能力为判定标准，若该信息能够被社会大多数人所识别就认为其具备了识别的可能性，而不考虑某一具体主体实际上是否能够识别。在判定社会大多数人是否可以透过该信息识别特定主体时，需要引入一个合理的"参照物"，这个"参照物"就是所谓的"理性人标准"。"理性人"（reasonable person）缘起于英美侵权法领域，理性人标准的具体适用过程为：首先塑造出一个契合个案当事人的人格形象，进而将该人格形象置于具体的场景之中，通过理性人可能的行为反观当事人的行为是否应承担责任。[④] 通常来说，理性人具有如下特征：平均的道德水准与是非观念；通

---

①　范姜真媺：《个人资料保护法关于"个人资料"保护范围之检讨》，《东海大学法学研究》2013 年第 41 期，第 97—99 页。

②　韩旭至：《个人信息的法律界定及类型化研究》，法律出版社 2018 年版，第 43 页。

③　杨咏婕：《个人信息的私法保护研究》，吉林大学博士学位论文，2013 年，第 168 页。

④　叶金强：《私法中理性人标准之构建》，《法学研究》2015 年第 1 期，第 106 页。

常的智力、感觉、记忆以及至少最低的标准知识；具体行为人所拥有的额外的智力、技能或知识以及具体行为人的身体条件。[①]可见，在理性人形象的具体塑造上，通常以一般人的智识经验为准，然后根据个案中的行为人进行相应调整，理性人标准虽然是客观标准但并非完全地客观，法院仍须考虑具体个案中行为人的实际情况，[②]不考虑行为人具体情况的理性人建构将导向法官的恣意裁量。在建构出理性人模型后须将其置于行为人当时所处的场域中考量理性人在当时情境下可能的认知及行为方式，借以判断行为人的行为是否妥适，概言之，理性人必须建立在个案基础上，通过个案来具体判断。[③]

2. 间接识别的判定方法

关于间接识别的判定方法，国外学者将其概述为两种，即绝对路径（absolute approach）和相对路径（relative approach），绝对路径主张个人信息可识别性的判断应当穷尽所有可能的方法和手段来识别信息主体，而不考虑识别的成本、时间等外在因素，只要世界上任何一个人有可能借助于某种方式或手段识别特定主体身份，该信息就具备可识别性；相对路径则认为判定个人信息可识别性所采取的方法不能毫无限制，应当以信息控制者所付出的必要的努力为具体参照，识别的方法仅限于实际上所能够采行的方法，而不仅仅是理论上的。[④]我国有学者认为，在判定间接个人信息时应当采取相对路径，如果通过合理途径对某些信息进行分析对比后可以识别到个人，则该信息属于间接识别个人信息，反向推之，倘若需要花费巨大精力或动用很大的权力才能匹配到具体个人，应将该信息排除于间接识别个人信息的范畴。[⑤]

从现实层面来说，对于间接识别个人信息的判定采取相对路径更为妥当。相对路径要求考虑识别的成本、识别的难度、识别耗费的时间等多种因素，以理性人所能够采取的合理的手段是否能够识别特定主体为判定标准，而不是要求理性人穷尽所有可能的方法。唯物主义哲学观认为，世界是普遍联系的，信息处理者借助于大数据分析技术能够预测或推导出其他事先无法预料的有价值

---

① 冯珏：《汉德公式的解读与反思》，《中外法学》2008 年第 4 期，第 520 页。

② People v. Goetz, 497 N.E.2d. 41, 51 (N.Y. 1986). p.52

③ Larry A. DiMatteo, Counterpoise of Contracts: The Reasonable Person Standard and the Subjectivity of Judgment, South Carolina Law Review, vol. 48, no. 2,1997, p.301.

④ Gerald Spindler, Philipp Schmechel, Personal Data and Encryption in the European General Data Protection Regulation, Journal of Intellectual Property, Information Technology and Electronic Commerce Law, vol. 7, no. 2, 2016, pp.165-166.

⑤ 詹星：《侵犯公民个人信息犯罪中 "公民个人信息" 范围探析》，《中国检察官》2021 年第 9 期，第 12 页。

的信息，如果有足够的时间与精力，一些看似毫不相关的信息也有可能通过与其他信息结合之后辨别出特定主体。比较法上，个人信息识别的相对路径得到了欧盟的承认与贯彻，欧洲理事会指出，如果某信息需要花费不合理的时间、成本或人力才能识别出特定主体，则不得认为该信息具有可识别性。①GDPR在其序言部分同样主张，在确定是否能够合理识别自然人时，应考虑诸种客观因素，例如识别的成本、识别所需的时间、识别时的技术等。②司法实践中，在"帕特里克·布雷耶诉德国政府机构"（Patrick Breyer v Bundesrepublik Deutschland）一案中，欧盟法院即采取了相对路径来判定信息是否具有可识别性。该案中，布雷耶主张其在浏览德国政府机构网站时所留存的动态 IP 地址属于个人信息，德国行政法院否定了其诉讼主张，布雷耶随即上诉至欧盟法院。欧盟法院认为，对于运营该网站的德国政府机构而言，虽然动态 IP 地址无法直接识别特定主体，但动态 IP 地址与网站服务提供者存储的其他信息结合之后可以识别出布雷耶，因而判定动态 IP 地址属于个人信息。在裁判理由部分，欧盟法院遵循了 GDPR 序言第二十六条关于可识别性的判定思路，明确指出"为确定具体自然人是否可识别，应考虑信息控制者或任何其他人可能合理使用的方法来识别该自然人，若识别特定主体需要付出大量的时间、成本、人力等明显不符合比例原则的努力时，应判定该信息不具备可识别性"。③

（四）"场景"的具体内涵及构成要素

1. "场景"的具体内涵

关于"场景"的具体内涵，学者各执己见，2012 年白宫报告出台前后的一段时间，学界对于场景内涵的探讨达到了鼎盛。其中，有四种对于场景的解释尤为引人注意，包括作为技术系统或技术平台的场景（Context as Technology System or Platform）、作为商业模型或商业实践的场景（Context as Business Model or Business Practice）、作为部门或行业的场景（Context as Sector or Industry）以及作为社会领域的场景（Context as Social Domain），尼森鲍姆在考察上述四种解释之后认为，应将场景视为社会领域，作为一个差异化的社会空

---

①　Council of Europe, Recommendation No. R (90)19 of the Committee of Ministers to Member States concerning the protection of 1personal data used for payment and other related operations. (Last visited:2021-09-19)

②　Recital 26. General Data Protection Regulation.

③　Patrick Breyer v Bundesrepublik Deutschland, the European Court of Justice, C-582/14, 19 October 2016.

间的组成部分。① 还有学者认为，场景的具体含义是一个很难回答的问题，场景应当尽可能地进行宽泛的定义，过于狭窄的界定将限制场景的适用领域，同时，也不得不承认，所有的概括性定义都是不完美的，场景必须在具体个案中具体分析。②

上述关于场景内涵的理解有其一定的合理性，但也存在一定的片面性。从语义角度来看，场景就是信息处理活动发生的场域。然而，场景不是一个客观存在的、恒定不变的物质实体，其更像是一个框架性的结构，为信息主体与信息处理者的利益博弈提供论辩的空间。场景具有相对的封闭性，在某一时间节点，信息处理活动所牵涉的各种事项必然是可以被固定的，否则，场景的存在将毫无意义。同时，场景又具有一定的流动性，无论如何复刻，都难以达到对于当时情境的完全再现。可见，"场景"天然地具有多重面向，试图给"场景"作一个精准地界定存在较大的难度。

2. "场景"的构成要素

有学者大胆预测，人类社会即将迎来场景时代，场景由五种技术力量构成，分别是移动设备、社交媒体、大数据、传感器以及定位系统。③ 虽然其是从宏观的视角叙述"场景"的构成要素，但从中可知，场景作为一个框架性的结构，本身并不包含任何实质性的内容。就个人信息保护领域来说，学者倾向于认为，虽然"场景"具有一定的抽象性，但可以通过具体的构成要素形塑"场景"的基本面貌。换言之，场景存在的意义在于，其可以被烙上不同的印记，不同的要素填充、构筑了不同的场景，使得具体的场景具备了独一无二的属性。

场景理论在评价法律效果时具有较大的弹性空间，如果不能限定场景的考量要素，将无法提供理性的、可反驳的法律论辩平台和法律解释空间。④ 对此，有学者认为，"场景"的构成要素包括信息的敏感性、信息处理者收集利用信息的能力、信息被识别后的后果等，法院应当综合考察场景的具体构成要素来判断某项信息是否为个人信息。⑤ 西米斯则认为，场景由信息控制者的特定利益、

① Helen Nissenbaum, Respecting Context to Protect Privacy: Why Meaning Matters, Science and Engineering Ethics, vol.24, no. 4, 2015, pp.4-8.

② Daniel J Solove, Conceptualizing Privacy, California Law Review, vol. 90, no. 4, 2002, p.1154.

③ [美]罗伯特·斯考伯、谢尔·伊斯雷尔：《即将到来的场景时代》，赵乾坤、周宝曜译，北京联合出版公司 2014 年版，第 11—31 页。

④ 吕炳斌：《个人信息保护的"同意"困境及其出路》，《法商研究》2021 年第 2 期，第 93 页。

⑤ 石巍、王雪：《个人信息新型保护框架之构建：路径、界限与匿名法律标准》，《学术交流》2021 年第 8 期，第 58 页。

信息的可能受众、收集信息的目的、信息处理的条件以及可能对当事人造成的后果等要素构成。[①]2014 年，世界经济论坛的一项研究表明，通过对澳大利亚、加拿大、德国、英国、美国、中国等相关国家有关个人信息利用的"场景"进行分析后发现，影响"场景"最大的四个要素分别是收集方法、信息使用、对于服务提供商的信任以及价值交换。[②]

笔者认为，在具体考察场景的构成要素时必须时刻谨记场景的基本内涵。场景是指特定情境或语境，事物之间所具有的普遍联系性的客观事实要求我们不能孤立地对事物或事件进行判断，而应当考察事物发生联系的具体场域，脱离语境的要素将失去其应有的意义。个人信息界定的场景化是指对于不具有直接识别性的信息应当在具体语境下考量其是否能够通过与其他信息的结合而识别出特定主体。场景具有变动性与复杂性，场景的存在依赖于社会领域诸多行业规则的相互作用，诸如教育、医疗、政治、商业、宗教等，因此无法事先完全列举出场景的构成要素。然而，在具体界定个人信息所处场景的构成要素时，一些共通性的因素应当予以考虑，包括信息处理的目的、信息的敏感性、信息与个人之间的关联性等。

第三节　个人信息的主体

一、个人信息的主体为自然人

私法是以"人"为中心构建的权利义务体系，所有权利的设定、义务的安排无不皆以"人"为基本要旨，一定意义上可以说，私法制度体系的创设是服务于主体而存在的。根据《民法典》之规定，我国民事主体包括三类，即自然人、法人以及非法人组织。个人信息的主体仅限于自然人，法人或非法人组织不是个人信息的主体。以下具体分析之。

关于个人信息的主体，理论与实务存在较大的争议。比较法上，《奥地利联邦资料保护法》第四条将个人数据定义为"与已识别或可识别的数据所有人有关的信息"，同时明确，数据所有人是指"管理员之外，其数据接受处理的任何

---

① Spiros Simitis, Revisiting Sensitive Date, https://rm.coe.int/09000016806845af. (Last visited:2020-08-13)

② See The World Economic Forum, Rethinking Personal Data: Trust and Context in User-Centered Data Ecosystems, http://www3.weforum.org/docs/WEF_RethinkingPersonalData_TrustandContext_Report_2014.pdf, pp.8-9. (Last visited:2021-09-15)

自然人或法人或自然人群体"。① 可见，奥地利法认为信息主体不局限于自然人，还包括法人或自然人群体。《意大利个人资料保护法典》认为，个人数据是指与特定的或能够被识别的自然人或法人、团体、协会有关的信息。《阿根廷个人数据保护法》同样规定，个人数据是指"与特定或可确定的自然人或法人有关的任何类型信息"。理论层面，有学者指出，个人信息权是自然人、法人和其他能够成为民法的权利主体的组织、机构对其人格权信息和财产权信息享有的支配权以及排他权。② 还有学者认为，与自然人一样，法人、非法人组织也享有个人信息，在现行法的解释和适用上，对于公司等组织的个人信息的法律保护应类推适用《民法总则》第一百一十一条的规定。③ 相反观点则认为，个人信息的主体为自然人，社会组织、法人的数据信息不属于个人信息范畴。④ 虽然在个人信息法律关系中，相关信息的实际控制者可能是法人，但是其并非个人信息权的权利主体，因为法人的信息资料不具有人格属性，侵害法人信息资料应当通过知识产权法或反不正当竞争法予以保护。⑤

笔者认为，个人信息的主体限于自然人，法人或非法人组织的信息不属于个人信息范畴。从语义学上来说，个人信息之"个人"应指自然人，虽然法人或非法人组织对于合法拥有的个人信息同样受到法律保护，但法人或非法人组织不是个人信息原始的权利主体。从价值基础层面来看，个人信息具有人格属性，而人格权益的主体指向自然人，由此决定了法人或非法人组织无法成为个人信息的主体。关于个人信息主体的称谓，《民法典》采纳的是"自然人"，2020年修正的《中华人民共和国刑法》（以下简称《刑法》）采纳的则是"公民"，《个人信息保护法》则同时使用"个人"与"自然人"两种表述。实际上，"公民""自然人"以及"个人"在我国立法层面被混淆使用的情况由来已久，虽然三者所指向的主体具有同质性，但各自所侧重的规范领域是不同的。《中华人民共和国宪法》（以下简称《宪法》）第三十三条规定"凡具有中华人民共和国国籍的人都是中华人民共和国公民，"同时规定"公民"享有选举权与被选举

---

① 周汉华主编：《域外个人数据保护法汇编》，法律出版社2006年版，第82页。

② 余筱兰：《民法典编纂视角下信息删除权建构》，《政治与法律》2018年第4期，第31—32页。

③ 崔建远：《我国〈民法总则〉的制度创新及历史意义》，《比较法研究》2017年第3期，第187页。

④ 张平：《大数据时代个人信息保护的立法选择》，《北京大学学报（哲学社会科学版）》2017年第3期，第144页。

⑤ 王利明：《论个人信息权的法律保护——以个人信息权与隐私权的界分为中心》，《现代法学》2013年第4期，第64页。

权、监督权等相应的权利，可见，"公民"一词具有强烈的政治色彩。《民法通则》时代，我国民事立法中大量存在"公民"这一表述，且通常用"公民"指代"自然人"。对此，有学者认为，公民是政治学上的概念，将之用于私法，使得本属中性表述的民法上的人蒙上了政治意识形态色彩。[①]随着《民法典》的颁行，"公民"这一概念淡出民法领域，体现了我国民事立法技术的科学性与进步性。从规范目的出发，"个人"与"自然人"实质上具有同一性，法律意义上的自然人是对现实生活中男人、女人、老人、未成年人等具体实在"人"的概括性总结，因而自然人具有一定的抽象性，但又没有完全脱离"人"之基本品格。为使得术语表述更具有规范性，同时维护《民法典》的稳定性与权威性，应将《个人信息保护法》中的"个人"统一解释为"自然人"。

二、特殊主体个人信息的保护

个人信息受法律保护体现了立法对于人格尊严的重视与尊重，而人格具有平等性与普世性，因此，个人信息的主体不因肤色、国籍、性别、宗教信仰等不同而遭受法律的差别性对待。目前，自然人之个人信息受法律保护没有异议，但由于自然人的民事权利能力从出生时开始，至死亡时结束，因此对于死者以及胎儿等特殊主体个人信息的保护问题存在较大的争议。

（一）死者个人信息的保护

1.死者个人信息保护的理论争议

死亡是人类生命终结的自然现象，是每一个个体必然会经历的事件。通常来说，随着自然人的逝去，与其相关的事物会随着时间的推移而消灭。然而，互联网存储的持久性使得自然人死亡后，仍有部分个人信息存留于网络世界，导致实践中因死者个人信息引发的纠纷愈益增多，成为当前不得不直面的社会难题。理论界，围绕死者的个人信息是否予以保护、采取怎样的保护方式等相关问题，学者展开了深入的探讨。

有学者认为，个人信息的主体既可以是有生命的自然人，也可以是已经逝世的自然人，这是因为：一、如果有关信息直接或间接指向死者，承认死者为个人信息的主体与承认生存之自然人为个人信息的主体没有本质区别；二、如果不承认死者为个人信息的主体，那么有关死者的个人信息要么由其继承人继承，要么成为无主信息，然而，将死者的继承人视为个人信息的主体混淆了信

---

① 朱庆育：《民法总论》，北京大学出版社 2013 年版，第 369 页。

息的所有人与信息作为财产的所有人这两个概念，而将信息视为无主信息则意味着他人可以任意开发、加工，对于死者的继承人显然不公平。[①] 程啸教授认为，保护死者个人信息可以维护死者近亲属的人格尊严和人身财产权益，自然人虽然已经死亡，但侵害死者的个人信息会构成对死者近亲属的人格尊严以及其他人身财产权益的侵害，此外，保护死者的个人信息有利于弘扬社会主义核心价值观，贯彻诚信原则和公序良俗原则。[②] 还有学者激进地指出，死者个人信息保护制度没有存在的必要，因为个人信息权益本质上是对个人信息的积极控制权，自然人死亡后无法再行使这种积极权利，且通过现行的死者财产继承、名誉权保护等法律制度基本可以解决死者个人信息的保护，没有必要引入死者个人信息权制度。[③]

2.域外立法实践及简评

比较法上，关于死者个人信息问题存在"肯定保护说""否定保护说"以及"期限保护说"等不同的立法例。"否定保护说"认为个人信息的主体仅限于生存之自然人，死者的个人信息不受法律保护。欧盟《一般数据保护条例》在其序言第二十七条明确规定，本条例不适用于死者的个人数据，成员国可以自行制定关于死者个人数据的处理规则。2020年日本修正的《个人信息保护法》第二条认为，个人信息指生存之自然人的信息。我国台湾地区"个人资料保护法"施行细则第二条明确指出，"本法"所称个人，指现生存之自然人。"肯定保护说"则认为，个人信息指一切自然人之信息，包括死者的个人信息。在此方面，冰岛《有关个人数据的保护法》明确规定，个人数据指任何已识别或可识别的自然人相关的信息，即可以直接或间接地追溯到特定个人（包括在世的和去世的人）的信息。[④]"期限保护说"是一种相对折衷的处理方式，主张对于死者个人信息的保护应当设置一定的期限，于期限范围内的受法律保护，超过期限范围外的则不受法律保护。加拿大《个人数据保护法》认为，个人数据指有关某一可识别个人的可以以任何形式记录的信息，包括死去20年以上的个人信息。[⑤]新加坡《个人信息保护法》亦规定，该法不适用于已故个人的数据，但死亡时间在10年以下的个人数据适用有关个人数据披露的规定以及个人数据保护的

---

① 刘德良：《论个人信息的财产权保护》，人民法院出版社2008年版，第20—21页。

② 程啸：《论死者个人信息的保护》，《法学评论》2021年第5期，第19页。

③ 周汉华：《平行还是交叉——个人信息保护与隐私权的关系》，《中外法学》2021年第5期，第1178—1179页。

④ 周汉华主编：《域外个人数据保护法汇编》，法律出版社2006年版，第161页。

⑤ 周汉华主编：《域外个人数据保护法汇编》，法律出版社2006年版，第327页。

规定。①

笔者认为，在讨论死者是否为个人信息的主体时需立足于个人信息保护法的立法目的，目前，世界各国之所以愈益重视个人信息的法律保护，是因为个人信息事关自然人人格之自由与发展，个人信息不仅表现为消极的不受侵害的利益，还表现为积极的自主行使个人信息权的利益，信息主体有权对其个人信息进行复制、更正、删除等。可见，个人信息权本质上为自我控制权，对于这种积极主动的个人信息权，只有生存之自然人才能行使，而我国的立法传统与司法实践普遍认为自然人死亡时其权利能力即告终结，因此，原则上应当否定死者享有个人信息的主体资格。虽然死者不是个人信息的适格主体，但不影响法律对于死者个人信息的保护，这两者不存在逻辑上的矛盾与冲突。实际上，关于自然人死亡后是否享有人身权，我国学界虽然存在"死者权利保护说""死者法益保护说""人格利益继承说"以及"近亲属权利保护说"等不同的见解，但最终的指向具有一致性，均认为应当对于死者的名誉、肖像等某些人格利益予以一定程度的法律保护。②

3.《个人信息保护法》第四十九条之解释论展开

立法层面，《民法典》并未对死者个人信息问题予以规定，《个人信息保护法草案》（第一次审议稿）也缺乏相应的规定，但在审议该草案时，"有的常委委员和专家、社会公众提出，民法典中规定死者的姓名、肖像、名誉等受到侵害的，其近亲属有权依法请求行为人承担民事责任，建议参照上述内容对死者的个人信息保护问题作出规定。"③对此，《个人信息保护法草案》（第二次审议稿）第四十九条规定，自然人死亡的，本章规定的个人在个人信息处理活动中的权利，由其近亲属行使。然而，在《个人信息保护法草案》（第二次审议稿）审议期间，"有的常委委员和专家提出，死者的近亲属行使相关权利应当有合理的理由，并尊重死者生前的安排，建议对第二次审议稿之第四十九条进行修改"。④《个人信息保护法》最终文本采纳了这一意见，该法第四十九条规定，自然人死亡的，其近亲属为了自身的合法、正当利益，可以对死者的相关个人信息行使本章规定的查阅、复制、更正、删除等权利，死者生前另有安排的除外。

---

① 李爱君、苏桂梅主编：《国际数据保护规则要览》，法律出版社2018年版，第405页。

② 葛云松：《死者生前人格利益的民法保护》，《比较法研究》2002年第4期，第23—24页。

③ 参见全国人民代表大会宪法和法律委员会关于《中华人民共和国个人信息保护法（草案）》修改情况的汇报。

④ 参见全国人民代表大会宪法和法律委员会关于《中华人民共和国个人信息保护法（草案）》审议结果的报告。

从解释论的角度来说,《个人信息保护法》第四十九条虽然规定死者的近亲属可以对死者的个人信息行使一定的权利,但同时也予以了相应地限制。一是目的的限定性,近亲属针对死者个人信息行使权利时必须是为了自身合法的、正当的利益,而不是为了保护死者或其他主体的利益。实践中,对于近亲属所宣称的正当性的利益必须审慎考察,防止近亲属滥用权利侵害他人的合法权益。二是客体的限定性。近亲属并非对死者所有的个人信息均能主张一定的权利,而只能对与自己合法权益相关的死者个人信息主张权利。三是权利内容的限定性,近亲属只能对死者个人信息主张特定的权利。具体来说,近亲属对于死者个人信息能够主张的权利仅限于《个人信息保护法》第四章所规定的查阅权、复制权、更正权、删除权、决定权等存在于个人信息处理活动中的权利。为确保死者个人信息的完整性与正确性,近亲属在行使更正权、删除权等可能改变个人信息现存状态的权利时,必须具有充足的正当性支持。此外,近亲属在行使查阅权、复制权等相关权利时需要满足一定的条件,《民法典》第九百九十四条规定,死者的姓名、肖像、名誉、荣誉、隐私、遗体等受到侵害的,其配偶、子女、父母有权依法请求行为人承担民事责任;死者没有配偶、子女且父母已经死亡的,其他近亲属有权依法请求行为人承担民事责任。从体系解释上可知,近亲属的查阅权、复制权等相关权利并非法律所赋予的能够积极主动地支配死者人格权益的独立性的权利,而只能在死者的人格权益被侵犯时请求行为人为一定的行为或不为一定的行为。四是死者的个人意愿具有优先性。具体个案中,若死者生前已经对相关个人信息的处置事宜做出明确安排的,则近亲属在处理死者个人信息的过程中不得违背死者生前的意愿。可见,虽然《个人信息保护法》第四十九条明确应当对于死者的个人信息予以保护,但其根本目的不在于保护死者的权益而是旨在维护近亲属的相关利益,避免死者近亲属的合法权益因死者个人信息被不当滥用而遭受损害。

根据《民法典》第一千零四十五条第(五)款可知,死者的近亲属包括配偶、父母、子女、兄弟姐妹、祖父母、外祖父母、孙子女以及外孙子女等。近亲属在处理死者个人信息时具有顺序上的优先性,后一顺序近亲属对于死者个人信息的处理不得违背前一顺序近亲属的意愿,同一顺序的近亲属应当共同决定死者个人信息的处理事项,无法达成一致意见时可以诉请法院裁决。个人信息范围广泛,基因信息、健康信息、生物识别信息等都属于个人信息范畴,与一般信息不同的是,这些个人信息具有一定的遗传性,这意味着死者的个人信息可能某种程度上反映了家族其他成员的信息状况。关于这一问题,第二十九条数据保护工作小组明确指出，由于死者不属于民法中的自然人，原则上来说与死者有关的信息不被视为受指令规则约束的个人数据，但如果该信息与生存之自然人相关，则仍有可能被认定为个人信息。[①]不可否认，死者的部分个人信息具有家族牵连性，透过死者相关的个人信息可以一定程度上知晓其生存之亲属的信息状态，譬如基因信息，与一般个人信息通常只反映权利主体自身状况不同，基因信息一定程度上还可以揭示血亲亲属的基因状况，基因信息的不当处理可能给个人以及整个家族带来不利影响。然而，立法对于该个人信息予以保护并非意味着法律有限度地承认死者为个人信息之适格主体，实际上，真正受法律保护的是死者亲属之个人信息，只不过该个人信息与死者的个人信息具有共同性。为避免死者个人信息的效力处于持续性地不确定状态，减少立法、司法成本的支出，有必要对于死者的个人信息设置一定的保护期限，超过法律保护期限的，则死者的个人信息进入公共领域，可以自由流通与转让，但不得严重损害死者近亲属的合法权益。

（二）胎儿个人信息的保护

关于胎儿个人信息保护问题，有学者主张胎儿在孕育期间，医院出具的胎儿超声检查报告单上的影像等信息往往能够反映胎儿的健康、发育等情况，其与个人人格紧密相关，胎儿若出生非死体则有权自主控制这些信息，应当将胎儿孕育期间与个人人格相关的信息视为《民法典》中的个人信息。[②]笔者认为，关于胎儿可否可以成为个人信息的主体，需要明晰胎儿利益保护的理论基础，并在此基础上寻求胎儿个人信息保护的正当求解。

根据传统民法理论，民事权利能力始于出生，终于死亡，由于胎儿尚未脱离于母体，不属于严格意义上的权利义务主体，但这并不妨碍法律对于胎儿利益的保护。罗马法时代，人们就认识到胎儿地位的特殊性，虽然从现实角度来看胎儿不是"人"，但由于它仍然是一个潜在的人，人们为它保存并维护自出生之时起即归其所有的那些权利，而且为对其有利，权利能力自受孕之时而不是从出生之时起计算。[③]目前，国际立法体例普遍认为应当保护胎儿的合法性利益，但关于胎儿利益受保护的范围则存在争议，具体可以区分为"概括保护

[①]　Article 29 Data ProtectionWorking Party, Opinion 4/2007 on the concept of personal data, 01248/07/EN WP 136, p.22.

[②]　席斌、汪渊智：《大数据时代个人信息的法释义学分析——以〈民法典〉"个人信息"的概念为中心》，《贵州社会科学》2020年第12期，第102页。

[③]　[意]彼德罗·彭梵得：《罗马法教科书》，黄风译，中国政法大学出版社1992年版，第30页。

主义"与"个别保护模式"。"概括保护模式"认为，若胎儿娩出时为活体，则其民事权利能力溯及至出生之前，胎儿如同普通自然人一样享有权益，法律应当对胎儿所有的利益都予以保护。比较法上，瑞士、我国台湾地区采取的即是"概括保护模式"，《瑞士民法典》第三十一条第二款规定"胎儿，以将来非死产者为限，出生前有权利能力。"[①] 我国台湾地区"民法"第七条规定"胎儿以将来非死产者为限，关于其个人利益之保护，视为既已出生"。"个别保护模式"，又称"列举保护模式"，是指法律原则上不承认胎儿具有民事权利能力，但在某些特殊情况下，出于保护胎儿利益的需要可以将胎儿视为具有民事权利能力。德国、法国等国家采取的是"个别保护模式"，例如，《德国民法典》第一千九百二十三条第二款规定"继承开始时尚未出生而已受胎者，视为继承开始时既已出生"以及第2043条第1款规定"因期待共同继承人之出生，致应继份尚未确定者，于其不确定事由消灭前，不得分割"。[②]

关于胎儿利益的保护问题，我国理论界的探讨由来已久，但学者各执己见，莫衷一是。立法上，《民法典》第十六条明确规定"涉及遗产继承、接受赠与等胎儿利益保护的，胎儿视为具有民事权利能力。但是，胎儿娩出时为死体的，其民事权利能力自始不存在。"然而，《民法典》的颁行并没有消解理论界的争议，反而使得各方的争论有愈演愈烈之势。通过比较可以发现，《民法典》第十六条完全照搬了2017年《民法总则》第十六条有关胎儿利益保护的规定，实际上，《民法总则》第十六条甫一出台就引来了不小的争议。有学者认为，《民法总则》第十六条采取的是"概括保护模式"，即一般性地赋予胎儿以民事权利能力。[③] 还有学者认为，我国《民法总则》第十六条属于"列举 + 概括性规定"的模式，这种模式总体上属于"概括性模式"，将对胎儿利益的保护限制在"涉及继承、接受赠与等胎儿利益保护"的范围内。[④] 笔者认为，在解释《民法典》第十六条对于胎儿利益的保护究竟采取了"概括保护模式"还是"个别保护模式"时不能脱离《民法典》的立法目的与指导思想，《民法典》之所以突破"自然人之权利能力始于出生而终于死亡"这一基本的保护原则，乃是基于胎儿与

---

① 《瑞士民法典》，戴永盛，译. 中国政法大学出版社 2016 年版，第 16 页。
② 台湾大学法律学院、台大法学基金会编译：《德国民法典》，北京大学出版社 2016 年版，第 1309 页、第 1452 页。
③ 王洪平：《论胎儿的民事权利能力及权利实现机制》，《法学论坛》2017 年第 4 期，第 35 页。
④ 李永军：《我国〈民法总则〉第 16 条关于胎儿利益保护的质疑——基于规范的实证分析与理论研究》，《法律科学》2019 年第 2 期，第 101 页。

出生后之民事主体具有同体性，胎儿是一切自然人所必须要经历的阶段，在没有其他意外事件发生的情况下胎儿必定会出生。解释论上，应当认为我国立法对于胎儿利益的保护采取的是"个别保护模式"，具言之，胎儿原则上不属于自然人范畴，不享有一般民事主体的权利能力，只有在涉及遗产继承、接受赠予等特定情形下，胎儿才被视为具有民事权利能力，其合法权益才受法律保护。

实务中，涉及胎儿利益保护的情形复杂多样，试图以立法穷尽列举所有可能的事项既不经济也不现实，故而《民法典》第十六条列举了"遗产继承"及"接受赠与"这两种较为常见且极具典型性的事关胎儿利益保护的情形，并辅之以"等"字作为兜底性规定，为其他可能涉及胎儿利益保护的情形预留了解释性空间。因此，在判定胎儿是否可以成为个人信息的主体时，其关键在于如何正确理解《民法典》第十六条"等"字可能及于的范围。笔者认为，实践中在解释"等"字可能容纳的事项时不能脱离于立法本旨而恣意解释，根据《民法典》第十六条列举的"遗产继承、接受赠与"可以推知，立法之所以将胎儿拟制为具有民事权利能力，主要在于保护胎儿纯获利益的法律行为。易言之，胎儿只能作为"权利的主体"享受一定的权益，而不能作为"义务的主体"承担义务。个人信息承载着个人的人格利益与财产利益，胎儿可否成为个人信息的主体并受法律保护并非只存在"是"或"否"这两个选项，而应当根据个案具体情境加以判断，若个人信息事关胎儿纯获利益的，则胎儿应视为个人信息的主体，反之，则否认胎儿为个人信息的主体。

第四节　个人信息的法律地位

一、个人信息法律地位的理论争议及其归因

个人信息法律地位的厘清是个人信息保护领域至关重要的问题，只有明确个人信息的法律地位，才能进一步确定个人信息的保护程度及其救济方式。对此，理论界深入探讨了个人信息的法律地位，但通过梳理学者的观点可知，目前学界关于个人信息的法律地位尚未形成一致的认识，主要存在"权利说"与"利益说"相对立的学说。

（一）个人信息法律地位的理论争议

1.权利说

"权利说"认为个人信息是"个人信息权"的客体，虽然《民法总则》第一百一十一条没有具体明确个人信息的保护方式为法益保护抑或权利保护，但为

了全面保障个人信息不受非法的侵犯，应当将该条规定的"个人信息"解读为个人信息权。[①]从现实实践来看，如果不赋予个人信息以权利地位，可能使得个人信息的利用长期处于无序状态。[②]在具体论证路径上，学者提出了"人格权说""财产权说"以及"新型权利说"等不同的见解。

"人格权说"主张个人信息权在性质上属于人格权，但对于个人信息权是一般人格权还是具体人格权则存在分歧。"一般人格权说"认为，个人信息主要体现信息主体的人格尊严、人格自由等基本的人格利益，在性质上属于一般人格权。[③]"具体人格权说"则认为，个人信息权基本满足人格权的本质特征，但由于一般人格权过于抽象概括，将其定为于一般人格权可能不利于司法裁判的明确性及可预期性，故而宜将其定位于具体人格权。[④]虽然"人格权说"认为个人信息在性质上属于人格权，但并不否认个人信息财产利益之存在，有学者认为对于个人信息财产利益的保护具有工具性质，其根本目的仍在于保护人格利益，因此可以通过人格权来保护个人信息蕴含的财产利益，[⑤]无需分别设立单独的人格权和财产权来保护个人信息的人格利益与经济利益。[⑥]"财产权说"认为，应当通过财产权来保护个人信息，财产制度鼓励用户利用财产权的方式来保护适当的许可，如果没有得到许可，个人信息的使用者将成为侵权人。[⑦]按照财产权的运行逻辑，信息主体作为个人信息财产权的所有者，有权对其个人信息进行占有、使用、收益以及处分，[⑧]信息处理者在收集个人信息时，必须向信息主体支付相应的费用，从而一定程度上减少信息处理者不法处理个人信息的行为。[⑨]"新型权利说"则认为，个人信息承载着信息主体的人格利益与财产利益，

① 杨立新：《个人信息：法益抑或民事权利——对〈民法总则〉第111条规定的"个人信息"之解读》，《法学论坛》2018年第1期，第40页。

② 申卫星：《论个人信息权的构建及其体系化》，《比较法研究》2021年第5期，第2—3页。

③ 张新宝：《信息技术的发展与隐私权保护》，《法制与社会发展》1996年第5期，第21页。

④ 王利明：《论个人信息权在人格权法中的地位》，《苏州大学学报（哲学社会科学版）》2016年第6期，第71—72页。

⑤ 吕炳斌：《个人信息权作为民事权利之证成：以知识产权为参照》，《中国法学》2019年第4期，第56—57页。

⑥ 程啸：《论我国民法典中个人信息权益的性质》，《政治与法律》2020年第8期，第10页。

⑦ ［美］劳伦斯·莱斯格：《代码2.0：网络空间中的法律》，李旭、沈伟伟译，清华大学出版社2009年版，第248页。

⑧ 汤擎：《试论个人数据与相关的法律关系》，《华东政法学院学报》2000年第5期，第40—41页。

⑨ Pamela Samuelson, Privacy as Intellectual Property, Stanford Law Review, vol. 52, no. 5, 2000, pp. 1129-1133.

无法归入人格权或物权范畴，因此个人信息权是一种新型的独立的权利。[1]还有学者认为，个人信息权的法律地位较为复杂，只有将其定位于"权利丛"才能同时保护其人格属性与财产属性。[2]还有学者则认为，在具体的保护规则方面，不存在固定不变的保护方式，应当根据个人信息对主体所具有的功能来决定给予其人格权保护、财产权保护或者人格权和财产权的双重保护。[3]

2. 利益说

对于将个人信息归入民事权利客体范畴的论调，不少学者持反对性意见。张新宝教授认为，个人信息是人与人交流的产物，也仅在交流中才有意义和价值，这使得个人信息具有类似于"公共品"的非竞争性和非排他性的核心特征，不符合权利的绝对性与排他性。[4]郑晓剑教授从权利与利益的基本原理出发，认为有无具体、特定之客体是区分权利与利益的重要标准，而个人信息的内涵及外延均存在极大的不确定性，难以达到权利客体所应具有的具体特定且界限分明的品质要求，如果在个人信息之上设定"个人信息权"会消解既有的人格权体系。[5]梅夏英教授则以个人信息的功能属性为切入点，质疑"个人信息权"的合理性，其认为个人信息具有一定的流通性和社交功能，如果对个人信息赋予一种实体权利，不仅提高了信息分享的成本，也可能影响正常的交流自由和通信自由。[6]

立法层面，《个人信息保护法》在多项条款中都采用了"个人信息权益"这一表述，但对于个人信息采取权利保护还是利益保护没有具体说明。对此，有学者认为，应当将"个人信息权益"解释为个人信息受法律保护语境中的法益，因为个人信息处理所涉及的个人相关利益比较复杂，不宜简单表述为"个人信息权"。[7]还有学者认为，虽然《个人信息保护法》将第四章的章节名称命名为"个人在个人信息处理活动中的权利"，但信息主体所享有的"个人信息权"

---

①　张素华：《个人信息商业运用的法律保护》，《苏州大学学报》2005年第2期，第36—37页。

②　温昱：《个人数据权利体系论纲——兼论〈芝麻服务协议〉的权利空白》，《甘肃政法学院学报》2019年第2期，第87—93页。

③　杨君琳：《论北斗时代的个人位置信息法律保护》，《法学杂志》2021年第2期，第38页；刘德良：《个人信息的财产权保护》，《法学研究》2007年第3期，第84页；《个人信息与权利配置——个人信息自决权的反思和出路》，法律出版社2017年版，第256页。

④　张新宝：《论个人信息权益的构造》，《中外法学》2021年第5期，第1153—1155页。

⑤　郑晓剑：《个人信息的民法定位及保护模式》，《法学》2021年第3期，第120—121页。

⑥　梅夏英：《信息和数据概念区分的法律意义》，《比较法研究》2020年第6期，第160页。

⑦　龙卫球：《〈个人信息保护法〉的基本法定位与保护功能——基于新法体系形成及其展开的分析》，《现代法学》2021年第5期，第98页。

在性质上有别于传统意义上的权利，应将其解释为规范信息处理过程而配置的程序性权利，如果个人信息未被处理，则信息主体无法援引或者说不天然享有《个人信息保护法》上的个人权利。[①]

（二）个人信息法律地位模糊不清的缘由

1. 缺乏法律的明确性规定

我国个人信息的立法保护起步较晚，通过考察我国个人信息的相关立法可知，其对于个人信息的法律地位一直采取了模糊处理的方式。2017年，《民法总则》第一百一十一条在确立个人信息受法律保护时并未就个人信息归属于权利范畴或利益范畴表明态度，引发了较大争议。《民法典》延续了《民法总则》有关个人信息的保护理念，并进一步细化了个人信息的处理规则，但对于个人信息究竟属于权利的客体抑或利益的客体仍旧保留了意见。实际上，在《民法典》的编纂过程中，关于如何表述隐私权与个人信息所在章节的名称历经数次变动，具体存在"隐私权和个人信息权""隐私权和个人信息"以及"隐私权和个人信息保护"等不同的表述方式。《民法典》最终采纳的是"隐私权和个人信息保护"这一表述，并未就个人信息的法律地位予以明确。

对此，最高人民法院解释道，个人信息的外延比较广阔，在我国现行法语境下，个人信息还与隐私权、商业秘密权存在一定程度的交叉，既有人身权属性又具有财产权属性，将其确定为一项法定权利还须进一步地研究、探索和积累。[②] 及至《个人信息保护法》的颁行，立法对于个人信息的法律地位仍旧保持了沉默的态度。在具体表述上，《个人信息保护法》将其保护的对象称之为"个人信息权益"，对于个人信息属于权利范畴或者利益范畴，以及属于何种性质的权利或利益，没有给出明确的答复。立法的模糊与暧昧，使得有关个人信息法律地位的争议在我国一直处于热点话题。

2. 权利与利益的关系未能得到合理界定

虽然"权利说"与"利益说"关于个人信息的法律地位存在不同的见解，但两者所立基的出发点是相同的，均默认权利与利益是非此即彼的竞争关系。我国学者之所以本能地将权利与利益进行对立评价，并且在个人信息的性质究竟为权利还是利益的问题上争议不断，究其根源，是因为一直以来立法对于权

---

① 蔡培如：《欧盟法上的个人数据受保护权研究——兼议对我国个人信息权利构建的启示》，《法学家》2021年第5期，第29页。

② 最高人民法院民法典贯彻实施工作领导小组主编：《中华人民共和国民法典人格权编理解与适用》，人民法院出版社2020年版，第364页。

利与利益的关系界定不清导致的。

关于侵权责任法所保护的客体范围，已经失效的《侵权责任法》第二条明确指出，该法的调整对象为民事权益，但对于民事权益是否可以区分为民事权利与民事利益，以及二者在保护强度与保护方式方面是否存在差异等种种疑问，未有进一步的说明。《民法典》第一千一百六十四条承袭了《侵权责任法》的处理方式，明确规定其调整的是因侵害民事权益产生的民事关系，对于民事权益的相关争议仍作了留白处理。

立法的模糊引起了学者激烈的争议，通说认为，民事权益指民事权利与民事利益。关于权利与利益的关系，存在"权益区分论"与"权益等同论"之别，"权益区分论"认为权利不同于利益，应当区别权利与利益并提供不同程度的保护；"权益等同论"则认为权利与利益本质上具有一致性，应当对于权利与利益提供同等程度的保护。笔者认为，在探讨个人信息应当定位于权利还是利益时需要明晰"权益区分论"与"权益等同论"的规范意指何在，进而确定个人信息在现行法律体系中的价值定位。

二、权利与利益关系的理论误区与再阐释

（一）权益区分论

"权益区分论"认为，权利与利益存在差异性，权利具有优先于利益的受保护性，权利原则上受法律保护，利益仅在例外情况下才能获得法律的保护。比较法上，德国及我国台湾地区采取的是"权益区分论"，根据《德国民法典》第八百二十三条、第八百二十六条以及我国台湾地区"民法"第一百八十四条之规定，侵害权利造成损害的原则上应受法律保护，侵害利益造成损害的一般不予救济，但在侵害人违反保护性法规或者故意以悖于善良风俗的方式侵害他人利益的情形下才例外获得救济。

就大陆的民事立法来说，《民法通则》《侵权责任法》以及《民法典》均明确规定受法律保护的客体为"民事权益"，但对于权益的关系没有表明具体的态度。对此，杨立新教授认为，虽然《民法典》第一千一百六十五条对民事权利与民事利益采取的是一体保护主义，但对于民事权利的保护显然强于对法益的保护。[①] 朱虎教授认为，权益区分保护具有体系理性和价值理性，就体系理性来说，权益区分保护有助于防止侵权责任的过分扩大化，实现违约责任和侵权

---

① 杨立新：《私法保护个人信息存在的问题及对策》，《社会科学战线》2021 年第 1 期，第198 页。

责任的体系区分；就价值理性来说，权益区分保护有助于防止侵权责任法保护对象的过度膨胀，防止相对人承担过重的法律责任。① 方新军教授也认为，利益具有不确定性，因此必须从法技术层面对权利与利益进行区分保护。②

（二）权益等同论

"权益等同论"认为，权利与利益具有相同的本质，二者之间可以互相流动，无法从价值判断层面对两者进行截然地区分。③ 已经废止的《侵权责任法》第二条曾明文规定"侵害民事权益应当依照本法承担侵权责任"，但并未厘清权利与利益的关系。对此，曾参与《侵权责任法》起草工作的王胜明先生指出，我国《侵权责任法》并没有对权利和利益在保护程度上做出区分，主要是考虑到权利和利益的界限较为模糊，难以将两者完全区隔出来，而且权利和利益是可以相互转换的。④ 新近出台的《民法典》延续了《侵权责任法》的立法方式，对此，全国人大法工委解释道，权利乃享受特定利益的法律之力，其落脚点实际上还是利益，故而侵权责任编对于权利与利益没有做出区分。⑤

一般而言，权利具有法定性与公示性，权利的类型及内涵以现行法律规定为准，以便为行为人提供明确的行为预期。与之相反，利益的边界比较模糊，若将社会生活中的全部利益都纳入法律保护范畴，由于行为人无法预测自己的行为会产生什么样的后果，可能不敢或限制一定的行为，进而妨碍行为人的行为自由。虽然利益的范围随着社会的发展而不断扩张，但目前还没有一部法律对所有的利益都给予保护，因而如何遴选出受法律保护的利益至关重要。对此，可以采取"权利射程与利益筛选模式"来确定法律所保护的利益范围，具体来说，首先从损害事实中筛选出从人类需求和法律评价两个方面都具有该当性的利益内容，并将之作为欲保护之利益对象，再对照与之相近似的权利或者其权能之法效果能否延展到欲保护利益内容之上，最终确定该利益是否属于侵权法

---

① 朱虎：《侵权法中的法益区分保护：思想与技术》，《比较法研究》2015 年第 5 期，第 47—48 页。

② 方新军：《权益区分保护的合理性证明——〈侵权责任法〉第 6 条第一款的解释论前提》，《清华法学》2013 年第 1 期，第 156 页。

③ 陈忠五：《论契约责任与侵权责任的保护客体："权利"与"利益"区别正当性的再反省》，《台大法学论丛》2007 年第 3 期，第 225—227 页。

④ 王胜明主编：《中华人民共和国侵权责任法释义》，法律出版社 2010 年版，第 26 页。

⑤ 黄薇主编：《中华人民共和国民法典侵权责任编解读》，中国法制出版社 2020 年版，第 4—5 页。

上可赔偿的损害。①

（三）"权利"与"利益"关系之再分析

从上述理论争议可知，"权益区分论"与"权益等同论"的争议焦点在于权利与利益是否存在本质上的不同，"权益区分论"认为权利与利益存在根本性的差异，"权益等同论"则认为权利与利益具有同质性。在具体评价何种观点更为合理时，有必要明确权利与利益的内涵，只有对权利与利益的内涵有一个清晰的认识，才能进一步比较"权益区分论"与"权益等同论"孰优孰劣。

自权利这一概念诞生之日起，人们对于权利本质的追寻从未停止，由此形成了各种各样的理论学说，诸如"意思说""利益说""法力说"等不同观点。"意思说"认为权利乃一个人意思所能支配的范围；"利益说"认为权利乃法律所保护之利益；"法力说"则认为权利为法律所赋予人而能享受并保护之特定利益的一种法的力量。②无怪乎有学者感叹，权利这个概念是简单的、不可定义的、不可分析的原始概念，正如哲学中的其他领域一样，要为权利下个形式的定义，将产生使平凡的东西变得有些毫无必要地神秘莫测的效果。③为此，有学者主张放弃对于权利概念的精准探寻，认为仅仅从某个特定的角度定义权利容易导致权利问题的简单化、庸俗化，因而可行的方案应当是把握权利的要素而不是权利的定义，具体来说，权利主要包含五个要素，即利益、主张、资格、力量以及自由，其中任何一个要素都可以用来阐释权利概念表示权利的某种本质。④

关于利益的内涵，学者亦提出了不同的主张，庞德认为，利益系指人类社会中的个人提出的请求、需求或需要——如果文明要得以维持和发展、社会要避免无序和解体，法律就要为利益提供支持。⑤黑克认为，应当以尽可能广义或者最广义的方式来理解"利益"这个概念，这个最广义的利益包括任何一种潜在的与现实的、实质的与理想的渴望，物质的财物与生活上的理想，对任何一种文化上的渴望等等，完全不考虑渴望的客体为何。⑥还有学者认为，利益是

---

① 李炎：《侵权法上可赔偿损害的区分规制论——以权利射程与利益筛选为切入点》，南京大学博士学位论文，2018年，第216—232页。

② 林诚二：《民法总则》（上册），法律出版社2008年版，第68页。

③ [美]J. 范伯格：《自由、权利和社会正义——现代社会哲学》，王守昌、戴栩译，贵州人民出版社1998年版，第91—92页。

④ 夏勇：《权利哲学的基本问题》，《法学研究》2004年第3期，第4—5页。

⑤ [美]罗斯科·庞德：《法理学》（第3卷），廖德宇译，法律出版社2007年版，第18页。

⑥ 吴从周：《概念法学、利益法学与价值法学》，中国法制出版社2011年版，第242—244页。

主观和客观两种因素的辩证统一体，一方面，利益在内容上是客观的，利益是社会物质生产方式的产物，其以客观的、具体的对象为基础，能够为主体所感觉到；另一方面，利益在形式上是主观的，利益反映了人在主观上对需求对象的一种追求、兴趣和认识，同时利益的实现过程也无法离开人的主观努力，任何利益只有通过人的主体活动才能实现。[①]

不难发现，权利与利益本质上具有一致性，均体现为特定主体的某种要求或主张，且权利与利益之间并非完全隔绝的，而是相互流动的，利益在满足特定条件时可以转化为权利。目前，一些利益尚未被现行法律上升为法定的权利，主要是基于立法资源的有限性以及社会生活的变动性。一方面，立法是特定历史阶段的社会活动，这决定了立法理念与立法技术深受当时社会环境的影响，囿于成文法有限的篇幅，立法不可能穷尽列举所有需要保护的正当利益，而只能选择当下相对重要的权利予以规定。另一方面，随着社会的发展进步以及社会观念的迭代更新，人们的权利保护意识愈益提高，这给利益的生成与扩展提供了肥沃的土壤，各种各样的新型利益逐渐进入人们的视野并获得广泛的关注与认可。为适应现实生活的需要，立法需要一定的包容性与开放性，将尚未达到法定权利分配密度的利益也纳入规制范畴体现了法律的统摄力与包容性。

三、个人信息作为利益的合理性论证

（一）个人信息权益不符合权利的基本要素

随着我国法治化进程的不断推进，社会公众的权利意识逐渐提高，但由于法学理论知识的相对匮乏，人们习惯性地认为只有权利才能获得法律的保护。实践中，人们为了正当化自己的利益诉求，创造了各种各样新型的"权利"，诸如亲吻权、祭奠权、贞操权等。在这种思维模式主导下，"权利"成了一个无所不包的容器，其外延可以无限广泛，似乎所有值得保护的利益都可以收纳进来。

虽然新型的利益不断涌现，但利益是否能够成为权利需要具备一定的条件，基于权利的利益论，判断具体的利益诉求是否构成权利的标准是"利益的相对重要性"，被保护的利益只有比受到限制的其他利益更重要时才能构成权利，[②]德国学者普遍认为，侵权法上的权利应当同时具备归属效能、排除效能以及社会典型公开性。[③]就个人信息来说，虽然个人信息之人格利益与财产利益归属

---

① 王伟光：《利益论》，中国社会科学出版社 2010 年版，第 77—80 页。

② 于柏华：《权利认定的利益判准》，《法学家》2017 年第 6 期，第 2—8 页。

③ 于飞：《侵权法中权利与利益的区分方法》，《法学研究》2011 年第 4 期，第 107—111 页。

于特定主体，且个人信息以可识别性为核心特征，但个人信息并不具有排除效能，个人信息可以同时为多人共同利用，具有非竞争性与非排他性。换句话说，个人信息本质上是一种公共产品，赋予信息主体控制性的个人信息权与个人信息的本质属性相冲突，此外，个人信息权利化可能使得行为自由受到极大的限制。[①] 从实践层面来看，由于立法资源的有限性，通常认为只有经过实践检验的、比较成熟的利益才能被法律确认为一项值得保护的权利，因而权利具有相对的固定性与稳定性。如前所述，个人信息的判定以可识别性为核心特征，并依赖于具体的场景，这使得个人信息的范围具有一定程度的不确定性。因之，试图以静态的权利涵括变动的个人信息不具有现实可行性。

〔二〕个人信息权利化有碍信息价值的充分释放

目前，传统的偏重于信息保护或偏重于信息利用的一元化的思维模式逐渐式微，人们普遍意识到，大数据时代，信息保护与信息利用的动态平衡是最有益于社会整体发展的路径选择。对此，《个人信息保护法》明确将信息保护与信息利用置于同等重要的地位，宣示了信息利用价值的重要性。然而，个人信息权利化可能破坏信息保护与信息利用之间的平衡，使得法律的天平过于偏向信息主体一方，阻碍了信息价值的充分发挥。

传统意义上的赋权本是一个对事物的法律属性确证的过程，如果法律属性暂时难以得到确证，则法律在提供救济时应保有必要的慎重，因为赋权模式不仅是一种成本较高的法律设置方式，也是一种成本较高的法律解释方式。[②] 换言之，在立法尚未明确个人信息法律地位的情况下，不宜贸然将个人信息归入权利范畴。在权利保护路径之下，个人享有较大的控制力，其可以基于自主意思决定个人信息的收集、储存、利用等具体事项，可能妨碍基本的社会交往。[③] 此外，个人信息不仅涉及私人之间的利益，还具有公共管理价值，个人信息利益格局的复杂性与多元性决定了无法用支配性较强的权利对其予以保护。

对此，有学者主张适度调整个人信息权的内涵界定，认为个人信息权利不是绝对性权利，而应当在具体场景和信息关系中重新勾勒和确定个人信息权利。[④] 这种观点看到了个人信息所承载利益的复杂性，具有一定的合理性，然而

---

① 张力，莫杨燊：《法益论视角下个人信息侵权法保护之类型化》，《重庆邮电大学学报（社会科学版）》2020年第3期，第44—45页。

② 高郦梅：《网络虚拟财产保护的解释路径》，《清华法学》2021年第3期，第193页。

③ 王锡锌：《个人信息国家保护义务及展开》，《中国法学》2021年第1期，第147页。

④ 丁晓东：《个人信息权利的反思与重塑：论个人信息保护的适用前提与法益基础》，《中外法学》2020年第2期，第355页。

其忽视了权利的基本功能，权利应当具有一定程度的稳定性，如此才能为社会公众提供稳定的行为预期，根据具体场景动态确定个人信息权利内容的做法悖离了权利的根本属性。更为重要者，"权利说"与"权益说"之争主要是一个法律的形式化建构问题，并不能直接决定背后的价值取向和利益分配问题。[①] 实际上，在个人信息处理关系中，信息主体对个人信息享有的是有限支配，而非全面支配，将个人信息定位于受法律保护的利益充分认识到了个人信息利益格局的多元性，既满足了个人信息受法律保护的需求，也为个人信息的合理利用开辟了通道。

（三）将个人信息定位于利益并不影响其保护强度

"权益区分论"认为权利的位阶天然地高于利益，应当对于权利采取更严格的保护措施。这种观点具有一定的合理性，但其过于绝对化，忽视了社会实践中利益关系的复杂性。王利明教授通过全面考量《民法典》的价值取向，并借助法律解释方法，将《民法典》所规定的民事权益按照位阶的高低进行如下排序：物质性人格权、精神性人格权、身份权、人格利益、财产权利、财产利益。[②] 也就是说，一般情况下权利受法律保护的程度高于利益，但这种价值排序并不具有绝对性，人格尊严关系个人基本的生存与发展，当人格利益与财产权发生冲突时，应当优先保护人格利益。从实践层面来看，"权益区分论"首先需要解决的一个前提性问题是，如何准确区分权利与利益？随着社会实践的发展，新型的利益不断衍生与扩张，权利也可能随着法律制度的变迁而退出历史舞台，权利与利益的界限愈益模糊。权益区分保护使得侵权法对社会需求反应的灵敏度降到最低，不利于对民事主体权益的保护。[③] 可见，试图人为地切割权利与利益进而提供不同程度的保护措施无论在理论上还是实务上，都是站不住脚的。

"权益等同论"将利益与权利置于同等重要的地位，主张法律应当对于权利与利益提供同等程度的保护。这种观点认识到了利益的重要性以及权利与利益的同质性，但对于权利与利益采取无差别的保护可能会不当侵蚀行为自由的空间。实际上，即使是为法律所确认的权利，其体系内部仍存在保护程度的差异，具体来说，相对于财产权，应当对于生命权、健康权、名誉权等与个人密切相

---

① 冉克平：《论个人生物识别信息及其法律保护》，《社会科学辑刊》2020年第6期，第114页。

② 王利明：《论民事权益位阶：以〈民法典〉为中心》，《中国法学》2022年第1期，第41—49页。

③ 奚晓明主编：《〈中华人民共和国侵权责任法〉条文理解与适用》，人民法院出版社2010年版，第21页。

关的人身权提供较高程度的保护措施。同样，利益内部也存在重要性程度的差异，一般来说人格利益被侵害的都应当获得法律的有效保护，而纯粹经济损失被侵害时仅在特定情形下才予以救济。不加区分地将所有的利益都纳入法律保护的范畴并提供同等程度的保护不仅增加了立法、司法成本，也可能损害了行为人的行为自由。

诚如学者所言，"权利"与"利益"不存在区分保护还是同等保护的问题，将权利与利益各自内部等值化处理或者将任一权利均高于任一利益之安排，违背了价值体系的基本精神，为了实现实质正义，应当采行跨越权利与利益的更为彻底的区分保护措施。[①] 因此，问题的关键不在于先验地判定对于权利与利益采取同等保护抑或区分保护，而是在具体个案中考察受侵犯的权益对于当事人的重要性程度，概言之，对于权利或利益应提供何种程度的保护需要综合考量个案具体情境予以判定。

---

① 叶金强:《〈民法典〉第 1165 条第 1 款的展开路径》,《法学》2020 年第 9 期，第 25—27 页。

第二章　个人信息之上的利益分析及其归属

　　主流观点认为，法律之所以对个人信息予以保护，乃在于其所附着的其他合法性利益。[①] 人们通常认为，除了表征个人基本特征的功能外，个人信息还是社会经济发展与社会秩序维护不可或缺的资源，随着大数据处理技术逐渐渗入社会生活各个方面，在日常的人际交往与社会生活中，个人需要频繁地与他人交换信息，社会对于个人信息的客观需求愈益增多，这决定了个人信息所承载的利益具有多元性与复杂性。关于个人信息的利益形态，理论界对于个人信息所承载的人格利益、财产利益等私人利益没有异议，争执的焦点主要在于个人信息是否承载着公共利益。持肯定性观点者认为，个人信息内蕴人格利益、商业化利益以及社会公共利益。[②] 反对者则认为，个人信息是与公共利益没有直接关系的私有信息，如果某些信息直接与公共利益相关联，那么就不属于个人信息。[③]

　　从法理层面来说，公共利益是一个不确定法律概念，具有高度的抽象性与模糊性，需要在具体语境下进行解读。一般认为，社会公共利益具有整体性与普遍性两大特点，社会公共利益是整体的而不是局部的利益，在内容上是普遍的而不是特殊的利益。[④] 随着社会的发展，个人信息成为社会生产与社会发展的必备要素，尤其是，公务机关对于个人信息收集与利用的广度与深度均极大提高，使得个人信息的公共属性愈益增强。通常来说，公务机关在制定相关政策时必须依托于海量信息所提供的情报基础，只有事先对个人信息进行收集与分析，才能保证决策的合理性与科学性。自"新冠肺炎"暴发以来，公务机关

---

　　① 程啸：《民法典编纂视野下的个人信息保护》，《中国法学》2019 年第 4 期，第 37 页。

　　② 刘金瑞：《个人信息与权利配置——个人信息自决权的反思和出路》，法律出版社 2017 年版，第 109—125 页。

　　③ 刘德良：《论个人信息的财产权保护》，人民法院出版社 2008 年版，第 22—23 页。

　　④ 梁上上：《利益衡量论》，法律出版社 2013 年版，第 79—80 页。

利用行程轨迹、接触对象、手机号码等相关信息有效追踪密切接触者，对可疑人员进行定向筛查与防控，为我国战胜疫情提供了莫大的帮助，也切实印证了个人信息的公共利益属性。由于本书主要从侵权法视角讨论个人信息保护问题，而侵权法主要关注于平等民事主体人身权益与财产权益的救济，因此，本书不再将个人信息的公共利益纳入讨论范畴。通常来说，公共利益与个人利益是相互促进、相辅相成的，在保护公共利益的同时也维护了个人利益。然而，在某些情况下，公共利益在特定情况下可能正当化信息利用行为，制约个人信息人格利益或财产利益的发挥。以下主要探讨个人信息之上的人格利益与财产利益。

第一节　个人信息之人格利益

一、个人信息人格利益的法理基础

（一）人格利益的内涵

康德认为，人所愿欲的和他能够支配的一切东西都只能被用作手段，只有人才是目的本身。[①] 然而，在近代社会以前，作为人之根本的人格并非天然地、无差别地被承认，人在法律上的地位是不平等的，典型者如罗马法的"人格减等"制度，在这种制度之下，人格与人本体处于一种分离的状态。据日本学者星野英一考证，现代意义上的"法律人格"源于拉丁语"Persona"，其最初的含义是指扮演剧中演员的角色，随着实践的发展，"Persona"被用以指称脱离了人的整体的人在法律舞台上所扮演的地位或角色，可以发现，法律人格并非是人的整体，而是人的某个一定侧面的概念。[②] 文艺复兴与启蒙运动推动了人文主义思潮的发展，其中，"天赋人权""人人生而平等"等相关理念奠定了现代人格保护的思想基础。当前，对人格的尊重与保护已成为现代法律所遵循的共通性规则，不论英美法系抑或大陆法系，相关制度安排均体现着对人格保护的价值追求。可以说，现代法律的发展史就是不断强化人格保护的演进史。

史尚宽先生直言，相较于财产，人格之于人的重要性不言而喻，因此，对于人格的保护是毋庸置疑的。[③] 关于人格的具体内涵，一直以来都是法哲学领域的研究热点。黑格尔认为，人格的要义在于，我作为这个人，在内部任性、冲动和情欲以及在直接外部的定在等一切方面都完全是被规定了的和有限的，

[①]　[德]康德：《实践理性批判》，韩水法译，商务印书馆2009年版，第95页。

[②]　[日]星野英一：《私法中的人》，王闯译，中国法制出版社2004年版，第19—20页。

[③]　史尚宽：《民法总论》，中国政法大学出版社2000年版，第123页。

并在有限性中知道自己是某种无限的、普遍的、自由的东西。① 有学者则认为，"人格"这一术语在现代法律上具有两种不同的含义，当其与"法律"二字连用而构成"法律人格"时，其是指人可以享有法律规定之权利和应当承担法律规定之义务的资格，这种意义上的"法律人格"类似于"权利能力"；而"人格关系"或"人格权"中的"人格"则是指人作为自然之存在和社会的主体，包含着现代社会生活条件下受法律保护的各种自然的和社会的因素。② 王利明教授也认为，人格在法律上具有三重含义，人格不仅体现为一种抽象与平等的法律地位，还可以用来指称具有独立民事主体地位的个人和组织以及一种应受法律保护的利益。③

由上可知，虽然"人格"无处不在，但理论界关于人格的具体内涵尚未形成一致的认识，这与人格本身的无形性、抽象性有着莫大的关系。人格的内涵具有多义性，难以用语言精准描述，而必须在具体情境下予以特定，但人格是人之所以为人的基本诉求，任何强调人格保护的法律主张都不能无视人格的核心要义。实际上，所有关于人格理论的核心观点都可以简单地归结为"个人必须有定义自己的自由"。④ 信息自决权立基于人的主体地位以及人格自由发展，其主张只有当个人可以自主支配其个人信息是否为他人获取、在何种程度上被利用等相关事项时，才能自由发展其人格，否则个人将失去作为主体参与的可能性，而沦为他人可以操纵的信息客体。⑤ 因之，个人信息人格利益的内涵体现为维护信息主体作为人的完整性及不受侵犯性，申言之，信息主体有权自主控制个人信息的利用方式，并有权在个人信息被侵犯时寻求法律救济。

（二）个人信息人格利益的内在机理

第二次世界大战结束后，国际社会开始深刻反思战争期间各种非人道的行为，普遍呼吁建立尊重基本人权的法律制度。人们对于人格尊重与保护的价值诉求也体现在个人信息保护领域，1948 年联合国大会通过的《世界人权宣言》明确规定"任何人的私生活、家庭、住宅和通信不得任意干涉"。

就我国规范层面来说，强调个人信息人格利益的保护历来是立法的主流做法，譬如，《个人信息保护法》第一条明确将个人信息权益保护作为立法的首

---

① ［德］黑格尔：《法哲学原理》，范扬、张企泰译，商务印书馆 2017 年版，第 51 页。
② 李开国：《民法总则研究》，法律出版社 2003 年版，第 9—10 页。
③ 王利明：《人格权法研究》，中国人民大学出版社 2012 年版，第 5—7 页。
④ Jed Rubenfeld, The Right of Privacy, Harvard Law Review, vol. 102, no. 4,1989, p. 753.
⑤ 杨芳：《隐私权保护与个人信息保护法——对个人信息保护立法潮流的反思》，法律出版社 2016 年版，第 52 页。

要目的。此外，《宪法》作为我国的根本性大法，以保护人民利益为中心，《宪法》第三十三条之"国家尊重和保障人权"、第三十八条之"公民的人格尊严不受侵犯"、第四十条之"公民的通信自由和通信秘密受法律的保护"等有关人格保护之规定，为个人信息人格利益的保护奠定了制度基础。《民法典》第一百零九条同样规定，法律对于自然人的人身自由以及人格尊严等基本的人格利益给予保护。此外，虽然《民法典》第九百九十条没有明确提及个人信息的人格属性，但该条在明确列举具体的人格权类型外，还规定自然人享有基于人身自由、人格尊严产生的其他人格权益。从解释论的角度来说，可以将个人信息解释为"其他人格权益"。

从哲学角度看，个人信息是此人区别于其他人的标志，保护个人信息就是维护个人的自主性与个人身份的认同，以达到维护人格尊严和人格自由的目的。[①]一直以来，理论界关于自主权的确切内涵存有争议，但普遍认为自主权意味着权利人在不伤害他人利益、社会公共利益的前提下自主决定自己的事务安排。尊重自主权是现代法治的基本理念，是随着社会的发展进步以及人们权利意识的觉醒而逐渐形成的共通性认知。尊重自主权的一个重要表现就是承认他人有能力根据自己的价值观做出契合自身利益的选择，并尊重其选择的结果，即使这种选择在其他人看来不一定是理性的、有利的，这是承认其人格价值的重要组成部分。诚如哈耶克所言，自由意味着我们绝不能将自己视为裁定他人价值的终极法官，也不能认为我们有权或有资格组织他人追求我们并不赞同的目的，只要他们的所作所为并没有侵犯我们所具有的得到同样保护的行动领域。[②]大数据时代，由于计算机技术的普及化程度不断提高，信息处理者收集信息的方式愈益便利，导致人们逐渐丧失对个人信息的支配与控制，传统的事后救济规则难以满足人们保护个人信息的急切需求。为稳固个人的主体性地位，个人信息保护法构造了以"人"为中心的制度体系，确保个人可以基于自主意志控制信息的流转与利用，这是维护信息主体人格利益的重要手段。

随着信息科技的快速发展，大数据技术可以充分挖掘潜在的信息价值，并将原来单个的、孤立的个人信息加工、整合形成信息主体的人格画像。人格画像的精准性与个人信息的数量呈正相关关系，信息处理者掌握的个人信息越多，

---

① 赵正群、王进：《盗用个人信息行为的违法性及其法律责任论析——对"罗彩霞案"的信息法解读》，《南开学报（哲学社会科学版）》2012年第4期，第15页。

② [英]弗里德利希·冯·哈耶克：《自由秩序原理》（上），邓正来译，生活·读书·新知三联书店1997年版，第93页。

则所描绘出来的人格画像越精准。当个人信息积累到一定程度，就能够形成与实际人格相似的"数字人格"，并可以被用来作为该个人的代号。①自然人从出生到死亡，个人信息伴随其一生，保护个人信息是维护人格尊严与人的主体性地位的基本要求，泄露、篡改、歪曲他人个人信息可能导致信息主体的社会评价降低，影响个人正常的社会生活与人格发展。在当前个体与社会融合程度逐步加深的现实背景下，个人无法也不可能完全孤立地存在，生活在社会中的个体必然要与外界进行一定的交流与互动。正如舍恩伯格所言，没有人可以不交流，在数字时代，只要在沟通过程中运用了数字设备，交流产生的信息便会被添加到我们的"数字人生"中。②

个人信息与人格利益是一体两面的关系，个人信息与个人存在着一定的对应关系，是使得信息主体区别于其他人的关键要素。个人信息可以用来表征个人身份、行为等方面的特性，从而为个人参与社会交往与社会活动提供媒介。换句话说，保护个人信息的根本目的在于，保护建立在个人信息基础上的个人在各种社会交往中通过个人认同与社会认同综合形成的"个人自我形象"，使个人身份在自主性、完整性层面都能得到正确的定位。③与此同时，个人在社会生活与社会交往过程中又不断生成新的个人信息，形塑了个人的数字人格形象，一定意义上可以说，保护个人信息就是保护信息主体基本人格尊严与人格自由。

二、个人信息人格利益的核心要义：自主决定

美国社会心理学家亚拉伯罕·马斯洛（Abraham Maslow）认为，人类的需求包括生理需求、安全需求、归属和爱的需求、尊重需求以及自我实现的需求，其中，自我实现的需求是指个人希望最大限度地发挥自己的潜力，成为其所期望的理想中的自己。④大数据时代，个人信息的人格利益不再局限于禁止未经信息主体同意或授权而擅自收集、利用其个人信息的消极面向，而更多地体现为自主控制或支配其个人信息的积极面向。虽然有学者质疑个人信息自主控制模式的可行性，认为大数据时代信息主体难以真正实现对其个人信息的自我控制，

① ［美］阿丽塔·L.艾伦、理查德·C.托克音顿：《美国隐私法——学说、判例与立法》，冯建妹、石宏等译，中国民主法制出版社2004年版，第207页。
② ［英］维克托·迈尔－舍恩伯格：《删除：大数据取舍之道》，袁杰译，浙江人民出版社2013年版，第68页。
③ 陆青：《数字时代的身份构建及其法律保障：以个人信息保护为中心的思考》，《法学研究》2021年第5期，第14页。
④ Abraham Maslow, Motivation and Personality, New York: Harper,1954, pp.35-47.

但个人信息难以被信息主体控制这一因素不应成为否定信息主体有权控制其个人信息的理由。[①] 为实现信息主体积极主动控制个人信息之人格利益，欧美国家构造了"信息自决权"与"信息隐私权"。以下具体阐述。

（一）美国法下的信息隐私权

美国没有独立的个人信息保护体系，其对于个人信息的保护是建构在隐私权基础上的，因此，从隐私权的历史演进中可以知晓个人信息保护的发展脉络。十九世纪末，大众传媒领域繁荣发展，新闻报刊为博取关注，肆意发表公众人物的私密生活，严重扰乱了社会正常的生活秩序。为消弭私人空间不断被侵蚀的现实困境，美国学者沃伦与布兰迪斯联合发表了《论隐私权》（*The Right to Privacy*）一文，明确提出人人享有隐私权，即不受他人干扰的独处的权利（the right to be alone）。[②] 可以看出，早期的隐私权强调个人私密空间的不受侵犯性，并不关注个人是否可以积极控制其个人隐私。随着计算机技术的普及应用，个人的隐私领域不断被侵蚀，为应对新类型的隐私侵害行为，隐私权的权能逐渐扩展，从传统的消极防御权演化为同时兼具消极防御权能与积极控制权能的"大隐私权"。[③]

隐私控制论的经典定义源于美国学者威斯汀，其认为隐私不仅意味着信息不被他人知悉，更意味着个人对于信息的自主控制。[④]1977 年，在"沃伦诉罗伊"（Whalen v. Roe）一案中，美国联邦最高法院认为，隐私所保护的利益包括两种，即避免个人私事被披露的利益以及独立做出重要决定的利益。[⑤] 此后，"信息隐私权"在美国获得广泛的认可，其中心思想在于，个人不仅是个人信息的最初来源，也是个人信息正确性、完整性的最后核查者，以及该个人信息使用范围的参与决定者。[⑥] 信息隐私权保障了个人自主控制信息的处理方式，使得个人能够根据自己的意愿形塑外在的人格形象，避免因信息处理者滥用个人信息造成的损害。

随着理论研究的不断推进，美国学者几乎一致承认，个人可以自主控制其隐私是否被收集以及具体的利用方式，隐私所具有的这种积极主动的面向又被

---

① 王成：《个人信息民法保护的模式选择》，《中国社会科学》2019 年第 6 期，第 130 页。

② Samuel D. Warren, Louis D. Brandeis, The Right to Privacy, Harvard Law Review, vol. 4, no. 5, 1890, p.195.

③ 张建文：《基因隐私权的民法保护》，《河北法学》2016 年第 6 期，第 13 页。

④ Alan F. Westin, Privacy and Freedom, New York: Atheneum, 1967, p.208.

⑤ See Whalen v. Roe，433 U. S. 599 – 60 (1977).

⑥ 林鸿文：《个人资料保护法》，书泉出版社 2018 年版，第 9 页。

称为"信息隐私"。也就是说,"信息隐私"是隐私权的下位概念,其是在传统的隐私权基础上衍生出来的,是对传统隐私权内涵的扩容。为应对复杂的现实实践,信息隐私权的内涵得到了进一步地丰富与扩展,王迁教授认为,信息隐私权的核心内涵在于自主控制个人信息,这种控制力辐射于对外与对内两个方向,信息隐私权的对外控制力指"控制隐私不为他人所知",信息隐私权的对内控制力则指"自主控制信息流向自身的能力",权利人有权决定是否知悉自己的隐私,第三人不顾本人意愿向其披露信息的行为侵犯了本人的自主权。[①]

（二）欧盟法下的信息自决权

"信息自决权"（das Rechtauf informationelles Selbstbestim mungsrecht）这一概念起源于德国,最初由德国学者 Wilhelm Steinmüller 和 Bernd Lutterbeck 提出,[②]1983 年,德国联邦宪法法院于"人口普查案"中率先使用了"信息自决权"这一术语,遗憾的是,该案并没有对"信息自决权"的具体内涵展开论述。[③]随着计算机技术的迅速发展,"信息自决权"受到社会各界的广泛关注,但"信息自决权"并没有成为德国成文法所明确承认的一项独立的权利,而被认为是根据《德国基本法》第一条第一款之"人性尊严"条款以及第二条第一款之"一般人格权"条款衍生出来的权利。[④]此后,德国联邦宪法法院在一系列的判决中确认了信息自决权的"第三人效力",使得信息自决权成为不再仅仅是一项宪法权利,还是一项民法意义上的一般人格权,其作用不仅仅局限于公民防御国家,还能对私法的价值体系产生影响。[⑤]

与信息隐私权的演进路径类似,信息自决权的最初内涵也仅指信息主体能够自主控制是否向他人披露个人信息等一系列事项,后发展为信息主体不仅能够控制个人信息是否流向他人,还有权控制个人信息是否流向自己。有学者主张信息自决权可以细分为积极性的知情权和消极性的不知情权两个维度,信息自决权的积极性维度体现为当事人对自身信息的全面知情与掌控,即自主决定

① 王迁:《论医生对患者基因隐私的保密与披露义务》,《私法》2004 年第 2 期,第 261—263 页。
② 杨显滨、麻晋源:《个人信息的民事法律保护与限度》,《江海学刊》2021 年第 4 期,第 166 页。
③ BVerfG, Urteil des Ersten Senats vom 15. Dezember 1983, 1 BvR 209/83 u.a.–Volkszhlung–, BVerfGE 65, S.1.
④ 张忆然:《大数据时代"个人信息"的权利变迁与刑法保护的教义学限缩——以"数据财产权"与"信息自决权"的二分为视角》,《政治与法律》2020 年第 6 期,第 54 页。
⑤ 李承亮:《个人信息保护的界限——以在线评价平台为例》,《武汉大学学报（哲学社会科学版）》2016 年第 4 期,第 111—112 页。

个人信息何时、何地、对谁、因何故而被收集、储存与利用以及是否将相关信息予以删除；信息自决权的消极性维度指权利人对于某种特殊信息主动地选择不知情。^① 德国学者埃伯巴赫（Wolfram H. Eberbach）也持类似观点，其认为信息自决权包含两个对立面——想要知道一切或者不想知道任何信息，如何选择取决于个人是否希望在获得相关信息的基础上做出相关决定，而权利人的选择是出于何种原因并不重要。^②

（三）信息自决权与信息隐私权的关系

关于信息隐私权与信息自决权的关系，邱文聪认为，"信息自决权"保障个人外在行动的自由，"信息隐私权"则维护个人人格内在形成的弹性空间，两者的不同内涵与性质形成各自不完全相同的保护射程范围，"信息自决权"强调个人自主控制个人信息的可能性，任何与个人相关的信息都可以成为"信息自决权"的客体；不同于此，"信息隐私权"的客体则仅限于被收集利用于发挥人格形塑作用的个人信息，倘若将"信息隐私权"等同于"信息自决权"，事实上将会不必要地将所有的个人信息保护客体都提升到保障人格形成之"信息隐私权"的高度。^③ 与之不同，王泽鉴先生认为，"信息隐私权"是美国法上"information privacy"的译称，而"信息隐私权"是德国法上"informationelles Selbstbestimmungsrecht"的译称，两者在本质上具有同一性，只是由于美国法与德国法在用语习惯上的不同而已。^④

目前，我国立法虽然没有明确规定"信息自决权"与"信息隐私权"，但理论界普遍认为信息自决权指个人可以自主决定是否、何时、何人以及在何种范围内处理自己个人信息的权利，是人性尊严在个人信息保护领域的具体化呈现。一般认为，人性尊严的核心内容主要由两部分构成：一是人本身即是目的，不得被要求或视为一种工具，人若被物化则无尊严可言；二是人得以自律自决，不应处于被操控的他律他决的地位，若个人缺乏自治自决的机会，将丧失其基本的尊严。^⑤ "信息自决权"与"信息隐私权"将信息主体视为信息处理的中心，认为个人信息只是实现信息主体意志的手段，赋予信息主体对于个人信息的收

---

① 甘绍平：《信息自决权的两个维度》，《哲学研究》2019 年第 3 期，第 118—126 页

② Wolfram H. Eberbach, *Juristische Aspekte einer individualisierten Medizin*, MedR 29 (2011), S.766.

③ 邱文聪：《从资讯自决与资讯隐私的概念区分——评"电脑处理个人资料保护法修正草案"的结构性问题》，《月旦法学杂志》2009 年第 5 期，第 173—178 页。

④ 王泽鉴：《人格权的具体化及其保护范围·隐私权篇（中）》，《比较法研究》2009 年第 1 期，第 8 页。

⑤ 李震山：《人性尊严与人权保障》，元照出版有限公司 2001 年版，第 284 页。

集、利用等相关事项享有不受他人干涉的决定权与控制权，他人不得违背信息主体的意愿或超出信息主体授权的范围处理个人信息，充分体现了对于人格尊严的尊重与重视。需注意的是，由于个人信息不仅仅单纯地与个人相关联，其同时也是社会现实的反映，这决定了个人对其个人信息并不拥有绝对的、不受限制的控制权，因此信息自决权的行使必然受到一定的约束。①

虽然"信息自决权"与"信息隐私权"的基本内涵具有一致性，但并不意味着两者可以混淆使用。就我国而言，采纳"信息自决权"或许更为妥适，因为其不仅能够纯化法律体系，也更具可接受性。我国现行立法中隐私权与信息自决权守护的价值侧重点不同，根据《民法典》第一千零三十二条及第一千零三十三条之规定可知，隐私权重在保护私人生活安宁与私人生活、私人空间以及私人信息不被他人非法窃取、刺探的私密性，在隐私权被侵害之前个人无法主动行使其隐私权，概言之，我国法上的隐私权更偏向于被动防御性。不同于此，信息自决权则重在保护信息主体对个人信息绝对地控制与支配，信息主体可以自主决定个人信息的收集、利用、删除等相关事项，其更强调主动控制性。从路径依赖角度来分析，我国遵循的是德国法下的区别规制隐私与个人信息的立法模式，不同于美国法中隐私权所具有的强大的包容力与涵摄力，我国法律语境下的隐私权是一项具体的人格权，无法完全涵盖个人信息事项，因此采纳"信息自决权"这一术语更符合社会大多数人的思维方式。

第二节　个人信息之财产利益

一、个人信息财产利益的学理争论

（一）争点归纳

大数据时代，透过个人信息可以勾勒信息主体的消费倾向、兴趣爱好等"人格画像"，从而实现精准营销、定向广告推送等较具针对性的商业宣传，这使得个人信息成为经营主体竞相争夺的资源。目前，人们对于个人信息所承载的人格利益几乎没有什么争议，但关于个人信息是否具有财产利益，则存在不同的观点，具体可以分为"肯定说""否定说"以及"折衷说"。

"肯定说"认为，应当肯定个人信息具有财产利益，并从不同视角展开了具

① Antoinette Rouvroy, Yves Poullet, The Right to Informational Self-Determination and the Value of Self-Development: Reassessing the Importance of Privacy for Democracy, in Serge Gutwirth et al., Reinventing Data Protection? Springer Science & Business Media, 2009, pp. 55-56.

体分析。有学者指出，随着云计算、人工智能的出现，个人信息处理过程所牵涉的参与者以几何级数增长，使得个人信息流动结构过于复杂，而财产权所具有的普遍性效应能够反映及控制这种复杂的关系。[1] 从现实角度来看，肯定个人信息的财产利益具有重大的实践价值，财产权理论使得信息主体有资格受到法律的全面保护，解决了诉讼资格问题，消除了个人的私生活在其不知情或不同意的情况下被他人任意处理且几乎不承担法律责任的可能性。[2] 虽然目前立法中并不存在独立的个人信息财产权，但并不否认个人信息的财产价值，法律应当对于个人信息产生的财产利益予以保护。[3]

"否定说"明确反对个人信息财产利益存在的正当性，认为通过财产权保护个人信息存在制度上的低效率以及市场失效性，进而损害公共利益及个人利益。[4] 美国学者科恩认为，个人信息财产化的观点过于理想化了，从现实层面来说，肯定个人信息具有财产利益可能对个人信息交易形成错误激励，导致信息主体对其个人信息失去完全的控制力。[5] 还有学者从经济学角度进行分析，认为稀缺性是财产的必备要素，如果一种商品足够多，每个人都可以拿走其想要的东西且总是有足够的剩余，那么这种商品就不会成为财产，按照这种逻辑推演，个人信息无法归入财产范畴，因为其并不满足稀缺性要件，个人信息具有非损耗性及可再生性，一个人对个人信息的收集与利用并不影响他人的使用，更重要的是，个人信息能够在网络空间大量产生，无需财产制度的内部化激励。[6] 还有学者认为，除了稀缺性外，个人信息也不符合财产的其他基本特征，具体来说，个人信息欠缺劳动理论所要求赋予财产的必备条件——与自身劳动相结合，譬如购买一盒麦片并没有花费多少的劳力，但此过程即创造了有价值的个人信

---

[1]　Nadezhda Purtova, Property in Personal Data: Second Life of an Old Idea in the Age of Cloud Computing, Chain Informatisation, and Ambient Intelligence, in Serge Gutwirth, Yves Poullet, Paul De Hert &Ronald Leenes (eds), Computers, Privacy and Data Protection: an Element of Choice, Springer Dordrecht Heidelberg London New York, 2011, pp. 39-62.

[2]　Arthur R. Miller, Personal Privacy in the Computer Age: The Challenge of a New Technology in an Information-Oriented Society, Michigan Law Review, vol. 67, no. 6, 1969, pp. 1123-1124.

[3]　王洪亮：《〈民法典〉与信息社会——以个人信息为例》，《政法论丛》2020 年第 4 期，第 10 页。

[4]　吴伟光：《大数据技术下个人数据信息私权保护论批判》，《政治与法律》2016 年第 7 期，第 127—128 页。

[5]　Julie E. Cohen, Examined Lives: Informational Privacy and the Subject as Object, Stanford Law Review, vol. 52, no. 5, 2000, p.1391.

[6]　Margaret Jane Radin, Property Evolving in Cyberspace, Journal of Law and Commerce, vol. 15, no. 2, 1996, pp. 514-516.

息；此外，个人信息欠缺财产的可让与性，保护个人信息的目的在于保护隐私，这使得个人信息无法像普通商品一样自由流转。[①]

"折衷说"认为，在讨论个人信息是否具有财产利益时不能一概地肯定，也不能一概地否定，而应当根据具体情况具体分析。如果将个人信息完全财产权化可能使得信息主体随意交易个人信息，与人格权立法理念背道而驰；反之，如果完全否定个人信息的财产属性则可能限制数据价值的开发。[②]鉴此，一种新的理论观点主张应当根据个人信息的数量来区别讨论其是否具有财产利益，认为单个自然人的个人信息本身无价值，或其所具有的财产价值可以忽略不计，个人信息的经济价值只有在对海量个人信息进行大数据分析的基础上才能显现。[③]

（二）分析与检讨

由上可知，反对个人信息财产化的理由可以归结为以下几点：1.赋予个人信息财产权缺乏理论上的正当性；2.个人信息的价值具有多元性，个人信息财产化可能损害其他主体的合法权益；3.单一个人信息的价值微乎其微，可以忽略不计。这些反对理由看似存在一定的道理，实则经不起推敲。

首先，肯定个人信息财产利益并非意味着必须赋予个人信息财产权。不可否认，财产权是保护财产利益的重要方式，但除了权利化路径，还存在行为规制模式等其他的保护方式，将个人信息财产利益的承认等同于个人信息财产权的赋予，存在逻辑自洽性的诘难。其次，个人信息的利益格局具有多元性，除了关乎信息主体与信息处理者的私人利益外，个人信息还具有一定的公共利益属性。现代社会，人与人之间的联系愈益紧密，生活在社会中的人不可能完全与他人隔绝而孤立地存在，社会文明的进步也离不开人与人之间的交流。传统社会下，人们通过口头或书面的形式相互传达信息，从而实现信息的积聚与传播。数字时代的到来改变了人们的社会交往方式，以数据为载体的个人信息成为企业以及政府重要的战略性资源，导致个人信息的利益格局日益复杂。然而，承认个人信息具有财产利益并不意味着否定其他利益的正当性，个人信息蕴含

---

① Stan Karas, Privacy, Identity, Databases, American University Law Review, vol. 52, no. 2, 2002, pp.423-424.

② 姬蕾蕾:《大数据时代个人信息财产权保护研究》,《河南社会科学》2020 年第 11 期，第 23—24 页。

③ 参见刘迎霜:《大数据时代个人信息保护再思考——以大数据产业发展之公共福利为视角》,《社会科学》2019 年第 3 期，第 105 页；张新宝:《〈民法总则〉个人信息保护条文研究》,《中外法学》2019 年第 1 期，第 67—68 页；程啸:《论大数据时代的个人数据权利》,《中国社会科学》2018 年第 3 期，第 114—115 页。

的多元利益可以相互兼容，共生共存。最后，个人信息价值的微小不应成为否定个人信息财产利益的正当性理由。利益受法律保护的理论基础在于其价值衡量上的重要性，而非数学计算上的重大性，不宜用机械的、单向的思维模式否定个人信息财产利益存在的合理性。

二、个人信息财产利益的证成

（一）个人信息具有财产的实质属性

1.财产的多重面向

"财产"是社会存在与发展的基础，"财产"的具体类型随着社会发展变化而动态调整，财产的客体范畴在不同的社会发展阶段是不同的。在古代及近代社会，由于生产力水平的低下，财产的存在形式主要是有形的、实在的，诸如房屋、土地、牲畜等。随着机械化生产的大规模运用，资本主义商品经济迅速发展，更多的社会财富被创造出来，智力劳动成果、股权、有价证券等无形财产获得法律的肯认。财产范围的扩充改变了人们原有的认知观念，传统的财产观念——鼓励获取物质财富和独占、排他的权利，被全新的透过社群网络与他人分享经验的财产观所取代。[①] 当前，人们倾向于以一种更加开放、包容的姿态接纳新型财产权益，这为个人信息财产价值的承认提供了理论上的可能。纵观社会的发展轨迹，无论大陆法系还是英美法系，人们均一致认为"财产"是个人乃至社会发展之根本，只有充分承认与保护"财产"，社会才能得到良性发展。

关于"财产"的具体内涵，人们提出了各种各样的理论，但仍存在较大的争议。在《元照英美法词典》中，财产（权）"property"一词具有多种含义，其一指所有权，即一个人对某项财产享有的独占性的支配权，由对财产的占有、使用和以出租、出借、赠与等方式予以处分等"一束权利"构成；其二指所有权的客体，包括一切有金钱价值的物与权利；其三指不动产；其四指土地、地产；其五指房屋、建筑物。[②] 有学者认为，财产是一束权利，这些权利描述一个人对其所有的资源能够在何种程度上占有、使用、开发、改善、改变、消费、消耗、摧毁、出售、馈赠、遗赠、转让、抵押、贷款或阻止他人侵犯其财产，财产的法律概念就是所有者自由行使并且其行使不受他人干涉的一组关于资源

---

① [美] 杰里米·里夫金:《第三次工业革命》，张体伟、孙豫宁译，中信出版社2012年版，第320页。

② 薛波主编:《元照英美法词典》，法律出版社2003年版，第1107页。

的权利。[①] 有学者则认为,就其客体意义而言,财产的外延从宽到窄依次有三重含义:一是指具有经济内容的权利、义务的总体;二是指广义上的物,不仅指有体物,而且包括专指特定财产权利的无体物;三是指狭义上的物,以有体物为限。[②] 著名法经济学家康芒斯认为,财产是有权控制稀少的或者预期会稀少的自然物资,归自己使用或给别人使用,如果别人付出代价。[③]

时至今日,人们对于财产概念的界定仍未形成统一的见解,面对学者对于"财产"概念所作的不同阐释,有学者感慨道,"财产"在法律上具有多重含义,试图在财产与非财产之间划出一条界线并不是一件容易的事。[④] 若仔细考察财产的演进过程可以发现,之所以不同的人对于财产有着不同的理解,是因为财产深受价值因素的影响,财产是价值的载体,是价值的观念形态,特定时空下人们观念中的价值,就决定了什么是人们心目中的财产。[⑤] 申言之,财产具有"流动性",某一事物是否被视为法律上的财产不仅在时间维度上存在截然不同的做法,在空间维度上也不尽相同。以网络虚拟财产为例,目前我国立法明确表示社交平台账号、网络游戏装备等属于财产范畴,而其他国家对于是否承认其为财产权之客体则存在一定的争议。

2. 个人信息满足财产的核心构成要素

虽然财产的概念难以精准地界定,但这并不是说财产是虚无缥缈的,财产总是暗示着一种限制他人的力量。[⑥] 笔者认为,为防止财产内涵的不确定性所带来的概念界定上的困难,应当舍弃财产概念的精准表述,梳理出财产所具有的共同性,进而判定个人信息是否符合财产的基本特性不失为更具可操作性的选择。通常认为,财产的核心构成要素包括效用性、可控性以及稀缺性,这是财产必须具备的客观品质,否则就不能成为财产。[⑦] 按照这种推演逻辑,个人信息符合财产的基本特性,因而个人信息财产利益是现实存在的。

---

① [美]罗伯特·D. 考特、托马斯·S. 尤伦:《法和经济学》,施少华等译,上海财经大学出版社 2002 年版,第 66 页。

② 吴汉东:《无形财产权基本权利问题研究》,中国人民大学出版社 2013 年版,第 27 页。

③ [美]康芒斯:《制度经济学》(上),于树生译,商务印书馆 2017 年版,第 353 页。

④ Raquel Gonzalez-Padron, Property Rights over Personal Data: An Alternative for Standing in Data Breach Cases, Wake Forest Law Review, vol. 56, no. 2, 2021, p.402.

⑤ 陆小华:《信息财产权——民法视角中的新财富保护模式》,法律出版社 2009 年版,第 166 页。

⑥ Sonia M. Suter, Disentangling Privacy from Property: Toward a Deeper Understanding of Genetic Privacy, George Washington Law Review, vol. 72, no. 4, 2004, p.751.

⑦ 刘少军:《法边际均衡论——经济法哲学》,中国政法大学出版社 2007 年版,第 177—179 页。

　　首先，个人信息具有效用性。财产的首要特征体现为效用性，即财产对个体的有用性，这种有用性既表现为物质方面的满足，也表现为精神方面的满足。价值的多少并不影响财产地位的获得，其价值可以很高也可以很低，并不要求必须达到特定的价值才能被认定为财产。个人信息作为一种财产，具备财产的使用价值与交换价值。[①] 就使用价值来说，个人信息已经成为数字经济的核心生产要素，信息处理者对于个人信息的开发和利用提高了资源配置效率、节约了社会成本，便利了人们的社会生活，能够为信息主体、信息处理者乃至整个社会带来巨大的经济效益。2011 年，世界经济论坛发布的《个人数据：新型资产类型的出现》(*Personal Data: the Emergence of a New Asset Class*) 公开宣称，个人数据是新型石油，是二十一世纪最为宝贵的资源。[②] 个人信息交换价值最直观的表现就是个人信息的商业化利用，通常是指信息占有者以营利为目的将其合法占有的信息转让给他人并因此获得利益的行为。根据信息主体主观意愿的不同，个人信息的商业化利用可以区分为主动的个人信息商业化利用与被动的个人信息商业化利用，前者指信息主体主动与他人商谈个人信息交易的行为，后者指信息主体在不知情或非自愿的情况下被迫参与了个人信息交易。

　　其次，个人信息具有可支配性。可支配性指财产必须能够为人力所支配，无法为人力所能控制的空气、阳光等不属于财产范畴。财产最主要的价值在于服务于人类某种需要，如果某物不能被主体合理地控制，则其无法按照主体的预期实现特定的目的，也就不构成法律意义上的财产。个人信息是客观存在的，信息主体对于个人信息拥有绝对的控制力与支配力，能够自主决定是否同意他人对于个人信息的收集以及信息后续处理的具体方式，并有权排除他人对个人信息的不当侵害。信息处理者无正当理由擅自收集他人信息或超越信息收集时的初始目的对个人信息进行利用的，都将受到法律的否定性评价。肯定个人信息的财产利益，意味着信息主体可以自主决定其个人信息的使用方式，使得信息主体在面对强势的信息处理者时享有一定的议价能力，若否定个人信息的财产利益，则企业收集与利用个人信息的成本将降低，无异于放纵侵害个人信息行为的发生。

　　最后，个人信息具有稀缺性。否定个人信息财产利益的一种观点就是个人

---

　　① 黄祖帅：《中国个人信息的刑法保护研究》，《首都师范大学学报（社会科学版）》2015 年第 5 期，第 65—66 页。

　　② World Economic Forum, Personal Data: The Emergence of a New Asset Class, http://www3. Weforum.org /docs / WEF_ITTC_PersonalDataNewAsset_Report_2011.pdf. (Last visited:2021-11-04)

信息并不具备财产所要求的稀缺性，因为个人信息可以同时被多人分享，且在分享过程中并不减损其价值。这种单纯从数量上衡量个人信息是否具有稀缺性有欠妥当，个人信息的稀缺性并非简单地指个人信息在数量上的多寡，而是指个人信息所蕴含的价值具有稀缺性。实际上，由于个人信息供给的私人性及其商业性使用价值的财产属性，使得个人信息具有稀缺性。[①]

需说明的是，个人信息具有财产利益并不意味着应当赋予个人信息财产权。权利和经济利益从来就不存在必然的对应关系，一方面，财产权未必能带来经济利益，另一方面，经济利益也未必全部来自财产权。[②]虽然个人信息具有财产利益，但其财产利益附属于人格利益而存在，脱离个人信息的人格属性空谈其经济价值忽视了个人信息的本质属性，这要求我们在保护个人信息财产利益时需要充分考虑个人信息附着的人格利益。

（二）现实实践与价值诉求使然

1.社会发展的迫切需求

从现实层面来说，肯定个人信息财产利益契合了社会发展现状。在经济活动中，交易双方所拥有的信息客观上具有不完全性与非对称性，个人信息通过对不确定性的减少可以降低生产成本、提高经济效率，并获得了自身的市场价值。互联网领域，产品或服务的对价不再局限于直观的金钱支付，关注量、浏览量等以个人信息为支撑的新型经济形态强势崛起。现实生活中，人们总是自觉或不自觉地参与个人信息交易，其在获取应用程序或网络服务的使用资格时往往被要求提供相应的个人信息，这种看似免费的服务实际上是以个人信息的交换为对价的。信息处理者在获取大量的个人信息之后，可以通过开发信息产品或者商业推广的方式将其变现为经济利益。实践中，经营者对于其收集、使用的个人信息可能不完全用于对价化转换，如果个人信息的收集、使用对所提供的服务而言乃属必要且仅用于服务本身，则不认为个人信息具有对价属性，反之，如果个人信息的收集范围、使用途径超出必要限度，则认定个人信息具有对价功能。[③]

如果说以信息换取服务从侧面印证了个人信息具有经济利益，那么个人信息交易则将个人信息的经济利益更为直观的表现出来。实践中，域外国家的个人信息交易似乎成为"合法的存在"，以 DataCoup、Digi.me 以及 Meeco 等个人

① 刘德良：《个人信息的财产权保护》，《法学研究》2007 年第 3 期，第 85—86 页。
② 梅夏英：《数据的法律属性及其民法定位》，《中国社会科学》2016 年第 9 期，第 176 页。
③ 郑观：《个人信息对价化及其基本制度构建》，《中外法学》2019 年第 2 期，第 480 页。

信息交易平台为典型，用户可以直接将自己的社交账号、银行卡交易记录等个人信息售卖给个人信息交易平台，或者向平台开放信息访问渠道，并从中获取收益。美国《加利福尼亚消费者隐私法》以立法的形式明确承认了个人信息的经济价值，该法第 1798.125 条（b）款规定，企业可以为收集、销售或删除个人信息向信息主体支付补偿金或提供不同价格、等级与质量的商品或服务。① 就我国而言，自 2014 年贵阳大数据交易中心成立以来，全国各地相继成立了上海数据交易中心、浙江大数据交易中心、华中大数据交易平台等诸多大数据交易中心。此外，大数据交易方式也不再局限于线下交易模式，线上交易平台纷纷涌现，诸如京东万象数据平台、优易数据等。目前，以个人信息换取产品或服务以及个人信息交易现象盛行于道，无论单一的个人信息抑或信息集合均具有财产价值，完全否定个人信息财产利益悖离了现实生活发展现状。虽然单一个人信息的财产价值难以通过制度经济学的价格公式准确衡量，但个人信息是否具有财产利益与如何衡量其财产价值是两个层面的问题，以单一个人信息财产价值微薄来否定其财产利益的存在，显失周延。

2. 充分保障信息主体与信息处理者的利益

从价值层面来说，肯定个人信息财产利益不仅有利于保护信息主体的合法利益，也有利于保障信息利用活动的正常开展。对于信息主体而言，肯定个人信息的经济利益意味着信息主体可以对个人信息的经济价值进行自主支配与控制，个人可以自主决定是否、何时、何种方式以及与何人分享其个人信息，这促使信息处理者主动寻求与信息主体的沟通协商，提高了信息主体的议价能力。目前，市场对于个人信息的利用需求日益扩大，由此催生了一大批从事信息收集与分析业务的商业机构。对于这些机构来说，信息拥有量越多，越能为其带来经济效益，导致个人信息黑色产业链的加速发展，严重损害了信息主体的合法利益，侵扰了社会的运行秩序。肯定个人信息财产利益意味着个人信息遭受侵害时信息主体可以向信息处理者请求财产损害赔偿，有利于强化信息主体的保护。

对于信息处理者来说，肯定个人信息财产利益可以为信息利用行为提供理论基础。个人信息对于信息处理者来说无疑具有不菲的利用价值，信息技术的发展改变了传统的商业营销模式，企业在推广其产品或服务时不再遵循原先的"一对多"的推广模式，精准投放、定向推销等新型营销手段可以帮助企业精准

---

① See The California Consumer Privacy Act of 2018 (CCPA), https://leginfo.legislature.ca.gov/faces/billTextClient.xhtml?bill_id=201720180SB1121. (Last visited:2021-09-18)

锁定潜在用户，既节省了企业成本，也提高了商业推广的效率。这种新型商业营销模式的运用得益于海量个人信息的收集与分析，个人信息反映了个人的消费习惯、消费水平等有关个人的行为特征，大数据处理技术可以将碎片化的个人信息集合起来形成信息主体的"数据画像"，为商家更有针对性的营销提供了可能。若肯定个人信息的财产利益，则信息处理者可以通过支付一定的金钱或其他有价物换取个人信息的使用权，从而更好地开展个人信息利用活动，提高个人信息资源的有效配置。

第三节　个人信息财产利益之归属

一、个人信息财产利益归属的理论分歧

（一）信息主体说

信息主体说认为，个人信息的财产利益应当归属于信息主体，为此，学者提出了不同的观点来证成这一主张，其中，较有影响力者当属"劳动理论"（Labor Theory）、"功利理论"（Utilitarian Theory）以及"人格理论"（Personality Theory）。以下简述之。

1. 劳动理论

劳动理论（Labor Theory）以英国哲学家约翰·洛克（John Locke）提出的劳动理论为基本的立足点，主张个人对其个人信息财产利益享有所有权。按照洛克的劳动理论，任何人对于自己的人身都拥有财产权，并有权控制及支配其人身，个人信息是信息主体人身的产物，且个人信息的价值完全依赖于信息主体而存在，因此个人信息的财产利益应当归属于信息主体。[1]从表面上看，劳动理论似乎保护信息处理者而非信息主体的财产利益，因为信息处理者在收集个人信息的过程中付出了劳动，但这种观点曲解了劳动理论的深层次内涵，洛克认为虽然个人可以通过劳动获得自然物的所有权，但前提是该自然物不属于任何人所有。[2]

2. 人格理论

财产的人格理论起源于黑格尔的哲学理论，黑格尔把人对于财产的占有权

---

① Francis S. Chilapowski, The Constitutional Protection of Informational Privacy, Boston University Law Review, vol. 71, no. 1, 1991, pp. 158-159.

② Vera Bergelson, It's Personal but Is It Mine - Toward Property Rights in Personal Information, U.C. Davis Law Review, vol. 37, no. 2, 2003, p. 420.

看作是人格本身具有的品性或能力，具体来说，由于财产是人格的组成部分，个人通过对财产的占有、支配和处分权表明了自己的人格。[①]黑格尔关于人格与财产关系的探讨深刻影响了个人信息保护领域的学者，不少学者将其作为证成个人信息财产利益归属于信息主体的理论工具。有学者认为，财产权的确立是发展人格的必要，个人信息不是任意的一种商品，而是人格的延伸，以授予个人信息财产权的方式来保护个人信息，实质上是保护个人信息中的人格。[②]雷丁教授认为，为了实现个人的自我发展—成为一个人—个体应当对外部环境中的资源享有一定的控制权，财产权则是实现个人控制的必要保证。[③]巴伦教授也认为，由于个人信息与人格有关，赋予信息主体财产权能够使得个人控制哪些个人信息被公开及以何种方式公开等相关事项，从而保障自我控制的权利。[④]

3. 功利理论

功利主义的集大成者边沁认为，功利理论是指按照看来势必增大或减少利益相关者之幸福的倾向，亦即促进或妨碍此种幸福的倾向，来赞成或非难任何一项行动。[⑤]根据功利主义理论，肇因外部性，当前关于个人信息财产利益的分配并无效率可言，社会成本毋庸完全由信息处理者负担，外部性的市场失灵导致资源浪费，若将个人信息财产利益分配给信息主体，借助信息主体与信息处理者就个人信息的利用进行协商，能够减少信息处理者滥用个人信息的浪费行为。[⑥]在具体运行过程中，虽然将个人信息的财产利益归属于信息主体可能会提高交易成本，但这些成本是必要的，其可以有效阻止信息滥用行为，如果任由他人对个人信息进行利用，可能会破坏自由社会的基础，因此，在侵犯隐私的问题上不应该有免费的午餐。[⑦]

（二）信息处理者说

"信息处理者说"主张个人信息的财产利益应当归属于信息处理者，在具体

---

① 林喆：《权利的法哲学：黑格尔法权哲学研究》，山东人民出版社 1999 年版，第 239—247 页。

② 张莉：《个人信息权的法哲学论纲》，《河北法学》2010 年第 2 期，第 137—138 页。

③ Margaret Jane Radin, Property and Personhood, Stanford Law Review, vol. 34, no. 5, 1982, p.957.

④ Jane B. Baron, Property as Control: The Case of Information, Michigan Telecommunications and Technology Law Review, vol. 18, no. 2, 2012, pp.396-397.

⑤ [英]边沁：《道德与立法原理导论》，时殷弘译，商务印书馆 2000 年版，第 58 页。

⑥ 翁清坤：《赋予当事人个人资料财产权地位之优势与局限：以美国法为中心》，《台大法学论丛》2018 年第 3 期，第 986 页。

⑦ Kenneth C. Laudon, Markets and privacy, Communications of the ACM, vol. 39, no. 9, 1996, p.103.

的论证分析上，主要从"劳动理论"以及"成本效益理论"展开论述。"劳动理论"认为，个人信息是一种流动性资源，信息处理者在处理个人信息过程中付出了大量劳动，应将数据产品的利益赋予信息处理者。[①]"成本效益理论"认为，个人信息自由流动更有效率，从交易成本方面来看，相对于个人信息本身的价值，获得信息主体同意的成本更高，因此个人信息财产利益应当归属于信息处理者。[②]还有学者认为，将个人数据产权配置给企业一方，符合产权界定的规则，有利于实现规模经济与范围经济，促进我国数据产业的发展。[③]

还有学者从反面论证个人信息财产利益归属于信息处理者的正当性，其认为无论从何种财产制度进行分析，信息主体均无法对其个人信息享有财产权，从著作权法角度来说，著作权法保护的是创造性表达而非事实信息，信息主体的事实信息很大程度上被排除于著作权法保护范畴；从商业秘密法角度来说，商业秘密法保护的是企业有价值的秘密信息，由于社交平台不是秘密的，当信息主体在平台上发布自己的个人信息时，不受商业秘密法的保护；从数据库保护法角度来说，欧盟和美国的法律都认为，包含信息主体个人信息的数据库财产权归属于信息处理者而非信息主体，鉴此，个人信息财产利益应当归属于信息处理者。[④]我国学者程啸教授也认为，现实生活中自然人对于个人信息的经济利益根本没有议价的可能性，如果将个人信息的经济利益配置给信息主体，反而会使得一些人滥用该权利来阻碍数据技术和数据产业的发展，最终损害社会的整体福利。[⑤]

（三）类型化配置说

"信息主体说"与"信息处理者说"在确定个人信息财产利益归属问题时均片面地强调对一方主体利益的保护，忽视了他方主体利益的保护，无法圆满平衡信息保护与信息利用之双重价值目标，不符合大数据环境下个人信息的多元属性。对此，有学者提出了"类型化配置说"，主张个人信息财产利益的配置应当根据具体情境具体分析，反对先验地确定财产利益的归属。

丁晓东教授认为，数据权属问题高度依赖于场景，应当在具体场景中确定

---

① 毛立琦：《数据产品保护路径探究——基于数据产品利益格局分析》，《财经法学》2020年第2期，第98页。

② Richard A. Posner, The Right of Privacy, Georgia Law Review, vol. 12, no. 3, 1978, pp.394-400.

③ 张玉屏：《个人数据产权归属的经济分析》，《江西财经大学学报》2021年第2期，第133—138页。

④ Lothar Determann, Social Media Privacy: A Dozen Myths and Facts, Stanford Technology Law Review, vol. 7, 2012, p.3.

⑤ 程啸：《论大数据时代的个人数据权利》，《中国社会科学》2018年第3期，第115页。

数据的性质与类型，进而根据具体场景中各方主体的合理预期来确定相关主体的数据权责。[①]立基于场景化地确定个人信息财产利益的分配理念，有学者进一步指出，个人信息的财产权应当根据个人信息的类型差异配置给不同的主体，具体来说，对于个人提交的关于本人的特定信息，其财产权应当归属于个人；而对于个人在生活、交易或工作中形成并被信息企业记录下来的关于个人的信息，以及通过大数据对个人进行画像后得出的信息，其财产权应当由个人与信息企业所共有。[②]龙卫球教授则认为，应当在区分个人信息和数据资产的基础上确定财产利益的归属，信息主体作为个人信息的事实主体，享有基于个人信息的人格权和财产权，而对于数据经营权以及数据资产权，则应当将其赋予数据经营者。[③]

（四）学说检讨

"信息主体说"认为个人信息财产利益应当归属于信息主体，并据此援引劳动理论、人格理论以及功利理论来证成其观点的正当性，但仔细推敲可以发现，其局限性也不容忽视。劳动理论认为，个人信息财产利益归属于信息主体的理由在于信息主体付出了劳动，但这种观点具有一定的片面性。基因信息、生物识别信息及其他表征信息主体生理特征的个人信息是信息主体与生俱来的，对于这些个人信息所承载的财产利益，似乎并不需要信息主体付出一定的劳动就能获得。人格理论认为，将个人信息财产利益归属于信息主体能够保障信息主体对其个人信息的自主控制，其出发点有一定的价值基础的支撑，但忽视了个人信息的利用价值以及其他利益主体的正当性诉求。"功利理论"以人类的满足或利益的最大化为本旨，但其不得不面对的一个问题是，什么是"人类的满足或利益的最大化"以及如何衡量"利益是否达到了最大化"，如果不能圆满地回应这两个问题可能会把"功利理论"推向不可知论的领地。此外，信息主体的利益仅是人类社会整体利益的一个侧面，社会利益的最大化应是生活在社会中的各方主体的利益都达致了其所预期的最大化的状态，将社会利益的最大化等同于信息主体利益的最大化，存在以偏概全之嫌。

"信息处理者说"认为，个人信息财产利益应当归属于信息处理者，并通过

---

① 丁晓东：《数据到底属于谁——从网络爬虫看平台数据权属与数据保护》，《华东政法大学学报》2019年第5期，第72—82页。

② 邢会强：《大数据交易背景下个人信息财产权的分配与实现机制》，《法学评论》2019年第6期，第100—107页。

③ 龙卫球：《数据新型财产权构建及其体系研究》，《政法论坛》2017年第4期，第70—77页。

劳动理论、效率理论以及成本效益分析来具体论证，然而，这些理论存在无法克服的缺陷。按照劳动理论的观点，只有当信息处理者使个人信息脱离了原始状态才能享有因信息产生的财产利益。换句话说，信息处理者只有通过匿名化措施使得个人信息不再具有识别特定个人的能力，才能认为信息处理者在信息之上附加了自己的劳动并对此享有财产权。①此外，劳动理论无法解释为何信息处理者通过其劳动增加的部分价值最终取得了整个财产的价值，而且这种财产的取得在时间上也存在着不甚合理之处，通过一次的劳动却获得了足以排斥后续信息处理者的长期甚至永久的私有财产。②效率理论以及成本效益理论也无法证成个人信息财产利益归属信息处理者的正当性，如果信息主体不能有效控制其个人信息的传播与分享，也无法纠正错误或不正确的个人信息，可能导致个人信息的收集与利用不能有效运行，进而降低个人信息的经济效率。从短期内来看，赋予信息处理者个人信息之财产利益能够一定程度上减少交易成本的支出，但从长远来看，这种处理方式则是不经济的，如果剥夺信息主体对于个人信息的控制力无疑会减弱其他信息主体披露个人信息的积极性，长此以往，信息处理者不得不花费更高的代价去获取个人信息。

"类型化配置说"主张个人信息财产利益的配置无法预先加以确定，只能根据具体情境具体分析。"类型化配置说"一定程度上缓和了"信息处理者说"与"信息主体说"偏执一端地保护一方主体利益的弊病，契合了大数据背景下个人信息保护与信息利用合理兼顾的双重价值目标，具有一定的积极意义。遗憾的是，"类型化配置说"在确定个人信息财产利益配置时所依据的类型化标准有欠妥当，其所主张的"个人提交的信息与企业记录的信息"以及"个人信息与数据资产"等均脱离了现行规范的制度体系，使得其在具体适用过程中可能面临无法可依的尴尬境地。

二、个人信息财产利益配置的基本路径

个人信息之上的利益格局具有复杂性，其承载着信息主体与信息处理者的利益，在分配个人信息财产利益时，需要以信息保护与信息利用的动态平衡为指导理念，以信息主体利益与信息处理者利益的统筹兼顾为价值依归，合理划定信息主体与信息处理者的财产利益空间，不能偏执一端地保护一方主体的利益。以下具体阐述。

---

① 参见易继明:《评财产权劳动学说》,《法学研究》2000年第3期,第96页。
② 郑佳宁:《数据信息财产法律属性探究》,《东方法学》2021年第5期,第47页。

（一）信息主体之财产利益

王泽鉴先生认为，人格权的价值在于个人自主，人格权上的财产价值乃彰显个人的经济自主，因此人格特征体现的财产价值应归于权利主体。[①]个人信息是信息主体基本人格特征的信息化描述，是自然人作为独立个体参与社会交往的必备前提，个人信息的最重要价值是其所蕴含的人格利益，法律保护个人信息的首要目的在于维护个人的信息自决权，从而实现人格尊严与人格自由。就此而言，信息主体财产利益主要由积极面向与消极面向两部分构成，其积极面向是指信息主体对于个人信息财产利益享有支配、占有、收益、处分等具体利益，其可以基于自己的意志将个人信息授权或许可他人使用，并收取一定的财产性利益；其消极面向是指信息主体有权禁止他人对其个人信息为一定目的的行为，他人未经信息主体的同意或授权擅自利用个人信息的，信息主体可以向其请求财产损害赔偿。关于个人信息财产损害赔偿，将在以下部分重点阐述，此不赘述。这里重点探讨个人信息的商业化利用。

1. 个人信息商业化利用的正当性基础

随着市场经济以及大众传媒的迅猛发展，商家利用运动员、文艺人员乃至政治人物等知名人物的肖像以及其他可以辨识特定主体的人格标识宣传、推广其商品或服务的现象日益增多，使得可商业化利用的人格权范围呈现不断扩张趋势。比较法上，美国公开权的内容不断丰富，除了传统的姓名、肖像外，独特的演唱方式、装饰独特的赛车以及著名表演者的惯常用语等新型的人格标识也成为商业化利用的对象。[②]

我国规范层面，《民法典》第九百九十三条明确规定，民事主体可以将自己的姓名、名称、肖像等许可他人使用，但是依照法律规定或者根据其性质不得许可的除外。虽然《民法典》第九百九十三条具体列举姓名、名称、肖像可以进行商业化利用，对于其他人格权益是否可以商业化利用没有进一步地说明。然而，该条采取的是不完全列举的立法技术，以"等"字作为兜底性规定，从解释论上来说，对于姓名、名称、肖像之外的其他人格权益也有商业性利用的空间，但其不得属于依照法律规定或者根据性质不得许可的特定情形。《民法典》第九百九十三条这种开放式的立法模式，为个人信息商业化利用提供了规

---

① 王泽鉴：《人格权保护的课题与展望——人格权的性质及构造：精神利益与财产利益的保护》，《人大法律评论》2009 年第 1 期，第 95—96 页。

② Paul M. Schwartz, Karl-Nikolaus Peifer, Prosser's Privacy and the German Right of Personality: Are Four Privacy Torts Better than One Unitary Concept, California Law Review, vol. 98, no. 6, 2010, pp.1964-1965.

范性基础。从现实层面来看，单一的个人信息所蕴含的经济价值比较有限，海量个人信息的汇聚则有利于形成规模效应，创造出巨大的商业价值，鉴此，应当鼓励而非禁止个人信息的商业化利用。

2. 个人信息商业化利用的主体

有学者认为，个人信息只有聚合在一起形成庞大的数据池才有价值，普通人可能永远无法真正地从其单一的个人信息中获得经济价值，但具有特殊地位或特殊身份的人士除外。[①] 申言之，个人信息商业化利用的主体具有限定性，只有某些特殊的群体才可以对其个人信息进行商业化利用，这种观点否定普通自然人个人信息之财产利益，存在理解上的偏差。原则上来说，任何主体都可以基于自主意志对个人信息进行商业化利用并获取一定的财产权益，无论其为社会一般人士或知名人士。现代社会，知名人士资源并不具有稀缺性，因为当某一知名人士消逝时，媒体和大众会很快制造新的名人，甚至个别政府也会参与到制造"大师"的行列中来。[②]

从法理层面来看，个人信息的商业化利用是指个人在符合一定条件下可以将其个人信息用于商业目的，交易双方之间形成的是债的法律关系，个人信息并不因此而丧失其人格属性。人格是自然人与生俱来的，具有不可剥夺性与不可转让性，只有自然人死亡这一事实才能消灭其人格。人格具有先在性与平等性，无论自然人的性别、年龄、国籍、职业等外在因素是否存在差异，法律都对其提供同等程度的保护。基于人格平等的根本性原理，任何自然人的个人信息都具有商业化利用的可能，因此个人信息商业化利用的主体应当是所有自然人，而不仅仅局限于部分知名人物。

从实践层面来看，名人与非名人之间的界限日益模糊，尤其是，在大众传媒日益发达的背景下，许多传统意义上的非知名人物借助于现代传媒平台，可能迅速提高知名度，并凭借其形象、声音等获得经济利益，因此，将个人信息商业化利用的主体限定于知名人士不符合现实实际。需注意的是，虽然个人信息商业化利用的主体是一切自然人，但不意味着所有民事主体之个人信息具有相同的经济价值。通常来说，相较于社会普通人士，知名人士个人信息的商业价值更高。换言之，虽然知名度的大小不影响个人信息商业化利用主体资格的拥有，但影响个人信息损害赔偿范围的最终确定。

---

① Joseph W Jerome, Buying and Selling Privacy: Big Data's Different Burdens and Benefits, Stanford Law Review Online, vol. 66, no. 47, 2013, pp. 47-52.

② 张红:《死者生前人格上财产利益之保护》,《法学研究》2011 年第 2 期, 第 103 页。

个人信息商业化利用的本质是信息主体同意或授权信息处理者对其个人信息进行商业化利用，双方之间形成的法律关系类似于个人信息授权许可使用合同。合同作为双方当事人合意的产物，所形成的意思表示必须是真实的、自愿的，这要求信息主体在商业化利用其个人信息时应当具有完全的民事行为能力。对于无民事行为能力人或者限制民事行为能力人，可以由其监护人或法定代理人代理其行使个人信息商业化利用的具体事务，监护人或法定代理人在处理相关事务过程中不得违背信息主体已知或可得推知的意思表示，不得做出有损信息主体正当性权益的行为。

3.个人信息商业化利用的客体

个人信息商业化利用的基本原理是，个人信息具有识别特定主体身份的可能性，第三人借助该个人信息能够与特定主体联系起来，并出于对信息主体的喜爱或受其影响而购买与信息主体相关的产品或服务。理论上来说，只要能使得第三人联想到特定主体的个人信息都可以进行商业化利用。现实实践中，个人信息是人格利益与财产利益的统一体，且不同类型个人信息所蕴含的人格利益与财产利益所占整体利益的份额是不同的。个人信息这种多元复杂的利益格局要求我们必须合理划定可商业化利用个人信息与不可商业化利用个人信息之间的界限，若完全放任个人信息的商业化利用可能存在物化人格尊严之嫌，相反，若全盘否定个人信息的商业化利用，则可能违背大数据时代市场经济发展的客观规律。

在确定个人信息商业化利用的范围时，必须充分考虑个人信息所承载利益之差异性以及社会通行的伦理观念，合理运用利益衡量原则，实现信息主体利益与信息处理者利益之双向兼顾。从客观实践出发，能够商业化利用的个人信息必须是其所内含的财产利益高于其人格利益，按照这种逻辑进路，在我国现实情境下，个人信息商业化利用的客体应当限于个人一般信息。通常来说，个人敏感信息因与信息主体的人格尊严紧密相关，其人格利益所占比重明显高于财产利益所占比重。为保障信息主体基本的人格权益不受侵犯，应当严格禁止个人敏感信息的商业化利用，否则人们可能在金钱的激励下无底线地买卖个人敏感信息，极大地侵蚀了人的主体性地位。与之不同，个人一般信息虽然也具有一定的人格属性，但其社会属性更为凸显，是社会生活正常开展的基本要素，这意味着个人一般信息与信息主体核心的人格利益较为疏远。鉴此，个人一般信息可以成为商业化利用的对象，信息主体可以自主决定是否交易、与何人交易、交易的价格以及交易的方式等一系列事项。需注意的是，由于个人一般信息仍保留一定的人格利益属性，而人格权益具有不可转让性与不可继承性，因此信息主体在商业化利用其个人一般信息时所转让的仅是个人信息的使用权，而非所有权。

4.个人信息商业化利用的限制

私法最重要的特点莫过于个人自治或自我发展的权力，其核心是尊重当事人的自主意思。[①] 原则上来说，只要信息主体与信息处理者对于个人一般信息的价格、给付方式等相关事项达成了一致的共识，且双方是在意志自主的情形下作出的真实的意思表示，不存在欺诈、胁迫等意思表示瑕疵的情形，则个人信息商业化利用的协议即具有法律所承认的效力，他人不得任意干预或阻止。

尽管人格特质通常具有经济价值，并能作为商品在市场上进行一定的流通，但其不能被认为是纯粹的经济利益，因为除了经济性利益外，人格利益还关系当事人的人格性利益。[②] 换言之，虽然个人一般信息的财产属性更为凸显，但其仍具有一定的人格属性，若完全放任个人一般信息的商业化利用可能导致自然人主体性地位的丧失，有违基本的伦理道德。从比较法经验观察，个人虽然可以在部分个人信息处理活动中分享个人信息的商业利用价值，但这种利益仍只是有限的和局部的。[③] 有鉴于此，为维护人的主体性地位，防止人格沦为法律关系的客体，应当对于个人一般信息的交易与流转予以一定程度的限制。

就内部限制来说，由于生命权、健康权等人身权益具有不可克减性，是个人最高位阶的价值利益，个人信息的商业化利用不得与信息主体重大的人身权益相冲突，否则可能被判定为无效的民事法律行为。就外部限制来说，个人信息商业化利用过程中可能存在信息主体与信息处理者、信息主体与国家、信息处理者与国家等多重的利益冲突关系，这要求我们应当在具体个案中进行精致的利益衡量，以协调解决各方的利益纠纷。此外，个人信息的商业化利用不得违反法律、法规的强制性规定，不得违背社会的公序良俗。法院在具体认定个人信息商业化利用行为是否具有正当性时，不仅要对信息主体与信息处理者所约定的相关事项进行形式上的审查，还要进行实质意义上的审查，若双方约定的事项是可分的，被认定为无效的部分不影响其他部分效力的，双方仍须按照协议约定的内容履行一定的义务。

---

① [德] 罗伯特·霍恩、海因·科茨、汉斯·G.莱塞：《德国民商法导论》，托尼·韦尔、米健译，中国大百科全书出版社1996年版，第65页。

② [澳] 胡·贝弗利-史密斯：《人格的商业利用》，李志刚、缪因知译，北京大学出版社2007年版，第368—369页。

③ 王锡锌：《个人信息权益的三层构造及保护机制》，《现代法学》2021年第5期，第116页。

（二）信息处理者之财产利益

从法理基础方面来看，信息处理者在处理、记录或保存个人信息的过程中投入了大量的人力、物力以及资本等要素，根据公平正义原则，法律对于信息处理者的劳动成果应当予以保护，否则有碍信息市场良性发展秩序的构建。从现实层面来看，肯定信息处理者对于个人信息享有一定的财产利益可以防止其他信息处理者任意抓取、截获信息处理者的数据，有利于激励信息处理者研发更优质的信息产品与服务，推动我国信息产业与信息科技的发展。如果没有财产权的激励，信息处理者就没有动力去挖掘信息的潜在价值，可能使得信息产品与信息服务的研发陷入"公地悲剧"，不利于我国信息产业的优化调整与转型升级。需强调的是，信息处理者享有个人信息财产利益的前提是，其所处理的个人信息必须是通过合法的、正当的手段获取的，且个人信息的处理事项不违背双方之间的约定，不违背法律法规以及社会基本的公序良俗，如果信息处理者未经信息主体同意或授权，且不存在其他正当性利用事由的情形下擅自抓取、保存个人信息的，则不能取得个人信息的财产利益。

在确定信息处理者财产利益的时候，应当扣除因信息主体要素而增加的收益，合理分配个人信息财产利益的归属。根据分配标准的不同，可以将个人信息财产利益的分配区别为平均分配与比例分配，平均分配指按照份额平等地分配，其追求的是数量上的等值，在实现路径上主要借助于简单的算术运算方式，并不含有任何的价值判断及差异性考量。比例分配则强调比例上的对等，主张各人得其应得，是诸多价值因素融合形成的判断。亚里士多德曾言，分配性公正在于成比例，不公正就是违反了比例。[①] 平均分配无视个案情境中的价值因素，不符合现代法律所强调的多元价值判断，且绝对的平均只会模糊实质正义。比例分配以个案中出现的价值因素为判断基点，能够妥善处理当事人间的利益关系，契合公平正义的内在要求，因而为主流学说所青睐。

温里布认为，分配正义是按照一定的标准来分配利益或负担，分配正义之运作包括三个要素：被分配的利益或负担、接受分配的人员以及分配的标准。[②] 具体到个人信息财产利益分配中，被分配的对象是个人信息的财产利益，参与分配的主体是信息主体与信息处理者，问题的关键在于，依据何种标准分配个

---

① ［古希腊］亚里士多德：《尼各马可伦理学》，廖申白译，商务印书馆 2003 年版，第136 页。

② ［加拿大］欧内斯特·J. 温里布：《私法的理念》，徐爱国译，北京大学出版社 2007 年版，第64 页。

人信息的财产利益，始能兼顾双方的合法利益。对此，应当按照各自的贡献确定个人信息财产利益份额的大小，具体来说，信息主体的贡献在于其人格标识，信息处理者的贡献在于其投入的劳动，劳动是信息处理者享有个人信息财产利益的正当性基础，但此处的"劳动"应从广义上进行理解，包括资本、技术、人力、智力等各种生产性要素。

实践中，由于比例分配涉及多种价值因素的考查，可能存在难以确定具体份额的情形，对此，可以将平均分配作为兜底性的条款，构建"比例分配为主，平均分配为辅"的利益分配模式，保障个人信息财产利益的顺利分配，守护最底线的公平正义。须注意的是，由于平均分配不容许任何的价值判断，在具体适用过程中应当谨慎使用，平均分配只能在无法确定双方的具体份额时才能适用。此外，平均分配是一种推定的平均分配，这意味着信息处理者在有相反证据的情况下可以推翻平均分配而主张按比例分配，若信息处理者无法举证证明其增值份额时，则应当由信息处理者与信息主体平均分配该财产性利益。私法的核心要义在于尊重当事人的自主意志，若信息主体与信息处理者就各自的利益份额存在协议安排的，法院可以直接依据该协议做出裁判，前提是该协议须是双方真实的、自由的意思表示，不得违反法律、法规，不得违背公序良俗。

第三章 个人信息保护的路径转向

第一节 数字风险社会我国个人信息侵权保护的现实困境

一、数字风险社会个人信息侵权的新特征

风险问题与人类文明相伴而生,文明进化的历程一定程度上也是人类回应并控制风险的过程,然而人类为控制风险所做的技术革新又滋生了新的风险类型,风险与发展由此成为永恒交织的主题。[①] 自人类进入工业社会以来,风险防控问题一直是社会各界热议的焦点。风险社会理论的创始人贝克认为,"风险"与自反性现代化概念密切相关,风险可被定义为以系统的方式应对由现代化自身引发的危险和不安,其是现代化的威胁力量和令人怀疑的全球化所引发的后果。[②] 贝克的风险社会理论引起了学界关于现代社会风险本质的广泛争论,虽然学者对于风险的概念存在不同的表述,但风险构成了现代社会重要组成部分的论点得到了大多数学者的赞同。风险的来源不是基于无知的、鲁莽的行为,而是基于理性的规定、判断、分析、推论、区别、比较等认知能力,它不是对自然缺乏控制,而是期望对于自然的控制能够日趋完美。[③] 换言之,风险主要是人为使用技术的后果,而不是地震、气象灾难等自然因素引起的,技术在风险社会中起着关键作用。人类的发展历史表明,技术与现代性相互交织,冶金技术、化学技术以及机械工程技术的革新使人类从农业社会进入工业社会,信息技术与人工智能技术的迅猛式发展则促使人类从工业社会迈向数字社会,一

---

① 宋亚辉:《风险控制的部门法思路及其超越》,《中国社会科学》2017 年第 10 期,第 136 页。

② [德] 乌尔里希·贝克:《风险社会:新的现代性之路》,张文杰、何博闻译,译林出版社 2018 年版,第 7 页。

③ 薛晓源、刘国良:《全球风险世界:现在与未来——德国著名社会学家、风险社会理论创始人乌尔里希·贝克教授访谈录》,《马克思主义与现实》2005 年第 1 期,第 44 页。

定意义上可以说，技术塑造了现代性并将继续推动现代性持续向前发展，与此同时，现代性的进步又不断催促技术的迭代升级。[①]

随着数字技术的普及应用，社会的数字化程度日益提高，数字化风险成为当代社会的主要风险。有学者认为，在风险社会的演进过程中，通过反思现代化所产生的不确定性，人类由第一个现代性进入第二个现代性。其中，第一个现代性以国家机构、科学知识以及自然风险控制为特征，而在第二个现代性中，数字技术的运用以及全球化进程的加快，技术风险替代自然风险成为风险社会的主要形态，实际风险与感知风险之间的界限愈益模糊。[②]数字化是数字技术发展到一定阶段的衍生物，通常认为，数字化是指围绕数字通信和媒体基础设施对社会生活的许多领域进行重构的方式。[③]数字技术的运用极大地提高了社会生产效率，改变了传统的生产生活方式，但数字技术具有两面性，其一方面降低了传统技术固有的风险，另一方面也带来了新型的风险，并且随着数字技术自主性程度的日益提高，人们逐渐失去对数字技术的控制。对此，有学者声称，数字化在重塑社会结构的同时，也使得风险与数字技术之间的运作方式愈益复杂，技术不仅是风险的中介，而且往往本身就是新的风险来源，数字技术的运用衍生了数字鸿沟、数字歧视、数字监控、人际关系退化、自我认同丧失等系列新型风险，一种不同于传统风险社会的社会形态——"数字风险社会"已然形成。[④]

（一）个人信息利益的多元性导致损害形态愈加复杂

随着信息技术的变革式发展，人们的生产生活方式发生了翻天覆地的变化，在日常生活中，购物、出行、消费等几乎完全可以通过线上平台实现，然而，大数据技术在便利人们生活的同时也带来了诸多隐忧。不同于以自然灾害风险与工业科技风险为主的传统社会，信息风险成为数字时代危害最大的新型风险，如果不采取有效的应对和防范措施，可能对个人、社会和国家造成严重损害。[⑤]实践中，不法侵害个人信息的现象恣意发展，商业机构、政务机关甚至个人违法搜集、使用、买卖个人信息的现象频频见诸报端，致使人们经常遭遇骚扰电

① Brey P A E., Theorizing Modernity and Technology, Modernity & Technology,2017, pp.33-71.

② Leif Sundberg, Towards the Digital Risk Society: A Review,Hum. Aff,2024, vol.34, no1, pp.151–164.

③ J. Scott Brennen, Daniel Kreiss, Digitalization, The International Encyclopedia of Communication Theory and Philosophy, Wiley Online Library,2016, pp.1-11.

④ Deborah Lupton, Digital Risk Society, in Adam Burgess & Alberto Alemanno, Jens O. Zinn eds., Routledge Handbook of Risk Studies, Routledge, 2016, pp.301-309.

⑤ 刘权：《风险治理视角下的个人信息保护路径》，《比较法研究》2024 年第 2 期，第 62 页。

话、诈骗短信的侵扰，严重扰乱了个人的生活安宁。不仅如此，个人信息的不当泄露还严重威胁着人们的人身财产安全，在 Remsburg v. Docusearch, Inc. 一案中，受害人的社保账号和就业信息被信息中介出卖给了侵害行为人，侵害行为人利用这些信息找到受害人并杀死了她。[①] 无独有偶，我国徐某某一案也充分暴露出个人信息被不法泄露所引发的危害性，该案中，徐某某由于个人信息被泄露而遭受电信诈骗，过度伤心之下而意外身亡。

不同于传统的损害，个人信息侵权损害的表现形式具有多样性，依据损害是否与个人信息直接相关，侵害个人信息造成的损害可分为信息损害与非信息损害，信息损害指不法侵害个人信息的行为妨害了信息主体正常行使知情同意权、复制权、更正权、删除权等个人信息权利。非信息损害指不法侵害个人信息的行为造成了信息主体其他方面的损害，具体来说，除了隐私权、肖像权、名誉权等传统的民事权利损害外，还包括社会评价降低、干扰私生活安宁等无形损害。就损害的类型来看，侵害个人信息可能同时造成财产损害与精神损害。个人信息的财产损害是指侵害个人信息给信息主体造成的直接性财产损失与间接性财产损失。精神损害是指信息主体因个人信息被侵害而遭受心理上的痛苦、焦虑、抑郁、悲伤等精神性的损伤，由于精神世界的空灵性与私密性，侵害个人信息造成的精神损害难以通过一般的价格评价予以衡量，增加了信息主体获取法律救济的难度。此外，个人信息侵权损害具有严重性，个人信息侵权损害的严重性体现在"质"与"量"两个维度都发生了深刻变革，网络世界的一个显著特点就是传播方式的即时性与分散性，个人信息一旦被不法公开或发布就极有可能在较大范围传播，从而引发大规模侵权事件。具体个案中，即使通过一定手段能够确定具体的损害，但由于这些损害严重威胁信息主体的人格尊严与人格自由，扰乱了正常的社会生产秩序，导致损害赔偿的作用微乎其微。

（二）侵害行为的技术性使得个人信息损害证明困难

一直以来，我国民事诉讼法遵循"谁主张，谁举证"的证据原则，受害人向加害行为人主张损害赔偿时需要就现实损害的存在以及损害的数额提供充分的证据，若其无法提供相应的证据加以证明或证据没有达到证明标准上的高度盖然性，则可能面临诉讼请求不被支持的风险。然而，个人信息侵害行为具有复杂性与隐蔽性。在社交媒体日益风靡的背景下，信息主体经常在网络空间主动公开或分享其个人信息，为他人不法获取个人信息提供了便利的途径。尤其

---

① See Remsburg v. Docusearch, Inc., 816 A.2d 1001, 1005-06 (N.H. 2003).

是，借助于高新科技的发展，信息处理者可以在短时间内大规模地收集个人信息，信息处理技术的专业性提高了信息主体证明个人信息权益被侵害的难度。

实践中，不少法院虽然已经发现了个人信息泄露导致的侵害行为，但由于受害人没有足够的证据证明其存在人身伤害或经济损失，故而法院通常倾向于否认损害的存在，从而驳回原告的诉讼请求。[①] 例如，在"张某某、某中心等个人信息保护纠纷"一案中，法院认为"张某某未能举证证明某某银行及某某公司获取其电话号码并拨打催收的行为对其信息权益保护造成了损害后果，从而驳回了张某某的损害赔偿请求"。[②] 类似地，在"任某某与某某股份有限公司北京分行隐私权、个人信息保护纠纷"一案中，法院同样认为"任某某未能提供证据证明某某银行将查询到的其银行账户信息用于另案诉讼之外的用途，亦无证据证明危害到其个人信息安全或给其造成实际损失，因此对于任某某主张某某银行侵犯其个人信息安全并要求某某银行承担侵权责任的诉讼请求不予支持"。[③]

（三）个人信息侵权主体的牵连性导致无法有效追责

1.责任主体的规范内涵

关于个人信息侵权承担责任的主体，我国规范层面存在不同的表述。在《民法典》出台之前，《网络安全法》及《中华人民共和国电子商务法》虽然对于"收集、使用个人信息"的主体有所规定，但在责任主体的具体表述方面，其采取的是"网络经营者""电子商务经营者"等相对宏观的术语，并没有出现"信息处理者"或"信息控制者"等仅用以描述个人信息侵权责任主体的特殊称谓。在《民法典》编纂过程中，关于个人信息处理活动参与主体的术语选择及其概念的界定引发了社会各界激烈的讨论。有观点主张，应当借鉴 GDPR 的立法思路，将个人信息侵权责任的主体区隔为"数据控制者"与"数据处理者"，"数据控制者"依法承担最终责任，"数据处理者"仅依其与数据控制者达成的协议承担合同责任。[④] 此外，还存在"信息收集者""信息控制者""信息持有者""信息收集人""信息持有人"等不同的描述。《信息安全技术个人信息安全规范》（GB /T 35273—2017）则采取了"个人信息控制者"的概念，并将其界

---

① Daniel J. Solove, Danielle Keats Citron, Risk and Anxiety: A Theory of Data-Breach Harms, Texas Law Review, 2018, vol.96, no.4, pp.737-786.

② 参见吉林省长春市中级人民法院〔2024〕吉 01 民终 7455 号民事判决书。

③ 参见北京市第二中级人民法院〔2023〕京 02 民终 8736 号民事判决书。

④ 京东法律研究院：《欧盟数据宪章:〈一般数据保护条例〉GDPR 评述及实务指引》，法律出版社 2018 年版，第 93 页。

定为"有能力决定个人信息处理目的、方式等的组织或个人"。

　　之所以个人信息侵权责任主体的术语选定及其内涵的确定在我国引起如此大的争议，一是因为我国个人信息侵权领域的理论研究与立法实践相对贫瘠，迄今仍未形成一致的见解；二是因为 GDPR 作为世界上个人信息保护领域相对权威的法律规范，对我国个人信息侵权保护工作的具体展开有着较大的影响力。立法史上，GDPR 所确定的"信息控制者"与"信息处理者"的二元责任主体体系可以溯源至"95 指令"，根据"95 指令"第二条之规定，控制者（controller）是指单独或与他人共同决定个人数据处理目的和方式的自然人、法人、公共机构或其他机构；处理者（processor）是指代表控制者处理个人数据的自然人、法人、公共机构或其他机构。可见，信息控制者与信息处理者所指向的责任主体是不同的，控制者是个人信息处理事项的决策者，而处理者则是具体实施信息处理行为的执行者，处理者在进行个人信息处理活动时必须受制于控制者明知或可得推知的意思表示，不得超出控制者的授权范围而任意处理信息。为有效控制个人信息侵害行为的发生，GDPR 对于能够从事个人信息处理活动的主体设置了一定的条件，GDPR 第三十条规定明确"数据控制者的责任不适用于雇员人数少于 250 人的经济主体或组织。"与之类似，2018 年《加州消费者隐私权法案》亦对个人信息侵权的责任主体予以了一定的限制，其明确规定从事个人信息经营的企业应当满足下列条件：（1）年度营业额超过 2500万美元；（2）每年为了商业目的单独或联合购买、接收、出售或共享至少 50000条有关消费者、家庭或设备的个人信息；（3）年度收入至少有 50% 来自出售消费者的个人信息。[①]

　　GDPR 所采行的二元责任主体模式虽然细化了信息处理过程中不同主体的责任，但对于信息主体诉请侵权救济可能存在负面效应。大数据环境下，个人信息的流通与共享通常往返于各个主体之间，信息主体很难清晰地识别信息控制者与信息处理者。值得肯定的是，我国《民法典》并没有完全照搬将个人信息侵权责任主体区分为"信息控制者"与"信息处理者"，而是立足于我国现实实践，统一将个人信息的责任主体称之为"信息处理者"。同时，《民法典》第一千零三十五条明确了"处理"的具体内涵，个人信息的处理包括个人信息的收集、存储、使用、加工、传输、提供、公开等。由是可知，我国的"信息处理者"是一个总括性的代词，涵括了信息收集者、信息存储者、信息使用者、

　　[①]　The California Consumer Privacy Act of 2018 (CCPA), https://leginfo.legislature.ca.gov/faces/billTextClient.xhtml?bill_id=201720180SB1121. (Last visited:2021-10-03)

信息加工者等信息处理活动中全部的责任主体。《个人信息保护法》沿用了一元责任主体的立法思路，但在表述上存在些微的差异，其采用的是"个人信息处理者"这一概念。从本质上来说，"信息处理者"与"个人信息处理者"的规范内涵并没有实质意义上的差异，但从用语的规范性与科学性方面来说，"个人信息处理者"较之于"信息处理者"更能彰显立法技术的科学性与成熟性。此外，《个人信息保护法》第七十三条第（一）款规定，个人信息处理者是指在个人信息处理活动中自主决定处理目的、处理方式的组织、个人。不同于《民法典》所采取的自然人、法人以及非法人组织的民事主体区分方式，《个人信息保护法》将个人信息处理者区别为个人与组织，其根本原因在于《个人信息保护法》具有"领域法"的本质属性，而非《民法典》的特别法，其需要借助民法、行政法等多个部门法的规制手段才能有效实现个人信息权益的全面保护。①

2. 个人信息侵权主体的牵连性

侵权责任法的最终落脚点在于将现实发生的损害合理分配于责任主体承担，由于个人信息兼具个人属性与社会属性，因而个人信息保护有其特定的背景要求，并非所有情境下的个人信息处理行为都受法律保护。有学者认为，由于个人在一般社会交往过程中随时都在主动或被动地获取交往对象的个人信息，这属于个人生活与社会自治范畴，法律不需要介入，这决定了个人信息保护法的义务主体不是"任何组织或者个人"这样的一般主体，个人信息保护法的义务主体通常不可能是个人。②丁晓东则进一步指出，个人信息权利保护的适用前提是存在持续性的信息不平等关系，这意味着知情权、选择权、访问权、纠正权、删除权等个人信息权利不能针对信息能力平等的主体，也不能针对国家执法过程中产生的非持续性信息收集与处理行为，而只能针对具有商业性或专业性收集个人信息的主体。③实际上，立法也注意到了个人信息的特殊性，认为个人信息的义务主体不可能是不特定的第三人，而是具有一定的限制性，例如《个人信息保护法》第七十二条规定"自然人因个人或者家庭事务处理个人信息的，不适用本法。"欧盟《一般数据保护条例》序言部分第十八条规定"本条例不适用于自然人在纯粹的个人或家庭活动中与专业或商业活动无关的个人信息处理活动，其中，个人或家庭活动可能包括通信与通信地址，或在这些活动的背景

---

① 龙卫球主编：《中华人民共和国个人信息保护法释义》，中国法制出版社 2021 年版，第 340 页。

② 周汉华：《个人信息保护的法律定位》，《法商研究》2020 年第 3 期，第 50 页。

③ 丁晓东：《个人信息权利的反思与重塑——论个人信息保护的适用前提与法益基础》，《中外法学》2020 年第 2 期，第 340—345 页。

下进行的社交活动和在线活动。"

现代侵权责任法以自己责任为原则，自己责任指行为人应对且仅对基于自主意思而作出的侵害行为承担责任，侵权人承担了多于或少于自己份额的责任都是非正义的。在具体的个人信息侵权案件中，受害人面对的侵权主体往往是多数的，由于侵权主体的复数性以及侵权行为的牵连性，法院难以准确查明每一侵权行为人应承担何种责任以及责任的大小，这意味着受害人败诉的概率远远高于其获得救济的概率。关于数人侵害个人信息的责任形态究竟为连带责任、按份责任抑或补充责任，《民法典》没有明确规定，《个人信息保护法》第二十四条则规定"两个以上的个人信息处理者共同决定个人信息的处理目的和处理方式的，应当约定各自的权利和义务。但是，该约定不影响个人向其中任何一个个人信息处理者要求行使本法规定的权利。个人信息处理者共同处理个人信息，侵害个人信息权益造成损害的，应当依法承担连带责任。"连带责任制度将复数侵权行为人视为不可分割的整体，受害人可以请求任一侵权行为人承担全部的责任，部分侵权行为人丧失清偿能力之风险将由全体行为人承担。连带责任的承担需要"一体性"的支持，唯有具备了"一体性"才可以证成连带责任，这种"一体性"包括基于意思而形成的一体性和基于因果关系而形成的一体性，二者从不同的角度为连带责任提供正当化基础。[①] 社会的平稳运行依赖于个体行为合乎社会基本的法律或伦理规则，连带责任制度可以消除潜在侵权行为人因责任大小难以查明就可以免于责罚的侥幸心理，促使行为人更加小心谨慎地行为以避免被苛以法律责任，在一定程度上降低了侵害行为发生的可能性，节约了社会成本。同时，连带责任为法院处理个人信息侵权问题提供了解决措施，减少了案件久拖不决的现象，提高了纠纷解决的效率，然而，连带责任的承担对于信息处理者之间是否公平，有待理论界进一步地研究。

二、我国个人信息侵权保护规范的缺陷性

（一）补偿性责任严格的适用条件忽视了个人信息损害的特殊性

目前，我国个人信息侵权纠纷的解决主要援引《个人信息保护法》与《民法典》的相关条款，虽然《个人信息保护法》第十一条声称"国家建立健全个人信息保护制度，预防和惩治侵害个人信息权益的行为"，但其对于如何"预防"个人信息侵害行为则没有言明，且在条文安排上，《个人信息保护法》并未

---

① 叶金强：《共同侵权的类型要素及法律效果》，《中国法学》2010年第1期，第68页。

对个人信息侵权预防性规则予以展开。就《民法典》而言，其并未单独规定个人信息侵权救济方式，根据体系解释，个人信息侵权救济应当适用一般侵权行为的救济方式，亦即通过损害赔偿弥补受害人的实际损失。实际上，除了损害填补功能外，侵权责任法还负有风险预防功能，但预防功能往往被弱化了，未能发挥其应有的作用。[①] 虽然我国现行立法所采行的事后救济模式一定程度上保护了信息主体的受损权益，但其难以全面地解决个人信息侵害行为带来的不利影响。

通常认为，损害赔偿遵循严格的构成要件，只有损害事实、因果关系、主观过错、侵害行为等要件全部满足时，受害人才能要求侵害行为人承担侵权责任。大数据时代，个人信息侵权构成要件的认定难度明显提高，具体来说，个人信息侵权损害难以证明。传统理论认为，侵权法意义上的损害必须满足事实方面的现实性与法律方面的可救济性，损害的现实性指损害应当是现实发生的损害，而不是可能的或纯粹臆想的损害，且损害的大小或范围是可以确定的；损害的可救济性指并非事实上发生的所有损害都应当予以救济，法律必须将日常生活中的微额损害或轻微的精神损害排除出去。[②] 然而，个人信息的非损耗性、价值稀少性使得传统的损害判定方式难以适用。个人信息侵权损害通常具有"潜伏性"，不法侵害个人信息行为与个人信息实际损害之间往往存在一定的时间差，而传统的损害赔偿要求只有已经发生的、客观存在的损害才能予以赔偿，尚未发生的损害不属于损害赔偿的规制范畴。此外，个人信息的经济价值存在"稀薄效应"，虽然大数据蕴含较大的经济价值，但如果将大数据整体的经济价值分散至个体层面，则个体的个人信息经济价值几乎可以忽略不计。[③] 这意味着，即使信息主体能够证明其遭受了客观的损害，但传统损害观念对于微额损害的排斥态度可能使其无法获得应有的赔偿。最后，个人信息侵权因果关系具有不确定性与非线性。个人信息具有非竞争性，个人信息可能在多个信息处理者之间频繁地流转与共享，而信息处理活动涉及信息收集、存储、使用等多个环节，导致个人信息侵权因果关系存在极大的不确定性。

在责任承担层面，个人信息的无形性使得传统的损害赔偿方式难以适用。一般认为，损害赔偿的方法主要有恢复原状与金钱赔偿，在具体的适用上，《中

---

① 张建伟、岳红强：《风险社会下我国食品安全民事责任预防机制的建构》，《学习论坛》2016年第3期，第69—74页。

② 周友军：《侵权法学》，中国人民大学出版社2011年版，第119—121页。

③ 张新宝：《论个人信息权益的构造》，《中外法学》2021年第5期，第1144—1166页。

华人民共和国国家赔偿法》（2012修正）第三十二条明确表示金钱赔偿应当优先适用，《民法典》则没有对恢复原状与金钱赔偿的适用顺序做出规定，从文义解释角度来看，原则上受害人可以自行选择。然而，无论金钱赔偿抑或恢复原状，均无法有效适用于个人信息侵权损害赔偿。个人信息侵权损害具有不可恢复性，由于互联网记忆的不可磨灭性，即使权利人行使被遗忘权也难以达到"恢复原状"的理想状态，[①] 因而恢复原状无法适用于个人信息侵权领域。个人信息泄露案件中，当个人信息被不法公开后，通常意味着个人信息已经被暴露于不特定多数人的视线范围之内，信息主体无法从根本上遏制社会一般人随时知晓该信息的可能性。加之，个人信息是人格利益与财产利益的综合体，其价值难以通过金钱进行准确衡量，尤其是，对于侵害个人信息造成他人生命、身体、健康等重大人身权益损害的，难以运用金钱评价其损害的大小。

（二）个人信息侵权构成要件的相互抵牾不利于司法适用

现阶段，我国尚未有专门的个人信息侵权救济的法律规范，《个人信息保护法》作为我国第一部完整规制个人信息保护问题的单行法，其历史意义不容置疑。然而，通过梳理《个人信息保护法》的具体条文可以发现，虽然《个人信息保护法》第六十九条对于个人信息侵权责任的形式有所规定，但该条只解决侵害个人信息造成的财产损害赔偿，对于侵害个人信息是否造成精神损害、精神损害的构成要件以及精神损害的赔偿范围等相关问题没有进一步明确。

在此背景下，理论界开始将目光转向《民法典》，试图通过借助《民法典》相关条文弥补个人信息侵权救济的空缺。然而，《民法典》条文能否直接适用于个人信息保护，以及《民法典》与《个人信息保护法》这两部法律是一种什么样的关系，理论界存在不同的观点。有学者认为，《个人信息保护法》与《民法典》属于特别法与一般的关系，《个人信息保护法》可以对《民法典》作出补充和例外规定，但不能违背《民法典》所确立的基本原则。[②] 个人信息权超越了私法意义的权利，其是具有宪法规范基础的新型公法权利，这决定了《民法典》无法作为《个人信息保护法》的一般法基础，当《民法典》和《个人信息保护法》规定不一致时，应当优先适用《个人信息保护法》。[③] 还有学者认为，《个

① 苏和生：《个人信息保护公益诉讼的程序构造——从损害救济模式向风险防控模式的转向》，《华中科技大学学报（社会科学版）》2023年第4期，第98—110页。

② 石佳友：《个人信息保护法与民法典如何衔接协调》，《人民论坛》2021年第2期，第92—93页。

③ 汪庆华：《个人信息权的体系化解释——兼论〈个人信息保护法〉的公法属性》，《环球法律评论》2022年第1期，第80页。

人信息保护法》是一部兼具管制性与自治性的综合性法律，信息处理关系包含了公法调整和私法调整两个部分，《个人信息保护法》中的民事规范应当作为民法的特别法来看待。[①]

《民法典》与《个人信息保护法》关系的模糊性，使得个人信息侵权的构成要件存在较大的争议。根据《民法典》第九百九十八条与《个人信息保护法》第六十九条第（一）款之规定可知，我国目前关于个人信息侵权责任的成立存在不同的认定路径。具体来说，根据《民法典》第一千一百六十五条以及《个人信息保护法》第六十九条第（一）款之规定，个人信息侵权责任的构成要件包括侵害个人信息的行为、损害后果，损害后果与侵害行为存在因果关系以及信息处理者主观上存在过错。不同于此，如果根据《民法典》第九百九十八条之规定，侵害个人信息的民事责任不再严格固守传统的侵权责任构成要件，而是综合考量侵害行为人和受害人的职业、影响范围、过错程度，以及行为的目的、方式、后果等因素。在具体的构成要件方面，《民法典》虽然对个人信息保护规则作了相应规定，但有关个人信息侵权的条文仅有第九百九十九条和第一千零三十六条，且均为个人信息侵权免责的规定，至于个人信息侵权的归责原则、责任构成以及法律效果等，《民法典》未予明确规定。根据体系解释，在民法典视野下，个人信息侵权应当适用一般侵权行为的归责原则，即适用《民法典》第一千一百六十五条之过错责任为基本原则，而《个人信息保护法》第六十九条则以过错推定责任为原则。由上可知，《民法典》关于个人信息侵权责任构成要件的认定与《个人信息保护法》存在不同之处，这给司法实践的具体适用增加了困扰。

（三）控制型保护阻碍了个人信息的利用价值的有效释放

现阶段，我国关于个人信息的法律规制呈现出"重保护 轻利用"的价值倾向，强调信息主体对于个人信息的控制性与支配性，虽然《个人信息保护法》表明其立法宗旨不仅在于保护个人信息主体权益，也要促进个人信息利用，但在具体制度安排上，信息处理者利用个人信息需要事先获取信息主体的有效同意，除非存在法律规定的豁免事由。知情同意机制作为个人信息保护制度的基石，其理论基础在于个人信息自决权。[②]毋庸讳言，在信息主体与信息处理者

[①] 王苑：《个人信息保护在民法中的表达——兼论民法与个人信息保护法之关系》，《华东政法大学学报》2021 年第 2 期，第 78 页。

[②] 高志宏：《大数据时代"知情—同意"机制的实践困境与制度优化》，《法学评论》2023 年第 2 期，第 117—119 页。

的知识、信息、能力等诸种因素均不对称的现实情境下，知情同意规则能够一定程度上增强信息主体对其个人信息的控制性，维护信息主体基本的人格权益。然而，知情同意规则烦琐的程序要求与单极性的价值取向使得其在实践中遭遇困境。根据知情同意规则的基本要义，有效的同意以充分的知情为前提，这要求信息处理者应将数据处理事项详细告知信息主体。随着数字社会的深度推进，各种应用产品与服务层出不穷，要求信息主体阅读冗长繁杂的隐私政策并审慎作出有效的同意，不符合现实实际。

大数据时代，个人信息的价值呈现多元性。就信息主体而言，保护个人信息是维护人的主体性地位的基本要求，泄露、篡改、歪曲他人个人信息可能导致信息主体的社会评价降低，影响个人正常的社会生活与人格发展。然而，在当前个体与社会融合程度逐步加深的现实背景下，个人无法也不可能完全孤立地存在，生活在社会中的个体必然要与外界进行一定的交流与互动。从信息处理者角度来看，个人信息是社会经济发展与社会秩序维护不可或缺的基础性资源，社会对于个人信息的客观需求愈益增多。于此情形下，控制型的保护模式阻碍了个人信息的传播与流通，不利于个人乃至于社会的整体发展。

第二节　比较法上个人信息保护的路径检视

一、欧盟法下的个人信息保护

二战以后，欧盟国家逐渐认识到人权保护的重要性与迫切性，这种人格尊严与人格自由至上的理念深刻影响了个人信息保护立法。1950 年通过的《保护人权与基本自由公约》第八条规定"人人有权享有使自己的私人和家庭生活、家庭和通信得到尊重的权利。"《保护人权与基本自由公约》奠定了欧盟个人信息保护的基本理念，即个人信息保护应当以保护自然人的基本人权为核心，他人在没有正当理由的情况下不得进行个人信息的收集、处理、利用、存储等信息处理活动，从而实现维护信息主体人格尊严之根本目的。

由于欧盟国家大多隶属于成文法系，因而在个人信息的保护方式上，欧盟主要通过制定单独的个人信息保护法来全面规制个人信息保护问题。最初，欧盟域内的个人信息保护主要由国家立法主导，德国、瑞典等国家率先颁布了个人数据保护法，但由于不同国家社会基础、法律体制、文化观念等现实因素差异较大，难以形成高度统一的个人信息保护规则，阻碍了个人信息的跨境流通与保护。随着欧洲一体化进程的加快，欧盟在经济、政治等方面呈现出逐渐融合的趋势，为解决欧盟域内个人信息保护各自为营的窘迫现象，建立适用于欧盟全境的个人信息保护规则显得尤为重要。

1981 年，欧洲理事会颁布的《有关个人数据自动化处理的个人保护公约》（*Convention for the Protection of Individuals with Regard to Automatic Processing of Personal Data*，又称《108 号公约》）第一条明确规定，公约的目的是在个人数据自动处理过程中确保自然人的基本权利和自由，特别是其隐私权得到尊重。为实现这一立法目标，《108 号公约》确立了信息质量原则（第五条）、个人敏感信息禁止处理原则（第六条）、信息安全原则（第七条）等保障信息主体基本权利和自由的条款。欧盟"95 指令"第一条同样宣示，指令之宗旨在于保护自然人的基本权利和自由，同时明确处理个人信息应当遵循信息质量原则（第六条）、合法处理原则（第七条）、个人敏感信息禁止处理原则（第八条）等基本原则。1995 年，"95 指令"构建了以"知情——同意"为核心的权利体系来保障信息主体对个人信息的全面控制与支配，诸如知情权、访问权、拒绝权、删除权等。在"95 指令"框架下，信息主体对于个人信息拥有绝对的控制力，这意味着任何未经信息主体同意擅自处理个人信息的行为都是指令所禁止的，都属于权益侵害行为。值得注意的是，"95 指令"不具有直接的法律效力，欧盟各成员国必须经国内立法转化方可适用，这意味着成员国在数据保护立法方面享有较大的自主权，不利于欧盟统一的个人数据保护立法的形成。2007 年，《欧盟基本权利宪章》（*The Charter of Fundamental Rights of the European Union*）明确指出，任何人都享有个人信息受法律保护的权利，明确承认个人信息保护属于宪法上所保障的基本权利。[①] 随着《里斯本条约》的签署通过，《欧盟基本权利宪章》具有了实质意义上约束成员国的效力。2018 年《一般数据保护条例》的施行标志着欧盟的个人信息保护达到了前所未有的统一高度，也为全球个人信息保护提供了新的风向标。

信息技术的快速发展使得社会对于个人信息的利用需求日益增高，《一般数据保护条例》顺应社会发展现状，对信息保护与信息利用的关系予以了积极回应，其明确规定条例之宗旨不仅在于保护自然人的合法权益，也在于促进个人数据自由流动，这两者均是条例所追求的价值目标。《一般数据保护条例》的颁行具有重要的历史意义，其改变了传统只注重信息主体利益维护的单向性的立法思维，是个人信息保护理念的突破式发展。然而，在具体的制度安排上，《一

---

① See Charter of Fundamental Rights of the European Union (2007) OJ C303/1.

般数据保护条例》进一步强化了信息主体对于个人信息的控制力与支配力，典型示例如新增了被遗忘权、可携带权、限制处理权等新型权利。与此同时，欧盟认为，个人信息权属于基础性人权范畴，具有不可让与性与不可继承性。

　　欧盟的个人信息保护制度以信息主体为中心，强调信息主体对于个人信息的控制与支配，抑制信息价值的开发与利用。相较于个人利益的保护，欧盟显然将信息产业的升级与创新视为不重要。信息控制理论凸显了人的主体性地位，契合了个人信息保护的基本诉求，然而这种保护方式在大数据时代显得捉襟见肘。在"小数据时代"，由于信息收集技术与收集能力普遍处于不发达状态，信息主体尚能有效控制个人信息是否被处理以及处理的方式，但在信息的流转、共享等信息的二次利用成为信息产业普遍遵循的商业运作模式的背景下，信息主体很难控制个人信息的后续利用行为。在保护方式方面，欧盟主要采取赋权模式保护信息主体的权益，具有浓厚的个人本位色彩。个人本位将个人利益与社会利益完全对立，认为一切社会关系的存在都是以服务于个人利益为目的的，当个人利益与社会利益相冲突时应当毫无迟疑地选择个人利益。现代社会的发展要求法律应当"以人为本"，强化信息主体利益的保护本身无可厚非，但过于偏向信息主体的利益而忽视信息处理者与社会的信息利用需求，杜绝个人信息正常的流通与利用，可能阻碍人工智能、区块链等相关信息产业的健康发展。

二、美国法下的个人信息保护

　　美国的理论与实务普遍认为，个人信息属于隐私范畴，应将个人信息纳入隐私权框架进行调整，这种个人信息保护模式肇因于美国的隐私权具有强大的包容性与延展性。自隐私这一概念诞生以来，美国学者在隐私内涵的探索上倾注了大量的热情，形成了诸多深具影响性的隐私权理论，但都无法对隐私进行概括而精准的描述。有鉴于此，普罗瑟教授认为应当放弃对隐私进行精确的界定而重点考察隐私侵权问题，普罗瑟教授通过对既往判例进行研究，在此基础上得出隐私侵权可以类型化为以下四种情形：(1)侵入他人独处之处或干涉其私人事务；(2)公开他人的私人事务；(3)公开丑化他人形象；(4)出于私人利益而擅自利用他人的姓名或肖像等。[①]普罗瑟教授关于隐私侵权的总结对于理论与实践产生了深远影响，《侵权法重述》(第二版)更是明确将普罗瑟的观点收入其中，成为美国司法实践中隐私权侵权的重要判定标准。随着社会实践的

---

① 　William L Prosser, Privacy, California Law Review, vol. 48, no. 3, 1960, p. 389.

发展，美国的隐私权不再局限于侵权法范畴，而是成为涵括宪法意义上的隐私权与侵权法意义上的隐私权，宪法意义上的隐私权主要针对联邦政府实施的对个人隐私的侵权行为，侵权法意义上的隐私权则主要对抗一般人对个人的侵权行径。① 可见，不同于我国狭隘的隐私权概念，美国的隐私权具有更为丰富的内涵，其不仅涉及私法领域还涉及公法领域，美国隐私权这种无所不包的特质使得个人信息成为隐私权的附属。

不同于欧盟自上而下建构起来的适用于所有领域的个人信息保护规范体系，美国迄今未有一部适用于各个产业的个人信息保护法。实践中，美国通过分散式立法以及行业自律规范相结合的方式来保护个人信息，但在具体的运作模式上，则主要由行业自律规范解决个人信息的收集、利用、存储等相关问题。行业自律模式是指不同行业可以组织制定本领域的行为规范准则，其显著特点是提倡信息主体与信息处理者就个人信息的收集与利用进行自由地磋商，严格限制政府机构对个人信息处理活动的干预。行业自律模式能够充分调动企业的积极性与创造性，释放市场经济的潜力与活力，但由于行业规则缺乏强制的法律约束力，无法起到吓阻侵害个人信息的作用。立法方面，美国的个人信息保护立法呈现出分散性特征，相关的个人信息保护规则散见于不同的立法文本，但也遵循着一些共通性的价值理念，而这些理念大多可以溯源至 1973 年美国发布的《公平信息实践原则》（*Fair Information Practice or Fair Information Practice Principles*，*FIPPs*）。FIPPs 明确规定处理个人信息应当遵循以下五项基本原则：（1）禁止秘密的个人数据档案保存系统；（2）确保个人知晓其被收集的信息是什么以及这些信息如何被使用；（3）确保个人能够阻止未经其同意的超越初始目的之外的个人信息使用行为，或者将信息提供给他人用于目的之外的行为；（4）确保个人能够更正或修改个人可识别信息的档案；（5）任何信息处理者在处理信息档案中的个人信息的必须确保相关信息的可靠性，并采取预防措施防止信息被滥用。②

"公平信息实践原则"奠定了美国个人信息保护的思想基础，成为美国个人信息保护法遵循的基本原则。随着实践的发展，"公平信息实践原则"也随之不断演化，知情同意原则、信息质量原则、目的明确原则等都是建构在"公平信

---

① 李延舜：《从隐私到信息的立法梳理——基于美、德、法三国的比较考察》，《学习论坛》2016 年第 2 期，第 73 页。

② See Records, Computers and the Rights of Citizens Report of the Secretary's Advisory Committee on Automated Personal Data Systems, https://epic.org/privacy/hew1973report/Summary.htm. (Last visited:2021-08-27)

息实践原则"基础之上的时代产物。虽然美国基于"公平信息实践原则"也赋予信息主体一定的权利，但其对于个人信息的赋权是推荐性的，换言之，个体对其个人信息的权利取决于不同网站或机构所设定的隐私政策。① 在"公平信息实践原则"所构建的个人信息保护基本框架之上，美国对于电信、金融以及未成年人保护等容易引发个人信息滥用的特定领域展开了立法。1970 年，美国国会通过的《公平信用报告法》(Fair Credit Reporting Act) 强调信用报告机构应当规范收集、利用消费者信用信息的行为，避免消费者因不当的信息处理行为而遭受侵害。1974 年出台的《隐私法案》(The Privacy Act) 作为美国第一部隐私权法案，其现实意义毋庸讳言。遗憾的是，《隐私法案》的适用范围具有一定的限定性，其主要规范行政机关对于个人信息的收集、使用、存储与传播等行为，防止行政机关滥用个人信息。此后，美国又相继颁布了《电子通讯隐私法》与《儿童在线隐私保护法》等保护性法律，但均面向于特殊领域的隐私侵害问题。1986 年颁布的《电子通讯隐私法》主要目的在于防止政府机构未经允许擅自监听私人通讯，以保护公民的隐私权。1998 年美国国会通过的《儿童在线隐私保护法》(Children's Online Privacy Protection Act) 则主要规制网站管理者在线收集儿童个人信息的行为，确保儿童隐私得到有效保护。

分散式的立法模式具有较强的灵活性与变通性，立法机关可以根据具体领域的发展变化及时调整个人信息保护方式，能够为个人信息提供全方位的保护。然而，分散式立法模式所存在的制度性缺陷也不容忽视，不同领域的立法缺乏内在的协调性，可能导致个人信息保护存在相互冲突的现象，无法为司法实践提供明确的指导。在规制对象上，出于对公权力机构天然的不信任，美国有关个人信息保护的立法主要针对的是公权力机构侵害个人信息的行为，防范公权力机构在行使公权力过程中恣意侵害个人信息。实践中，不乏学者主张个人信息是一种权利，但同时也认为这种权利不同于传统意义上的具有普遍效力的绝对性权利，也就是说，只有当政府不法滥用个人信息时，个人信息权才被视为基本人权并得到保护。② 总体而言，美国的个人信息保护是"市场主导型"的，其以鼓励信息在市场上的自由流动为主旋律，重视信息价值的开发与利用，这种思维导向促使美国的数据产业与数据经济居于世界领先地位。不可忽略的是，

① 丁晓东:《论个人信息法律保护的思想渊源与基本原理——基于"公平信息实践"的分析》,《现代法学》2019 年第 3 期，第 102—103 页。
② 洪海林:《个人信息保护立法理念探究——在信息保护与信息流通之间》,《河北法学》2007 年第 1 期，第 109 页。

美国信息市场的繁荣是以牺牲信息主体的权益为代价的，这也使得美国的个人信息保护规则广受诟病。

三、反思与借鉴

作为世界个人信息保护主要阵地的欧盟与美国，两者对待个人信息保护的态度是截然不同的，欧盟更强调"以人为本"，美国则更加注重"信息自由"。在立法模式上，欧盟主要通过制定统一的立法实现个人信息的保护，并且规制的对象涵盖私人机构与公共机构。此外，欧盟立法对于个人信息的概念、处理规则、法律责任等诸多方面均作了明确的规定。美国对于个人信息的保护主要采取分散式的立法与行业自律相结合的模式，但立法规制的对象主要是公共机构以及某些特殊领域，存在一定的局限性。在保护方式上，欧盟对于个人信息采取较为严格的保护措施，一般而言，禁止任何人或机构处理个人信息，除非获得信息主体的同意或存在其他正当性事由。相反，美国则认为只要信息处理者的信息处理行为符合特定场景下的合理预期即是正当的，除非信息主体明确表示反对个人信息的处理活动。

欧盟与美国在个人信息保护方面的诸多差异不是立法者主观意志的产物，而是两者不同的历史背景、法律传统、社会观念等因素共同导致的结果。由于二战期间纳粹政权极端的暴行，欧盟对于侵犯基本人权的行为秉持零容忍的态度，因而对于关涉人格尊严的个人信息采取严格的保护措施，禁止他人恣意开展个人信息处理活动。然而，随着个人信息利用价值的日益凸显，个人信息成为政务管理、商业发展不可或缺的基本要素，传统的一味强调个人信息保护的观点受到越来越多学者的质疑与抨击。从个人信息自身的特性来看，个人信息与个人的联结点在于这些信息指向或描述某个人，但个人信息的识别功能决定的是个人信息的社会属性而非个人属性，不能因此赋予个人对其个人信息的支配性权利。[①] 此外，自然人在社会交往与社会生活中不可避免地要承担一定的风险，这种风险既包括自身的负面信息被他人知悉所带来的社会交往上的不确定性，也包括由于社会技术发展所带来的必要风险，为了享受信息社会的便利，人们不得不忍受个人信息在某种程度上被他人使用的可能。[②]

[①] 高富平：《论个人信息保护的目的——以个人信息保护法益区分为核心》，《法商研究》2019 年第 1 期，第 95—96 页。

[②] 谢远扬：《〈民法典人格权编（草案）〉中"个人信息自决"的规范建构及其反思》，《现代法学》2019 年第 6 期，第 143 页。

不同于欧盟，美国的自由主义思潮占据统治地位，人们普遍认为较之于隐私的法律保护，信息自由更应当受到推崇。此外，美国的信息产业一直遥遥领先于其他国家，社会对于个人信息巨大的利用需求也迫使美国的个人信息保护制度不得不注重信息的自由流通。在"信息自由至上"这种观念的主导下，人们认为应将个人信息置于市场大环境之下，通过市场机制的运行来最大化个人信息的经济价值。这种"信息自由至上"的个人信息保护模式无疑会激发个人信息的市场价值，极大地促进信息产业的优化与升级，但其将信息主体的人格尊严置于明显不重要的地位，不利于基本人权的保护。随着大数据技术的普及应用，无论欧盟"以人为本"还是美国"信息自由"的保护机制都偏执一端，忽视了对另一方的保护，暴露出难以有效应对社会发展的弊端。近年来，欧盟与美国已经充分意识到单一维度的个人信息保护制度所带来的弊病，并采取了诸多改善措施，使得两者呈现出不断融合的趋势，遗憾的是，仍没有动摇其一直以来所遵循的个人信息保护机制。

第三节　我国个人信息保护的应然选择

一、采行有别于欧盟与美国的"第三条道路"

法律需要稳定，但不能一成不变，所有关于法律的思考都是在努力调和稳定与变化这两种相互冲突的需求。[①]就我国而言，个人信息保护在我国经历了不同的发展阶段，在《民法总则》出台之前，由于立法基础的薄弱以及保护意识的缺位，我国立法对于个人信息的保护类似于"美国式道路"，即法律不刻意规范个人信息保护问题，对于实践中涉及的个人信息保护问题通常借助隐私权制度予以解决。

《民法典》以民事基本法的形式确立了个人信息受法律保护的基本价值理念，并制定了诸多的保护规则，其对个人信息的强化保护使得我国的个人信息保护模式趋向于"欧盟式道路"。《个人信息保护法》则重塑了"信息保护"与"信息利用"的法律地位，该法明确规定"为了保护个人信息权益，规范个人信息处理活动，促进个人信息合理利用"。《个人信息保护法》将"促进个人信息合理利用"作为个人信息保护的目标之一，且将其与"保护个人信息权益"置于同等重要的地位，二者不存在先后次序，表明我国不再单方面强调信息主体

---

①　Roscoe Pound, Interpretations of Legal History, Cambridge University Press,1967, p.1.

利益的保护，而是注重信息保护与信息利用之间的平衡发展，这使得我国个人信息保护模式有别于"欧盟式道路"。

目前，信息全球化的进程不断向前推进，我国应当充分利用后发优势抢占战略高地，着力促进信息产业的发展，提高我国信息产业的竞争力与影响力，以免在全球的信息竞争中丧失话语权，阻碍我国信息经济的快速发展与信息社会的全面构建。然而，若过度强调信息的利用价值而忽视对信息主体利益的保护，则显然偏离了我国立法一直以来所遵循的人格保护的制度理念。实际上，在个人信息处理过程中，信息主体利益与信息处理者利益处于持续的博弈之中，过于强调信息主体利益的保护，则势必影响信息的合理利用，反之，若一味强调信息的合理利用，则可能不利于信息主体利益的保护。如何平衡信息保护与信息利用的关系，不仅事关信息主体与信息处理者的利益平衡，更关系社会经济、社会秩序的良性发展。这些客观的现实因素决定了我国不能对于"美国式道路"或"欧盟式道路"亦步亦趋，而应当从单一的"信息保护"或"信息利用"转变为"信息保护与信息利用动态平衡"的新型个人信息保护路径，走向契合我国现实发展的"第三条道路"。

二、"第三条道路"之两个维度

（一）信息保护维度：丰富"个人信息权益"的内容

1. "个人信息权益"的性质及主要内容

如前所述，由于个人信息并不满足传统民事权利所应当具备的完全的支配性与排他性，较为妥当的路径是将其定位于受法律保护的利益。为实现个人信息利益的有效保护，应当赋予信息主体一定的"权益"。需明确的是，虽然信息主体享有某些"个人信息权益"，但这些"权益"并非传统意义上的民事权益。从根本上来说，"个人信息权益"存在的目的主要在于保护个人信息利益不受非法侵犯，其更多地体现为工具性价值，并不具有独立的意义。

目前，关于是否应当赋予信息主体相关权益以保障其全面控制自己的个人信息，学者存在不同的观点。反对者认为，"个人控制"模式将注意力过度集中于信息主体的权益保护，忽视了信息主体在面对复杂条件时的有限理性，以及个人信息对于其他主体乃至公共利益的重要作用。[1] 还有学者更为直接地指出，为推动社会治理和产业经济的数字化进程，个人对信息的绝对控制需要让位于

---

[1] 郭春镇、马磊：《大数据时代个人信息问题的回应型治理》，《法制与社会发展》2020 年第 2 期，第 181—184 页。

信息正当利益的维护和实现。①毋庸讳言，相较于掌握大量信息资源与先进技术的信息控制者，信息主体明显处于弱势地位。实践中，信息主体囿于相关知识的匮乏导致其在面对强势的信息主体一方很难做出合理的抉择，但这不应成为反对赋予信息主体权益的理由。相反，正是因为信息主体对于个人信息的自主控制遭遇了现实困境，才更需要赋予其相应的权益以缓和双方地位的不对等，否则信息控制者将不受限制地侵害信息主体的合法权益。更为重要者，对于个人而言，能否行使好自己的权利与是否享有这一权利是两回事，不能因为个人不会使用某一权利就将其剥夺，这显然违背了人权观念。②

关于"个人信息权益"的内容，相关立法作了明确的规定。比较法上，欧盟国家（地区）历来推崇人格尊严的维护，为保障人的主体性地位，欧盟立法赋予了信息主体一系列的"权利"。对此，可从《一般数据保护条例》窥知一二，《一般数据保护条例》是当前欧盟国家个人数据保护的基本准则，其较为全面地列举了信息主体的权利，诸如查阅复制权、更正权、限制处理权、反对权、数据可携权、访问权、被遗忘权等。就我国来说，根据《民法典》及《个人信息保护法》相关规定可知，除了知情决定权外，我国法律还赋予信息主体以下权利：查阅复制权；更正、补充权；删除权；可携带权；限制处理权以及拒绝处理权等。

2. 新型"个人信息权益"分析

在具体的权益设置方面，一直以来理论界对于应当赋予信息主体知情决定权、删除权、复制权等权利不存在异议，但对于是否应当承认限制处理权、被遗忘权以及数据可携权等新型权利则存在较大争议。以下重点分析之。

限制处理权，又称信息封锁权、信息封存权、停止处理权、停止使用请求权、停止权等，是指在特定情形下，信息主体可以请求信息处理者停止正在进行的信息处理行为的权利。限制处理权在欧盟法经历了从无到有，从依附于其他权利到发展为一项独立权利的立法演进过程。立法上，限制处理权最早可追溯至"95指令"，但其并没有将限制处理权规定为一项独立的权利。《一般数据保护条例》第十八条则单独规定了限制处理权，并对限制处理权的适用情形、限制处理权的免责事由等事项予以明确。我国《个人信息保护法》第四十四条

---

① 商希雪：《超越私权属性的个人信息共享——基于〈欧盟一般数据保护条例〉正当利益条款的分析》，《法商研究》2020年第2期，第57页。
② 徐丽枝：《个人信息处理中同意原则适用的困境与破解思路》，《图书情报知识》2017年第1期，第110页。

新增限制处理权，规定信息主体有权限制或者拒绝他人对其个人信息的处理。限制处理权的确立有其积极意义，实际生活中，当个人信息的正确性与完整性处于不确定状态而双方均难以证明时，若只赋予信息主体更正权或删除权可能不利于信息产业与信息经济的发展，限制处理权在保护信息主体免受不正确信息侵害的同时也在一定程度上兼顾了信息处理者的利益，能够避免在系争事实不清时损及双方的权益。换言之，限制处理权能够弥补更正权与删除权的不周延性，符合权利精细化发展之趋势。

数据可携权指信息主体有权请求信息处理者将个人信息转移至其他信息处理者，信息处理者应当根据信息主体的请求提供转移的途径。《个人信息保护法》第四十五条顺应时代发展，对于数据可携权予以了明确规定，表明我国个人信息保护立法的科学性与进步性。须注意的是，数据可携权不仅关系信息主体的利益，还关系信息处理者的利益，乃至于整个市场经济秩序。法律在保障信息主体将存储于某一信息处理者的个人信息移转至其他信息处理者时，不能无视前一信息处理者对于个人信息进行加工、处理所投入的成本，否则不仅严重损及了前一信息处理者的利益，也不利于良性的市场经济秩序的构建。因之，是否保障信息主体移转数据之诉求应当充分衡量各方主体的利益空间。

就被遗忘权来说，目前我国现行立法没有明确规定被遗忘权，引发学界的激烈探讨。通过梳理相关文献，可以将相关观点概括为两类：一种观点认为，删除权与被遗忘权本质上具有同一性，我国现行规范中的删除权能够涵括被遗忘权的内容，无需再大费周章地设立被遗忘权；另一种观点则认为，删除权与被遗忘权是不同性质的权利，两者不具有可替代性，应当于规范层面确立被遗忘权。笔者认为，关于删除权与被遗忘权的关系可以从欧盟立法的历史演进中寻得答案，欧盟立法最初在条文表述上采取的是"删除权与被遗忘权"，然而GDPR正式文本删除了"被遗忘权"而保留"删除权"。欧盟立法态度的转变表明删除权与被遗忘权本质上是同一事物，申言之，被遗忘权的实质内核就是删除权，两者仅是语词表达上的差异而已。当前，我国正处于全面数字化的快速转型时期，个人信息规模以指数级的速度增长，社会对于信息的利用需求达到了空前的高度，引入被遗忘权不利于产业结构的优化调整与转型升级。实际上，我国现行法体系下的"删除权""更正权"已经部分或全部替代了"被遗忘权"的功能，就此而言，没有必要再引入"被遗忘权"，否则可能徒增法律体系的混乱。

（二）信息利用维度：个人信息合理利用制度

目前，个人信息成为社会发展至关重要的基础性资源，中共中央、国务院于2020年3月30日发布的《关于构建更加完善的要素市场化配置体制机制的意见》明确提出要提升数据资源价值，培育数字经济新产业、新业态和新模式，进一步激发全社会创造力和市场活力。个人信息保护与个人信息利用是个人信息功能属性的一体两面，虽然两者表现为静动之分并体现为不同的价值取向，但实质上却是一种"价值合流"——安全，换言之，个人信息处理者也是在安全价值指引下保护个人信息。[①] 这要求我们在保护个人信息的同时也要兼顾个人信息的利用，不能厚此薄彼。大数据时代，个人信息的分析、流转、共享愈益常态化、复杂化，严格禁止信息的二次利用不符合社会现实需求，为此，有必要构建个人信息合理使用制度以实现信息保护与信息自由的动态平衡。值得肯定的是，我国立法显然认识到不能单向度地保护信息主体的利益，同时也要合理地兼顾信息处理者的利益，《个人信息保护法》第一条更是明确其立法宗旨不仅在于保护个人信息权益，还在于促进个人信息合理利用。

1. 合理利用的基本内涵

随着个人信息在现代社会重要性的提升，各界人士普遍认为严格禁止个人信息的传播与流通不利于个人乃至于社会的整体发展，强烈呼吁构建个人信息合理利用制度。关于"合理利用"的具体内涵，有学者主张，"合理利用"是指信息处理者在不给信息主体带来不合理风险的前提下，可以自由开发、利用个人信息。[②] 与之相类似，有学者认为"合理利用"是指信息处理者可以在法律明确规定的合理限度内对个人信息进行利用，无需经过信息主体的同意。[③] 实际上，个人信息合理利用制度并非个人信息保护领域自然衍生出的事物，而是移植于著作权法的概念。著作权领域的"合理使用"是指当个人以一种可能侵犯著作权的方式使用了受法律保护的作品时，在某些情况下可以获得抗辩权。[④]"合理使用"之所以兴起于著作权领域，是因为知识的正常交流与传播是社会进步的重要推动力，如果过度保护权利人的智力成果，不利于人类文明的向前发展。

---

① 姚佳：《论个人信息处理者的民事责任》，《清华法学》2021年第3期，第45页。

② 王怀勇、常宇豪：《个人信息保护的理念嬗变与制度变革》，《法制与社会发展》2020年第6期，第157页。

③ 江波、张亚男：《大数据语境下的个人信息合理使用原则》，《交大法学》2018年第3期，第114页。

④ Jacqueline Lipton, Information Property: Rights and Responsibilities, Florida Law Review, vol. 56, no. 1, 2004, p.153.

就此而言，个人信息合理利用的内涵应是指：信息处理者在特定的情形下可以不经信息主体的授权或同意而无偿利用其个人信息。

"合理利用"作为评价的产物，具有较大的自由裁量空间，为防止"合理利用"异化为信息处理者滥用个人信息的工具，有必要明确"合理利用"的具体情形。一般来说，"合理利用"具有法定性，其只能在法律明确规定的情形下才能适用，双方自行商议的个人信息处理活动不属于"合理利用"范畴。根据《民法典》第一千零三十六条之规定，个人信息合理利用的情形包括合理处理该自然人自行公开或者其他已经合法公开的信息，以及为维护公共利益或者该自然人合法权益合理实施的其他行为，《个人信息保护法》则进一步细化了个人信息合理利用的情形。总体来看，《民法典》与《个人信息保护法》关于个人信息合理利用的规定较为具体、细致，能够为司法实践提供明确的行动指引。唯须注意的是，"公共利益"是模糊且抽象的法律概念，其具体内涵及外延有待于个案情境予以判定，由此可能导致"公共利益"在具体个案中存在不同的解释，无法为社会公众提供稳定的行为预期。

2. 合理利用的判定

信息保护与信息利用处于永恒的动态博弈之中，强调信息的保护必然损及信息的利用，反之，宣扬信息的利用也会忽视信息的保护。个人信息的合理利用行为不可避免地会对信息主体的权益构成一定的限制，因此，判断个人信息利用行为是否具有正当性的实质就在于其对信息主体的限制是否在必要限度之内。对此，可以借助"比例原则"这一评价工具来判定个人信息利用行为是否合理。

比例原则缘起于德国警察法，后发展为公法领域的"帝王条款"，比例原则内含三个子原则，即适当性原则、必要性原则及狭义比例原则。[1] 我国行政法继受了比例原则并成为指导行政行为的基本原则，近年来比例原则在我国呈现不断扩张的趋势，除了行政法、刑法等公法领域强调比例原则的指导价值，私法领域也逐渐承认比例原则的作用空间。一直以来，私法领域将意思自治原则奉为圭臬，强调对当事人真实一致的意思表示应予尊重，即使从理性第三人的角度来看双方之间的利益安排可能并不符合比例原则，也不影响其协议的效力。然而，在当事人没有一致的合意而需要中立的第三方予以评判时，比例原则当

---

[1]　Vgl. Landessozialgericht Hamburg, Begrenzung der Erlschenswirkung bei Nichtanzeige einer Beschftigung, 2006 Heft 1, S.18.

仁不让地出现了。比例原则作为方法论意义上的工具性原则，[①]关注的是目的与手段之间的关系是否均衡。个人信息合理利用旨在评价信息处理者的信息处理行为与其所意愿达致的正当性权益或对于信息主体权益的限制是否合理，与比例原则内蕴的价值取向具有一致性。从技术操作层面来说，比例原则内含三个子原则，并在适用上具有严格的顺序限制，只有在符合前一项子原则时方才进入下一项原则的判断，若前一项子原则不满足则径直判定不符合比例原则，无需再评价下一项子原则是否满足。比例原则这种阶层式的构造及其顺序判断模式为个人信息合理利用的判断提供了精致的分析工具，使得"合理利用"的判定既不过于空洞也有章可循，借此可有效约束法官的自由裁量权，同时也能够给当事人的行为安排提供一定的指引。

具体来说，适当性原则要求信息处理者的信息利用行为应当有助于合法利益的实现，此处的"合法利益"应作广义的解释，包括法律已经明文规定的正当性利益，以及法律虽然没有明确规定但从规范目的可得推导出的合法性利益。需说明的是，适当性原则仅要求信息利用行为具备实现合法权益之可能性即可，并不要求该合法利益必须真切地实现。由于事物的普遍联系性，客观上有利于实现合法利益的信息利用行为可能无限绵延，行为的作用力大小亦不相同，但不得将过于遥远的作用力纳入合理利用范畴，否则可能使得合理利用的范围无限膨胀而不受控制。必要性原则要求信息利用行为必须是对信息主体侵害最小的行为，必要性原则包含三项预设前提，即存在多种可选择的措施、各项措施效力基本一致以及采取最为温和的措施。[②]这要求，信息处理者必须在能够实现正当利益的目的范围内选择对信息主体侵害最小的处理措施。此外，该处理措施必须具有经济性与便利性，若实现该信息处理目的所需花费的成本过于高昂时，则应当否定信息利用行为的合理性。均衡性原则要求信息利用行为可能对信息主体利益造成的损害应当与信息利用所要实现的目的具有相称性，不能显著失衡。不同于传统民事权益的客体，个人信息的利益格局相对复杂，其同时承载着人格利益与财产利益。根据权益位阶理论，人格权益处于民事权益体系的顶层位置，若个人信息利用行为以牺牲信息主体的人格利益为代价，则不具有合理性。与之不同，对于信息利用行为可能侵害信息主体财产利益的，则

---

① See Aharon Barak, Proportionality, Constitutional Rights and Their Limitations, Cambridge University Press, 2012, p.131.

② 曾哲、雷雨薇:《比例原则的法律适用评析与重塑》,《湖南社会科学》2018 年第 2 期, 第 71 页。

需要区分讨论，若信息利用所欲实现的合法利益高于信息主体的财产利益损失时，则个人信息利用行为的合理性可以得到证成，反之则否。

第四节 "第三条道路"之实现路径：个人信息的类型化保护

拉伦茨认为，立法者尽可能精确地以概念来容纳典型的生活事实，但司法裁判为适当解决生活事实，就必须再度突破这些概念，然而人们不可能将类型无所遗漏地概念化，因此寻找具体的法规范时我们必须一再求助于法律所意指的类型。[①]类型化是一种客观解释规则，即使人们主观上尚没有充分认识到，它也会在现实中不自觉地加以运用，而在其上升到理性认识之后，将能动地对一部分司法判决做出科学的说明，为审判实践提供一种科学的理论指导。[②]就个人信息来说，依据一定的标准将个人信息区别为不同的范畴，并在此基础上采取不同的保护措施，能够实现信息保护与信息利用的动态平衡。

一、个人信息类型化保护的必要性

（一）个人信息价值固有的差异性

个人信息范围广泛、种类繁杂，其内涵与外延随着经济发展以及社会观念的变迁而动态变化，依据一般社会生活经验可知，不同的个人信息与自然人的关联性是有区别的，如身份证号码相较于性别或电话号码等更为私密，面对丰富庞杂的个人信息集群，统一规制个人信息的侵权救济模式忽视了个人信息的差异性及其对信息主体的影响程度。诚如学者所言，个人信息类型不同，其保护程度与方式就各异，法官在信息保护与信息自由之间权衡时也应当作不同的选择。[③]实际上，司法实践中法院在裁定个人信息侵权时已经不自觉运用类型化的思考方式，具体来说，如果所涉信息的内容是普通个人信息，则诉请通常不会得到法院的支持，但如果相关的个人信息涉及隐私或者属于敏感事项，那么相关的诉请就很可能获得法院的支持。[④]

---

① ［德］卡尔·拉伦茨：《法学方法论》，陈爱娥译，商务印书馆2003年版，第15—16页。
② 刘士国：《类型化与民法解释》，《法学研究》2006年第6期，第17页。
③ 齐爱民、李仪：《论利益平衡视野下的个人信息权制度——在人格利益与信息自由之间》，《法学评论》2011年第3期，第44页。
④ 谢远扬：《〈民法典人格权编（草案）〉中"个人信息自决"的规范建构及其反思》，《现代法学》2019年第6期，第144—146页。

个人信息差异化的内在构造要求法律应当对于不同个人信息给予不同程度的保护，这是平等原则的基本要求，平等并非意味着忽视个人信息的差异性而去刻意追求均等化保护。平等原则包括两重含义：平等的必须平等对待，不平等的必须不平等对待，这意味着平等原则不仅仅允许差别的存在，而且允许差别对待。① 个人信息之间天然地存在差异，不加区分地对所有个人信息实行同等保护，违背了平等原则的实质内涵。此外，在信息处理过程中，信息主体利益与信息处理者利益存在一定的竞争关系，过于强化信息主体利益的保护，则必将侵蚀信息的合理利用空间，反之，若偏重于信息处理者的利益，则势必影响信息主体合法权益的实现。鉴于个人信息固有的差异性，对于个人信息不加区分的"一刀切"的救济模式可能忽视了信息主体的利益，或者没有充分顾及信息处理者的利益。因之，区分规制个人信息从而提供更为细致的保护实乃现实必要。

（二）促进信息市场有序发展

历史上，无数次思想启蒙与思想解放运动的经验告诫我们，人类从愚昧无知走向文明发展的关键就在于对信息的获取与利用。随着信息技术的发展，个人信息的经济价值日益凸显，信息壁垒逐渐被打破，信息的共享与流通成为创造财富和激励创新的重要手段，任何阻碍或隔绝信息流通的行为都是违背社会实际发展现状的。大数据时代，人们对于个人信息利用的内在需求要求我们必须摒弃传统的只关注于信息主体利益的滞后观念，适度地释放个人信息的经济价值，促进社会的有序发展。

现阶段，个人信息成为多方主体竞相抢夺的资源，信息保有规模越大越能在信息市场抢占战略高地，进而开展后续的数据加工、商品营销等商业活动，信息经济已经成为我国市场经济发展的重要组成部分。然而，个人信息统一规制模式犹如悬在信息处理者头上的达摩克利斯之剑，信息处理者因惧怕稍有不慎即承担法律责任，不得不花费高昂的代价对于信息处理过程进行全方位地监督，以免信息处理行为逾越了法律的界限，部分信息处理者则索性放弃对个人信息的收集与利用，严重阻碍了信息产品的研发与升级，这对于我国信息产业的长足发展是不利的。从成本收益的角度分析，统一保护模式虽然使公民信息得到了绝对的保护，但国家为此投入了大量成本，包括司法成本、社会成本等，

---

① ［德］伯恩·魏德士：《法理学》，丁小春、吴越译，法律出版社 2003 年版，第 165 页。

总体上无异于社会效益的增加，因而并非是最优的资源配置方式。[①]

二、个人信息类型化的理论尝试与规范应对

（一）个人信息类型化的理论学说

鉴于个人信息统一规制模式暴露出越来越多的弊端，我国理论界与实务界逐渐认识到，有必要对于个人信息采取类型化的保护路径。需注意的是，个人信息的类型化不仅影响法律保护的范围，还影响法律体例、保护的强度等诸多方面，依据不同的标准可以对个人信息进行不同的分类。[②]理论界，有学者依据个人信息与人格关系的紧密程度将个人信息区分为人格紧密型个人信息与人格疏远型个人信息，[③]有学者立足于信息生命周期及其在不同周期阶段呈现的利益形态，将个人信息划分为个人私密信息、个人事实信息以及个人预测信息，[④]有学者依据信息是否具有先天性，将个人信息划分为自然性个人信息与社会性个人信息，[⑤]还有学者以是否已经公开为标准，将个人信息区分为公开个人信息与隐秘个人信息。[⑥]

由上述不完全列举可知，我国学者在个人信息类型化问题上各执己见，但其区别规制个人信息的意旨均在细化个人信息的保护方式，从而实现信息主体利益与信息处理者利益的动态平衡。然而，上述学说所主张的个人信息类型化方式没有触及个人信息最本质的差异性，也没有顾及我国现行立法之规定，这种"闭门造车式"的理论学说无法担当个人信息类型化构建之重任。

（二）个人信息类型化的现行规定

就规范层面来说，截至目前，我国诸多规范均对个人信息的类型化保护予以了明确规定，2012 年发布的《信息安全技术 公共及商用服务信息系统个人信息保护指南》第 3.2 条明确表示"个人信息可以分为个人敏感信息和个人一般信息，"《民法典》也采取了个人信息类型化保护的规制策略，但存在不同的类

[①] 董悦：《公民个人信息分类保护的刑法模式构建》，《大连理工大学学报（社会科学版）》2020 年第 2 期，第 81 页。

[②] 叶名怡：《论个人信息权的基本范畴》，《清华法学》2018 年第 5 期，第 144 页。

[③] 项定宜、申建平：《个人信息商业利用同意要件研究——以个人信息类型化为视角》，《北方法学》2017 年第 5 期，第 36—37 页。

[④] 袁泉、王思庆：《个人信息分类保护制度及其体系研究》，《江西社会科学》2020 年第 7 期，第 198 页。

[⑤] 曹博：《论个人信息保护中责任规则与财产规则的竞争及协调》，《环球法律评论》2018 年第 5 期，第 92 页。

[⑥] 汪东升：《个人信息的刑法保护》，法律出版社 2019 年版，第 41 页。

型化标准。《民法典》第一千零三十四条第（三）款依据私密程度的差异将个人信息区分为私密信息与非私密信息，私密信息优先适用有关隐私权的规定，若隐私权没有规定时则适用有关个人信息保护的规定。《民法典》第一千零三十六条则根据信息是否具有公开性将个人信息区分为公开的个人信息与未公开的个人信息，并对公开的个人信息采取较低程度的保护措施。

《个人信息保护法》延续了类型化规制个人信息的立法思路，但在个人信息的具体划分上并没有完全照搬《民法典》的区分方法。《个人信息保护法》舍弃了《民法典》关于私密信息与非私密信息的区分方式，采取的是公开信息与未公开信息以及个人一般信息与个人敏感信息的类型化路径。在具体的条文安排方面，《个人信息保护法》重点围绕个人敏感信息与个人一般信息展开，并对两者采取不同程度的保护措施，相较于个人一般信息，《个人信息保护法》对于个人敏感信息的保护更为严格，其明确规定处理个人敏感信息应当具有特定的目的和充分的必要性，应当向个人告知处理敏感信息的必要性、对个人权益的影响以及取得个人的单独同意等。可见，我国立法关于个人信息的类型化保护存在不同的做法，由此带来的问题是，某些个人信息可能同时归属于不同的范畴，此时应当选取何种保护路径不仅关系当事人合法权益的保护，还关系法律体系的内在协调。

三、个人信息类型化的理想选择：个人敏感信息与个人一般信息的区分

（一）理论界的质疑与回应

关于个人敏感信息与个人一般信息的区分，理论界存在不少质疑的声音。有学者认为，"敏感"一词既不属严格的法律范畴也无法从法律维度加以界定，敏感性的主观性决定了信息的敏感度可能因主体而异，以敏感性区分个人信息具有相对性与不确定性。[①] 还有学者认为，根本不存在"一般意义上的""普遍的"个人敏感信息，个人信息的"敏感性"须就特定情境综合考量，试图一般性地规定个人敏感信息可能过于简单化了，不符合社会生活中个人信息多样性、复杂性的特质。[②] 此外，域外法中个人敏感信息的含义非常广泛，我国立法不

---

① 刘德良：《个人信息保护与中国立法的选择》，载陈海帆，赵国强主编：《个人资料的法律保护：放眼中国内地、香港、澳门及台湾》，社会科学文献出版社2014年版，第29页。
② 张鹏：《论敏感个人信息在个人征信中的运用》，《苏州大学学报（哲学社会科学版）》2012年第6期，第99页。

宜采纳这一概念，否则可能导致个人信息保护法与我国宪法和根本政治制度相冲突。[①]

仔细考究不难发现，上述反对观点在价值理念上并不排斥给予个人敏感信息特殊保护之必要性，其所担忧的主要在于技术层面无法实现敏感信息的准确界定。实际上，个人信息的敏感度具有可操作性，实践中大多数敏感信息是可以被归类的。[②] 面对纷繁芜杂的个人信息，依据信息的敏感度将个人信息区分为个人敏感信息与个人一般信息具有重大的战略性价值。事实层面，个人敏感信息是客观存在的，是个人信息中最为重要、与信息主体的权利及自由密切相关的信息。[③] 换言之，信息主体的个人信息呈现敏感度高低的不同，不同类别的信息与信息主体的关联程度或对信息主体的重要程度存在差异。具体来说，个人信息的敏感度以人格尊严为轴心向外逐次递减，其中，敏感信息居于信息群的核心地带，敏感信息与基本人权的天然密切性要求法律应当给予其强化保护。后果方面，不同于个人一般信息，个人敏感信息的泄露可能导致人格受损、引发歧视以及妨害人格尊严，故须从实体与程序两方面对其提供更加严格的保护。[④] 鉴此，类型化保护可以更为精细地平衡信息主体与信息处理者之间的利益关系。比较法上，随着信息化技术的发展，区别规制敏感信息与一般信息渐成国际立法趋势，诸如1981年欧洲理事会颁布的《关于个人数据自动化处理的个人保护公约》、2018年生效的《欧盟一般数据保护条例》以及2018年日本修正的《个人信息保护法》等。于此情境下，我国若仍拒绝承认敏感信息的正当性可能无法与国际个人信息保护立法接轨。

（二）区别规制个人敏感信息与个人一般信息的正当性

以海量信息为基础的大数据处理技术涉及社会生活各个方面，个人信息保护理念也从单方面保护信息主体利益转向合理兼顾信息主体利益与信息处理者利益。面对多元的利益诉求，统一规制个人信息的制度设计显得捉襟见肘，依据信息敏感度的差异将个人信息区别为个人一般信息与个人敏感信息不仅具有理论上的优越性，还具有实践上的可行性。司法实践中，有些法院认为应当对于个人敏感信息予以特殊对待，在"罗某与巢某土地登记纠纷"一案中，法院

---

① 周汉华：《个人信息保护法（专家建议稿）及立法研究报告》，法律出版社2006年版，第79—80页。

② Etzioni Amitai, A Cyber Age Privacy Doctrine: More Coherent, Less Subjective, and Operational, Brooklyn Law Review, vol. 80, no. 4, 2015, p.1282.

③ 杨咏婕：《个人信息的私法保护研究》，吉林大学博士学位论文，2013年，第170—173页。

④ 胡文涛：《我国个人敏感信息界定之构想》，《中国法学》2018年第5期，第241页。

认为，合法权利人对于房屋的相关权属信息属于个人敏感信息，在非法定情形下，未经权利人同意不得公开。[①] 在"朱某与某科技公司隐私权纠纷"一案中，法院认为将个人信息区别为个人敏感信息与非个人敏感信息进而采用不同的知情同意模式，能够在保护个人人格尊严的基础上促进技术的创新。[②] 可以说，个人敏感信息与个人一般信息的区别规制能够成为我国个人信息分类保护的新型规制体系的基础性框架，是适合于我国个人信息类型化保护的理想的路径选择，能够成为重构我国个人信息保护体系的基石。

1. 实现信息保护与信息利用动态平衡

依据利益主体的不同，个人信息保护之利益可以分为信息主体的利益与信息管理者的利益，个人信息保护法的宗旨就在于平衡这两类利益，实现保障人权和促进经济发展的双重目标。[③] 之所以强调信息保护与信息利用具有同等重要的地位，是因为大数据技术逐渐渗入到社会生活各个方面，信息处理技术的迭代更新要求个人信息保护模式应从严格限制信息的收集转向规范信息的合理利用。大数据时代，以海量信息为支撑的信息处理技术决定了个人信息兼具个体性与社会性。个人信息是直接识别或与其他信息结合可识别特定主体的信息，与人的主体性地位及人格尊严密切关联，个人信息的这一特性要求他人应尊重信息主体的个人信息，不得非法处理。同时，个人信息还具有社会性，具体表现在社会交往与社会发展两个方面，互联网时代人与人之间的信息往来日益频繁，在日常的人际交往与社会生活中，个人需要不断地与他人交换信息；另一方面，社会的有序发展离不开个人信息提供的动力支撑，一味强调个人信息保护而忽视个人信息利用将阻碍正常的经济生活秩序，在合理范围内促进信息自由流通不仅有利于社会公共利益的实现，也符合信息主体的利益。[④]

实际上，信息自主与信息自由同属受到法律保障的基本权利，两者具有相同的位阶，并无优劣之分，个人信息保护立法需要妥当调和信息保护与信息利用之间的关系。[⑤] 立足于我国现实实际，区别规制个人敏感信息与个人一般信息是实现信息保护与信息利用动态平衡的最优解。《个人信息保护法》第二十八

[①] 参见江苏省南京市中级人民法院〔2020〕苏 01 行终字第 480 号行政判决书。

[②] 参见江苏省南京市中级人民法院〔2014〕宁民终字第 5028 号民事判决书。

[③] 齐爱民:《拯救信息社会中的人格：个人信息保护法总论》，北京大学出版社 2009 年版，第 207 页。

[④] 程海玲:《108 号公约现代化与个人信息收集合法性依据的重构》，《时代法学》2019 年第 6 期，第 109 页。

[⑤] 王泽鉴:《人格权法：法释义学、比较法、案例研究》，北京大学出版社 2013 年版，第 213 页。

条规定，个人敏感信息是一旦泄露或者非法使用，容易导致自然人的人格尊严受到侵害或者人身、财产安全受到危害的个人信息。根据个人敏感信息的定义可知，个人敏感信息与个人一般信息的区分体现了个人信息实质意义上的差异性，较之于个人一般信息，侵害个人敏感信息对信息主体造成的损害更为严重，因而需要对其予以更严格的保护。具体来说，由于个人敏感信息与信息主体的人格尊严以及人格自由密切相关，非法收集或不当利用敏感信息可能对信息主体的人身权益和财产权益造成严重损害，这要求我们加强敏感信息的法律保护，不得任意处理敏感信息，除非获得信息主体的同意或存在其他正当性事由。同时，个人的生活交往以及社会的存续发展离不开个人信息的收集与利用，一概禁止个人信息处理活动不符合时代发展的现实需求。有鉴于此，对于与信息主体联系不甚紧密的个人一般信息需要采取较低的保护程度，而主要关注于其在社会生活中的流转与利用，有利于促使大数据技术真正造福人类。

2. 缓和知情同意规则的僵硬性

知情同意原则又称"告知后同意"，其最先缘起于医疗领域。第二次世界大战结束后，人们开始反思二战中人体试验的非人道行为，遂于《纽伦堡法典》（*The Nuremberg Code*）规定开展人体试验必须获得受试者的自愿同意，1964 年的《赫尔辛基宣言》（*Declaration of Helsinki*）则明确提出"知情同意"（Informed consent）这一概念。随着实践的发展，个人信息领域也强调知情同意原则的贯彻，1973 年美国"公平信息实践原则"更是明确将知情同意原则确立为信息收集的基本原则。我国现行法体系下，《民法典》第一千二百一十九条、《网络安全法》第四十一条、《人类遗传资源管理条例》第十二条等都要求保障权利人的知情同意权，以维护基本的人格尊严。

知情同意原则是私的自治原则在个人信息保护领域的具象化表达，自主做出决定与自愿承担风险是私的自治的重要体现，尊重个人自主决定是否接受信息处理可能造成的风险形塑了个人自治空间，法律对于信息主体真实的意思表示应予尊重，不得任意干涉。随着大规模信息处理行为的不断增长，同意作为信息处理的正当性基础受到挑战。知情同意原则植根于私的自治理论，该理论预设信息主体只有充分了解信息处理目的才能决定是否将信息移交给信息处理者。然而，大数据环境中信息处理的复杂性，尤其是自动化决策技术的运用，增加了信息主体理解与选择的难度。有效的同意以信息主体充分了解相关事项为前提，实践中信息主体为节约时间成本很少或几乎不会仔细阅读冗长而繁杂的隐私协议，或者囿于自身的有限理性以及专业知识的匮乏难以充分理解相关条款的含义，这些现实因素的存在降低了同意的效力性。实践中，由于信息主体与信息处理者在市场地位、议价能力等方面的实质不对等，面对处于优势地位的信息处理者，信息主体即使认识到隐私协议的不合理性也很难享有绝对的选择权，大多数情况下，信息主体为获得信息处理者提供的应用服务不得不接受明显不合理的隐私政策。对于信息处理者来说，事无巨细地获取信息主体的同意存在较大难度，烦琐的同意程序阻碍了信息自由流通，不利于信息技术及信息经济的发展。过于频繁地向信息主体告知变更事项不仅增加了信息处理者的工作负担，也一定程度上干扰了信息主体的正常生活。

面对知情同意规则的现实困境，理论界主张放弃知情同意规则的声音愈来愈多。比较法上，1999 年美国国会通过的《格莱姆里奇布莱利法案》（GLBA/ *Gramm-Leach-Bliley-Act*）确立了"选择退出"（Opt-out）机制，宣称金融机构在一定情形下可以向非关联第三方提供非公开的个人信息，除非消费者事先明确表示禁止该信息披露给第三人。[①] 此后，"选择退出"机制在个人信息保护领域日益受到重视，并发展为美国个人信息处理活动的指导性原则。"选择退出"机制允许信息处理者在未经信息主体同意或授权的情形下处理他人的个人信息，除非信息主体明确表示反对信息处理活动。毋庸置疑，"选择退出"机制为美国信息产业的发展创造了有利条件，但就我国而言，"选择退出"机制无法也不应当成为知情同意规则的替代物，罔顾信息主体合法权益的保护而一味追求信息经济的发展显然违背了我国个人信息保护的立法初衷。

大数据时代，知情同意规则产生了诸多弊端，但"一刀切"地否定知情同意要件的正当性未免行之过远。我国现行法律体系中，《网络安全法》第四十一条、《民法典》第一千零三十五条以及《个人信息保护法》第十三条等相关规范均强调对于个人信息的处理应当获取信息主体的同意，表明我国立法仍旧承认知情同意规则在信息处理过程中具有举足轻重的作用，若全盘否定同意要件不符合法的安定性考量。同意是信息主体在全面评估相关风险之后做出的允许信息处理者处理其个人信息的意思表示，有利于保障信息主体对个人信息的自主控制与支配。知情同意规则在大数据时代遭遇困境的根本原因在于传统的知情同意规则忽视了个人信息的差异性，个人信息范围广泛、类型众多，信息处理行为更是涉及多样化的情境，这使得个人信息面临的风险是不同的，忽略上述

---

① See The Gramm-Leach-Bliley-Act, 15 U. S. C. § 6802 (1999).

多样性和复杂性而寻求整齐划一的同意规则是不合理的。[①] 对此，较为妥适的做法是根据个人信息的差异性区别适用同意规则，以信息敏感度为标准将个人信息界分为敏感信息与一般信息进而适用不同的同意规则可以缓和知情同意规则面临的尴尬处境。具体来说，对于个人敏感信息应设置更高的同意标准，处理个人敏感信息须事先获得信息主体明示的同意，否则即是不正当的信息处理行为；而对于个人一般信息则可以相对淡化同意要求，若信息主体未明确表示拒绝的，则为正当的信息处理行为。

（三）个人敏感信息与个人一般信息的界分

目前，关于个人敏感信息与个人一般信息的界分，学界主要存在"隐私论""风险论"以及"综合论"等不同的观点。"隐私论"主张以是否涉及隐私为标准，可以将个人信息区分为敏感信息与非敏感信息，个人敏感信息指与隐私相关的个人信息，相反，则为个人一般信息。[②] "风险论"主张个人信息的"敏感性"与风险性紧密相关，[③] 相较于个人一般信息，个人敏感信息被不法披露时更容易造成损害，包括因尴尬而丧失自我的心理伤害、生命或健康受损的身体伤害以及财产损害。[④] 简言之，法律对于个人敏感信息加强保护的主要原因在于滥用此类信息造成伤害的可能性和严重性远远高于其他信息。"综合论"兼采"隐私论"与"风险论"，张新宝教授撰写的《个人信息保护法（专家建议稿）》采取的即是"综合论"，其将敏感信息界定为"因其性质、内容与信息主体的核心隐私相关，或一旦泄露、滥用可能危害信息主体人身和财产安全或引发对信息主体的歧视等不利后果的个人信息"。

"隐私论"以个人信息是否涉及隐私来判定敏感信息，忽视了我国现行法下个人信息与隐私的差异性。从现实层面来说，在我国立法将个人信息与隐私权分别规制的背景下，"隐私论"以个人信息是否涉及隐私来界定敏感信息容易造成体系混乱。虽然侵犯敏感信息可能同时构成隐私权侵害，但公开和传播敏感信息除导致狭义的隐私权侵害外，还可能引发政治或社会上的歧视，妨害人的

---

① 田野：《大数据时代知情同意原则的困境与出路——以生物资料库的个人信息保护为例》，《法制与社会发展》2018 年第 6 期，第 130—131 页。

② 谢永志：《个人数据保护法立法研究》，人民法院出版社 2013 年版，第 16 页。

③ Muge Fazlioglu, Beyond the Nature of Data: Obstacles to Protecting Sensitive Information in the European Union and the United States, Fordham Urban Law Journal, vol. 46, no. 2, 2019, p.273.

④ David L. Mothersbaugh et al., Disclosure Antecedents in an Online Service Context: The Role of Sensitivity of Information, Journal of Service Research, vol. 15, no. 1, 2012, p.77.

尊严和基本权利。[①] 此外，按照"隐私论"的理论逻辑，"隐私论"以隐私内涵的清晰、无歧义为前提，忽视了"隐私"本身就具有多重面向的复杂属性，《民法典》第一千零三十二条首次从立法层面明确界定了隐私的概念，但在具体的生活实践中隐私的内涵仍有待进一步探讨，以此观之，这种迂回曲折的方式不利于敏感信息的准确判定。"综合论"糅合了"隐私论"与"风险论"的精神内核以期为敏感信息提供更周密地保护，但其内含的隐私判定标准无法摆脱上述"隐私论"面临的种种诘问。再者，侵害敏感信息造成的风险已然包括隐私权侵害，于此情形，若仍以是否涉及隐私来判定敏感信息可能徒添混乱。相较而言，"风险论"依据个人信息对于信息主体基本权利和自由的重要性程度或信息的不当处理可能给信息主体造成损害的严重性来判定信息是否具有敏感性回归了敏感信息的本质特性，且一定程度上可以纯化法律体系。从词义学角度来看，《韦氏词典》（*Merriam-Webster*）将信息敏感度解释为对于特定的因素具有高度的反应或者极易受到影响，具体体现在易于受到伤害或损伤，特别是精神上的伤害，就此而言，信息敏感度指个人信息对信息主体可能造成伤害的程度和影响。[②] 此外，"风险"一词具有高度的抽象性与概括性，可以容纳多元的价值评价，能够为敏感信息的具体判定提供弹性化的论辩框架，是以，"风险论"的主张更为合理。

四、个人敏感信息的范围

（一）个人敏感信息的立法考察

1. 域外立法

个人敏感信息是信息科技高速发展的产物，十九世纪六七十年代以降，随着互联网的普及与广泛应用，大规模地信息处理日趋常态化，增加了滥用个人信息的风险。在信息主体的个人信息集群中，尤以敏感信息与人格尊严及人格形象最为紧密相关，为此，强化保护个人敏感信息的思潮逐渐萌发。

立法层面，"个人敏感信息"这一概念可追溯至 1980 年，在起草《关于隐私保护与个人数据跨境流动的指南》（*Guidelines on the Protection of Privacy and Transborder Flows of Personal Data*）过程中，有的专家学者提出应当在指南中

---

① 高富平：《个人数据保护和利用国际规则：源流与趋势》，法律出版社 2016 年版，第 65 页。

② 刘雅琦：《基于敏感度分级的个人信息开发利用保障体系研究》，武汉大学出版社 2015 年版，第 17 页。

增设个人敏感数据。反对者则展开了猛烈地抨击，由于无法确定契合"普世价值观"的个人敏感数据范围，最终文本对此未做规定。1981年欧洲理事会颁布的《108号公约》成为首个以立法形式明确承认敏感信息的国际公约，虽然其在术语上采用的是"特殊种类数据"（special categories of data）而非"敏感数据"（sensitive data），但通说认为"特殊种类数据"只是"敏感数据"的另一种表述，两者并不存在实质意义上的差异。此后，区分规制个人一般信息与个人敏感信息几乎成为欧盟个人信息保护的立法传统，"95指令"、《一般数据保护条例》等相关立法均明确规定对于个人敏感信息与个人一般信息采取差异化的保护措施。美国由于不存在统一的个人信息保护法，亦没有"敏感信息"或"禁止处理的信息"这样的一般性限制，其对于"敏感信息"的保护主要规定在各行业分散式的立法中，且不同领域立法规定的敏感信息范围不尽相同，[①] 这种"政出多门"的立法现状使得美国个人敏感信息的具体保护在实践中龃龉难行。

在保护方式上，欧盟认为应当严格禁止个人敏感信息的处理，除非存在法律规定的例外情形，美国虽然不存在明确的敏感信息分类，但存在一些类似的限制性规定，具体体现在不得以敏感信息作为做出某些决定的依据，否则将被视为歧视性决定。[②] 虽然美国与欧盟都对敏感信息作了特别规定，但两者保护敏感信息的原因是不同的，美国侧重于防止因滥用敏感信息可能导致的严重经济风险，欧盟则认为个人信息保护是一项基本的人权，即使没有严重的经济或人身伤害风险仍应对敏感信息进行强有力的保护。[③]

2. 我国立法

就我国而言，个人敏感信息在我国并不陌生，在《个人信息保护法》出台之前，我国相关规范即对个人敏感信息有所规定，譬如，《信息安全技术、公共及商用服务信息系统个人信息保护指南》（以下简称《信息安全技术指南》）、《非银行支付机构信息科技风险管理指引》、《条码支付业务规范（试行）》、《信息安全技术、个人信息安全规范》（以下简称《个人信息安全规范》）以及《互联网个人信息安全保护指南》等诸多规范性文件或直接或间接规定了个人敏感信息。

---

① 郭瑜：《个人数据保护法研究》，北京大学出版社2012年版，194页。

② 张新宝：《从隐私到个人信息：利益再衡量的理论与制度安排》，《中国法学》2015年第3期，第58页。

③ Nancy J. King, V.T. Raja, what do They Really Know About Me in the Cloud? A Comparative Law Perspective on Protecting Privacy and Security of Sensitive Consumer Data, American Business Law Journal, vol. 50, no. 2, 2013, p. 431.

在《个人信息保护法》出台之前，我国规范层面关于个人敏感信息的具体规定呈现混乱状态，以下简要阐述。首先，个人敏感信息的概念具有模糊性。此前，立法对于个人敏感信息的概念予以明确规定的仅有《信息安全技术指南》以及《个人信息安全规范》。《信息安全技术指南》认为个人敏感信息是指"一旦遭到泄露或修改，会对标识的个人信息主体造成不良影响的个人信息"，《个人信息安全规范》认为个人敏感信息是指"一旦泄露、非法提供或滥用就可能危害人身和财产安全，极易导致个人名誉、身心健康受到损害或歧视性待遇的个人信息"。从中可以发现，虽然立法对于敏感信息的界定存在共通性部分，但也存在不同之处，概念上的不统一可能给现实生活中敏感信息的具体适用带来不便之处。

其次，个人敏感信息的范围不尽一致。现行规范性文件大多采取列举方式厘定敏感信息范围，但在具体列举敏感信息种类时存在差异。《App违法违规收集使用个人信息行为认定方法》主张"身份证号、银行账号、行踪轨迹等"为敏感信息，《信息安全技术指南》认为敏感信息包括"身份证号码、手机号码、种族、政治观点、宗教信仰、基因、指纹等"。个人敏感信息范围的不一致意味着某一信息在该规范中属于敏感信息而根据其他规范则未必属于敏感信息，亦不能获得特殊的保护，可能导致司法适用的混乱。

最后，个人敏感信息的保护规则存在差异。《征信业管理条例》第十四条规定，禁止征信机构采集基因、指纹、血型等敏感信息且未规定任何除外事由，这意味着只要征信机构采集上述敏感信息均是不正当的信息处理行为。《信息安全技术指南》规定原则上禁止收集敏感信息，但信息主体明示同意的除外，换言之，《指南》有条件地承认某些情况下处理敏感信息的正当性。个人敏感信息的保护方式及保护程度直接关系信息主体与信息处理者的切身利益，保护规则的宽严不同可能导致具体个案中当事人援引不同的法规范为自己的利益进行辩护，法官如何进行价值取舍需要进行深入细致地论证。

《个人信息保护法》的颁行标志着我国个人信息保护水平迈上了一个新的台阶，使得个人敏感信息的法律保护有了明确且统一的标尺。关于个人敏感信息的概念，《个人信息保护法》采取了"概括＋列举"的方式进行界定，其认为个人敏感信息是指一旦泄露或者非法使用，容易导致自然人的人格尊严受到侵害或者人身、财产安全受到危害的个人信息，并明确列举了较为常见的敏感信息类型，诸如生物识别、宗教信仰、特定身份、医疗健康、金融账户、行踪轨迹等信息。值得肯定的是，《个人信息保护法》明确将未成年人个人信息认定为敏感信息，进一步扩大了敏感信息的范围，有利于全面保障未成年人身心健康的发展，体现了立法的人文关怀。在具体的保护规则方面，《个人信息保护法》细化了个人敏感信息的处理规则，对于信息处理者的告知义务以及信息主体的同意等诸多方面都设置了更严格的要求，进一步提高了我国个人敏感信息的保护水平。

（二）个人敏感信息范围界定的主要方案及选择

1. 类型化列举

类型化列举是目前大多数国家（地区）立法确定个人敏感信息范围的主要方式，该方法隐含着这样一个假设性的前提，即个人敏感信息的内容或性质具有先天的特殊性，若被不法揭露、滥用等可能造成信息主体严重的人身及财产伤害，因此，可以根据个人信息的内容将个人敏感信息的种类明确列举出来。类型化列举能够为当事人提供稳定的行为预期，增强司法实践的可操作性，也减少了信息处理者不必要的论证负担。

然而，个人敏感信息具有较强的主观色彩，某一信息是否具有敏感性需结合个人主观感受加以判断，这意味着同一信息对某些人来说属于敏感信息，而对其他人来说则未必是敏感信息，[1]类型化列举在规定哪些信息属于个人敏感信息时忽视了对个人主观意愿的尊重。[2]随着社会的发展进步，人们认知观念的更迭会导致个人敏感信息的范围不断调整，之前被认为属于个人敏感信息的可能随着公众对其接受度的提高而不再具有敏感性。信息收集技术的发展使得新型的个人敏感信息不断涌现，以欧盟为例，从《108号公约》到《数据保护指令》以及《一般数据保护条例》，立法不断调整个人敏感信息的范围以适应新时代背景下社会发展衍生的新型敏感信息保护问题，不仅增加了立法成本，也损及了法律的安定性及可预期性。此外，个人信息之间的关联性可能导致某些非敏感信息与其他信息结合之后而具有敏感性。类型化列举无视个人信息的内在关联性以及社会发展的变动性，以静态的视角审视个人敏感信息的范围，存在不足之处。

2. 场景论

为了解决类型化列举在界定个人敏感信息范围时所存在的局限，有学者提

---

① 王叶刚：《个人信息收集、利用行为合法性的判断——以〈民法总则〉第111条为中心》，《甘肃社会科学》2018年第1期，第50页。

② Carlisle Adams, A Classification for Privacy Techniques, University of Ottawa Law & Technology Journal, vol. 3, no. 1, 2006, p.40.

出了"场景论"（Context-based approach），主张个人信息的敏感性不是先验的而是由信息处理的具体场景（context）决定的，某项个人信息敏感与否，无法独立于其所处的场景而个别观察。[①] 由于个人敏感信息紧密依附于场景，这意味着个人信息的敏感性不再是一劳永逸的，而必须不断地在具体个案中重新评价。[②] 还有学者通过实践考察后得出结论，同样的个人信息在该场景中属于敏感信息，而在另一场景中可能并不具有敏感性，由此可见，信息处理的场景决定了个人信息是否具有敏感性。[③]

与类型化列举的思路相反，"场景论"否认个人敏感信息具有先天的特殊性，强调个人信息的敏感性并非源于其自身的性质或内容，而是由信息处理的具体场景决定的，因此，个人敏感信息的范畴处于动态变化之中，试图详细列举个人敏感信息的类型并不现实。"场景论"为法官根据个案具体情境判定个人敏感信息提供了理论支撑，一定程度上可以修正类型化列举所具有的僵硬性与滞后性。然而"场景论"也存在一些难以克服的局限。具体来说，"场景论"完全不考虑个人敏感信息自身的特殊性不仅滋生了滥用敏感信息的现象，也无法为特殊场景下非敏感信息的不法处理提供额外的法律保护。根据"场景论"的运作原理，某一个人信息是否为个人敏感信息只能在特定的场景下即时确定，这使得个人敏感信息的范围存在很大的不确定性，于此情形，个人敏感信息处理规则的预防功能难以得到有效的发挥，因而只能通过事后救济的方式实现个人敏感信息的法律保护。[④] 再者，将个人敏感信息的判定完全交由个案评价不仅增加了法官的工作负担，还可能陷入恣意裁量的危险境地。更为重要的是，信息处理的"场景"并非必然存在，现实生活中不排除与场景无关的（context-free）个人敏感信息存在的可能性。[⑤]

[①] 刘静怡：《社群网路时代的隐私困境：以 Facebook 为讨论对象》，《台大法学论丛》2012年第 1 期，第 9 页。

[②] Spiros Simitis, Revisiting Sensitive Date, https://rm.coe.int/09000016806845af. (Last visited:2020-03-15)

[③] Lokke Moerel, Corien Prins. Privacy for the homo digitalis: Proposal for a new regulatory framework for data protection in the light of Big Data and the internet of things, https://papers.ssrn.com/sol3/papers.cfm?abstract_id=2784123. (Last visited:2020-03-25)

[④] 宁园：《敏感个人信息的法律基准与范畴界定——以〈个人信息保护法〉第 28 条第 1 款为中心》，《比较法研究》2021 年第 5 期，第 41 页。

[⑤] Sabah Al-Fedaghi, Abdul Aziz Rashid Al-Azmi, Experimentation with Personal Identifiable Information, Intelligent Information Management, vol. 4, no. 4, 2012, p.123.

3. 目的论

2005 年，欧洲理事会在有关信息自决的一份报告中率先提出了"目的论"（Purpose-based approach），"目的论"认为，单纯根据信息的内容来确定个人敏感信息可能泛化了敏感信息的范围，例如，姓氏可能揭示个人的种族起源，购买《古兰经》亦可能揭示个人的宗教信仰，但不能认为姓氏及购买《古兰经》都属于个人敏感信息，因此须放弃以信息的性质界定敏感信息的做法，并主张采取"目的论"的方式来认定个人敏感信息，只有当信息处理之目的旨在揭示个人敏感信息时，才能将其认定为个人敏感信息。[①] 与"场景论"类似，"目的论"也反对预先根据个人信息的性质或内容判定敏感信息，认为个人信息是否具有敏感性是由信息处理的目的而非信息本身决定的。[②] 易言之，只有当信息处理之目的旨在揭示他人敏感信息时，该信息才属于个人敏感信息，反之则否。

"目的论"具有一定的积极意义，其减少了琐细案件进入法院的数量，减轻了个人信息保护部门的行政负担。[③] 然而，"目的论"具有一定的局限性，依循"目的论"的推演行径，"目的论"须依托于先行确立的个人敏感信息类型或范围，在未明确哪些个人信息属于敏感信息之前根本无法进一步判断信息处理的目的是否旨在揭示敏感信息。此外，"目的论"还面临着一个难解之题，即应由谁来决定个人信息是否具有敏感性？无论基于信息主体抑或信息处理者的认知来判断信息处理的具体目的都可能出现对另一方保护不足的现象。

4. 比较与选择

由上可知，类型化列举与"场景论""目的论"的主要争执点在于是否承认某些个人信息具有先天的敏感性，主张类型化列举的学者认为个人敏感信息的内容或性质具有先天的特殊性，可预先将这些敏感信息列举出来。"场景论"与"目的论"则认为个人信息本身是中性的，不存在先天即具有敏感性的个人信息。其中，"场景论"认为信息处理的场景决定了信息的敏感性，"目的论"则主张信息的敏感性是由信息处理的目的决定的。

笔者认为，受社会文化或传统观念的影响，一定时空范围内的人们已经对

---

① Yves Poullet, Jean-Marc Dinant & Cécile de Terwangne, Report on the Application of Data Protection Principles to the Worldwide Telecommunication Networks: Information self-determination in the internet era: Thoughts on Convention No. 108 for the purposes of the future work of the Consultative Committee (T-PD), T-PD (2004) 04 final, http://www.crid.be/pdf/public/6391.pdf. (Last visited:2020-04-11)

② Karen McCullagh, Data Sensitivity: Proposals for Resolving the Conundrum, Journal of International Commercial Law and Technology, vol. 2, no. 4, 2007, p.199.

③ Wong Rebecca, Data Protection Online: Alternative Approaches to Sensitive Data, Journal of International Commercial Law and Technology, vol. 2, no. 1, 2007, pp.12-13.

某些敏感信息形成了普遍的认可，通过立法明确规定个人敏感信息的类别并设立特殊的保护规则可为人们提供稳定的行为预期，同时彰显了严格保护个人敏感信息的价值取向。在具体适用过程中，类型化列举能够为法官提供统一的裁判标准，避免个案中因尺度不一而导致敏感信息界定不清，甚至"同案不同判"的非正义现象。[①]因之，若完全放弃类型化列举转而全面采纳"场景论"或"目的论"，可能使得敏感信息的判定过于弹性化，且将敏感信息的认定与保护完全交由法官自由裁量可能滋生极大的不确定性，反而不利于敏感信息的保护。从路径依赖及立法成本考虑，我国应采取类型化列举的方式确定个人敏感信息的范围，但由于敏感信息的认定无法脱离社会环境及信息主体的意愿而单独存在，因此该列举清单应是非详尽性的，具体个案中须充分考量社会实践的发展及其他因素灵活调整敏感信息的范围。值得肯定的是，《信息安全技术 公共及商用服务信息系统个人信息保护指南》第3.7条以及《个人信息保护法》第二十八条对于敏感信息的范围采取了"类型化列举＋动态考量"的界定方式，在具体列举敏感信息种类之后又设置了兜底条款，为新型敏感信息的纳入预留了渠道，使得敏感信息的范围具有开放性与动态性，可以更灵活地适应社会发展变化。

须注意的是，立法在具体列举个人敏感信息种类时应当立足于我国现实环境与文化传统，比较法所认可的个人敏感信息类型并非都适用于我国。此外，根据个人信息的内容或性质列举敏感信息可能让人产生这样一种误解，即被明确列举为敏感信息的信息类别在任何情况下都具有敏感性，但情况并非总是如此。个人敏感信息的"敏感性"可能会随其处理场景的不同而变化，某些敏感信息在特定的处理场景下可能并不具有敏感性，也无需更严格的保护。[②]因而，即使是立法明确列举的个人敏感信息，在特定情况下仍需结合具体情境、信息处理目的等因素加以判断。

对于尚未被立法明文规定为个人敏感信息但符合敏感信息特性的，是否将其纳入敏感信息范畴应综合考量多种因素加以确定，诸如信息是否会造成损害、信息导致损害的概率、信任关系的存在与否以及是否反映了大多数人的担忧

[①]　田野、张晨辉:《论敏感个人信息的法律保护》,《河南社会科学》2019年第7期，第46页。

[②]　Lokke Moerel, Corien Prins, Privacy for the homo digitalis: Proposal for a new regulatory framework for data protection in the light of Big Data and the internet of things, https://papers.ssrn.com/sol3/papers.cfm?abstract_id=2784123,p.11. (Last visited:2021-03-19)

等。①我国有学者主张判定个人信息的敏感性除了考察信息本身的内容外，还要综合评价信息控制者的利益、信息接收者收集和处理信息的目的、信息处理的特定情形以及信息处理对相关当事人的影响等多种因素。②从根本上来说，个人敏感信息的范围的确定在于如何合理平衡信息保护与信息利用这两大基本价值。从信息保护方面来说，需要考量信息与信息主体联系的紧密性、信息造成伤害的可能性及严重性等；从信息利用方面来说，需要考量信息收集的目的、信息处理的正当性等。不同考量因素具有不同的作用力度，或指向信息主体一方或指向信息处理者一方，特定个案中哪些因素将被纳入、各因素作用力度的大小等须视具体情境加以判定，力求达致妥适的利益平衡状态。

（三）个人敏感信息与私密信息的关系

自《108 号公约》以后，个人敏感信息得到愈来愈多国家（地区）立法的承认，区分规制敏感信息与一般信息成为类型化保护个人信息的主要模式。相较而言，我国现行规范对于个人信息的类型化保护尚未形成一致的共识，其中，尤以个人敏感信息与私密信息的关系最具争议。根据《民法典》一千零三十二条、一千零三十三条、一千零三十四条可知，《民法典》将个人信息区分为私密信息与非私密信息，遗憾的是，《民法典》并未明确规定何为私密信息。《个人信息保护法》没有遵循《民法典》的立法进路，而是采取了个人一般信息与个人敏感信息的区分规制方式，并对"敏感信息"的概念、保护规则等予以明文规定。由此不免让人心生疑惑：敏感信息与私密信息究竟是同一事物还是不同事物？准确厘定两者的关系事涉敏感信息在具体实践中适用的顺畅性。

关于敏感信息与私密信息的关系，目前学术界的认识比较混乱，大致存在"同一论""交叉论""独立区分说"以及"隐私包含说"等不同的观点。"同一论"认为，个人敏感信息的本质是隐私信息。③张新宝教授也认为，尽管个人敏感信息与私密信息在概念上可能不统一，但实际表述的意思是一致的，本质上都是指信息主体不愿为他人知晓的信息。④还有学者认为，敏感信息与私密信息基本含义以及基本功能相类似，其核心思想均在加强隐私信息的保护，应当

① Paul Ohm, Sensitive Information, Southern California Law Review, vol. 88, no. 5, 2015, pp.1161-1170.
② 孔令杰：《个人资料隐私的法律保护》，武汉大学出版社 2009 年版，第 207—208 页。
③ 王鹏鹏：《论个人信息区分的私法保护》，《大连理工大学学报（社会科学版）》，2022 年第 3 期，第 97 页。
④ 张新宝：《个人信息收集：告知同意原则适用的限制》，《比较法研究》2019 年第 6 期，第 9 页。

将敏感信息与私密信息合并，没有必要过度区分。[①]"交叉论"认为，敏感信息与隐私信息不能简单地画等号，因为二者是基于不同的视角进行的类型化划分，敏感信息强调信息对个人利害关系影响的重要性，而隐私信息则强调信息的私密性，二者虽有重叠部分但并不是完全相吻合的。[②]"独立区分说"认为，私密信息与敏感信息是相互分离的，二者不存在交叉重合的可能。[③]"隐私包含说"认为，私密信息与敏感信息是包含与被包含的关系，敏感信息是私密信息的具体内容之一。[④]

关于上述争议，"同一论"与"隐私包含说"都否定了敏感信息的独立性地位，不仅违背了我国现行的规范体系，也与基本的法理基础不相符合。与之相反，"独立区分说"则完全割裂了敏感信息与私密信息的关系，有从一个极端走向另一个极端之嫌。相较而言，"交叉论"的观点更为合理。需注意的是，虽然敏感信息与私密信息存在重合之处，基因信息、医疗信息、生物识别信息等个人信息既属于敏感信息，也属于隐私信息，但两者所侧重保护的利益存在差异。私密信息着重于保护信息不为他人所知的非公开性，旨在维护个人不受外界干扰的隔绝状态，是从一种较为客观、中立的角度加以确定的，通说认为对于已公开的个人信息无法援引隐私权加以保护。敏感信息则立足于信息对于信息主体的重要性程度，旨在保护个人免受可能的信息侵害，是从信息主体的主观视角来加以判定的。因之，敏感信息与私密信息是不同价值取向的产物，两者在外延上存在一定的重合，但无法互相取代。

---

① 林传琳、宋宗宇:《个人信息保护的民法定位与路径选择》,《甘肃社会科学》2021 年第 4 期, 第 210—211 页。

② 刘海安、张雪娥:《论个人信息的保有权能:从该权能的存废展开》,《河南社会科学》2019 年第 10 期, 第 78—79 页。

③ 王利明:《敏感个人信息保护的基本问题——以〈民法典〉和〈个人信息保护法〉的解释为背景》,《当代法学》2022 年第 1 期, 第 6 页。

④ 房绍坤、曹相见:《论个人信息人格利益的隐私本质》,《法制与社会发展》2019 年第 4 期, 第 108 页。

第四章　类型化视域下个人信息侵权责任的构成

一般认为，行为人承担侵权责任是有条件的，不能无故地将损害赔偿责任加诸他人，只有满足侵权责任的构成要件，才能要求行为人承担侵权责任。侵权损害赔偿之所以要求严格的责任构成，其价值和功能在于，作为损害后果的分配标准，可以实现损害后果的分配正义，从原告视角来看，侵权责任之构成作为原告损害赔偿请求权的基础，能够有效保护原告的合法权利，避免滥诉行为的发生；从被告视角来看，侵权责任已不构成作为被告的抗辩理由，能够有效维护个体权益和社会一般人行为自由之间的平衡。[①]

第一节　二元归责原则的确立

一、现行立法规定及其不足

关于个人信息侵权的归责原则，《民法典》未有明确性的条文规定，解释论上，可以认为《民法典》将个人信息侵权行为默认为一般侵权行为，其归责原则应为过错责任原则。然而，根据传统的过错责任原则的证明规则，受害人需就侵权行为人主观上存在过错承担举证责任，如果受害人不能对侵权行为人的主观过错予以证明，则其可能承担败诉风险，从而不能得到法律的有效救济。实践中，相较于信息处理者，信息主体处于明显的劣势地位，将侵权行为人主观过错的证明责任课以受害人，无异于阻碍了受害人获得救济的法律途径。对此，《个人信息保护法》关于个人信息侵权的归责原则做出了一定的改变，但在立法过程中，其具体的条文规定则历经多次变动。《个人信息保护法（一次审议

[①]　姚辉、邱鹏：《侵权行为法上损害概念的梳理与抉择》，载陈小君主编：《私法研究》（第7卷），法律出版社2009年版，第44页。

稿）》第六十五条曾规定"个人信息处理者能够证明自己没有过错的，可以减轻或者免除责任"，这一条文可以分解为两个部分：其一，信息处理者能够证明自己没有过错时可以免除责任；其二，信息处理者能够证明自己没有过错时可以减轻责任。其中，"能够证明没有过错时则免除其责任"的规定符合过错推定责任的基本内涵，但其同时又规定"能够证明自己没有过错时可以减轻责任"，也就是说，信息主体即使能够证明自己没有过错仍要承担民事责任，这明显违背了过错推定原则的基本要义。对此，立法者似乎也认识到了一次审议稿对于个人信息侵权归责原则的表述有欠妥当，遂于《个人信息保护法（二次审议稿）》进一步规范了表达方式，其规定"个人信息权益因个人信息处理活动受到侵害，个人信息处理者不能证明自己没有过错的，应当承担损害赔偿等侵权责任"。相较于一次审议稿，二次审议稿删除了"减轻责任"，这意味着信息处理者不能证明自己没有过错的须承担侵权责任，反之，如果信息处理者能够证明自己没有过错的则不承担责任。《个人信息保护法》正式文本沿袭了二次审议稿的立法精神，但在条文表述方面进行了一定的优化，该法第六十九条明确规定"处理个人信息侵害个人信息权益造成损害，个人信息处理者不能证明自己没有过错的，应当承担损害赔偿等侵权责任"。

由上可知，我国目前立法关于个人信息侵权采取的是一元的过错推定责任原则，客观地说，过错推定责任原则有其一定的合理性。大数据背景下，信息主体与信息处理者在技术、资金、能力等各方面存在较大差异，要求信息主体证明信息处理者存在过错与现实不符，难以实现救济信息主体之目标。过错推定责任原则主张信息处理者损害信息主体合法权益的，即推定其主观上存在过错，并不要求信息主体提供证据加以证明，能够有效缓解信息主体的证明负担，及时救济信息主体的受损权益。然而，单一的过错推定责任原则在具体运用过程中存在不足之处。首先，单一的过错推定责任原则难以有效应对复杂的现实实践。实际生活中，个人信息承载着多方主体的正当性利益，一元的过错推定责任无视个人信息本身的客观差异性以及信息处理过程的烦琐性，无法有效解决复杂的个人信息侵权纠纷。其次，单一的过错推定责任原则可能存在价值选择上的失衡。个人信息不仅关系信息主体的个人利益，亦是信息产业与信息社会发展的必备要素，良好的个人信息侵权归责原则应当合理兼顾信息保护与信息自由。一元的过错推定责任原则不区分个人信息处理的具体情形，在强调保护信息主体利益的同时忽视了信息处理者的利益与社会公共利益，这种偏执一端地保护一方主体的利益无视他方利益的做法，在价值理念设置上有失妥当。

二、个人信息侵权归责原则的理论争议与检讨

目前，学者对于个人信息侵权的归责原则各执己见，尚未形成一致的认识，通过梳理相关文献，可以将既有观点归纳为"一元归责论""二元归责论"以及"多元归责论"等。以下阐述之。

（一）一元归责论

"一元归责论"主张根据某种单一标准来确定个人信息侵权责任的归属，"一元归责论"之下，又存在"过错责任一元论""过错推定责任一元论"以及"无过错责任一元论"等不同主张。"无过错责任一元论"认为，个人信息侵权应当统一适用无过错责任，受害人请求信息处理者承担损害赔偿时无须证明信息处理者存在过错，信息处理者只有在符合法定的免责事由时才能免除责任。①"过错推定责任一元论"认为，个人信息侵权应当采用过错推定原则，如果信息处理者违反个人信息处理必须遵守的行为规则给当事人造成损害的，应当承担损害赔偿责任，除非其能证明自己对于损害的发生没有过错，②这是因为大数据时代个人信息处理具有规模化、深度化等特点，相较于信息处理者，信息主体处于弱势地位，因此采用过错推定原则是较为合理的。③"过错责任一元论"则认为，个人信息侵权应当适用过错责任原则，因为个人信息侵权行为属于一般侵权行为，并不具有特殊性。④

实践中，欧盟《一般数据保护条例》第八十二条规定"任何因为违反本条例而受到物质或非物质性伤害的人都有权从控制者或数据者那里获得对损害的赔偿，但如果控制者或处理者能够证明自己对引起损失的事件没有任何责任，那么可以免除其责任"。可见，《一般数据保护条例》对于个人信息侵权统一适用过错推定责任原则。与欧盟类似，2020 年修正的韩国《个人信息保护法》在个人信息侵权归责问题上采取的亦是过错推定责任原则，该法第三十九条第（一）款规定"个人信息处理者因违反本法规定给信息主体造成损害的，信息主体有权向信息处理者请求损害赔偿，信息处理者无法证明其不存在故意或过失的，不得免除损害赔偿责任"。

---

① 程啸：《论侵害个人信息的民事责任》，《暨南学报（哲学社会科学版）》2020 年第 2 期，第 43 页。

② 刘迎霜：《大数据时代个人信息保护再思考——以大数据产业发展之公共福利为视角》，《社会科学》2019 年第 3 期，第 108—109 页。

③ 任龙龙：《大数据时代的个人信息民法保护》，对外经济贸易大学博士学位论文，2017 年，第 94 页。

④ 杨立新：《侵害公民个人电子信息的侵权行为及其责任》，《法律科学》2013 年第 3 期，第 148 页。

（二）二元归责论

不同于"一元归责论"单一性的思维方式，"二元归责论"主张区别个人信息侵权的不同情形适用不同的归责原则，至于以何种标准作为归责的基础，理论界主要存在"主体归责"与"技术归责"两种不同的观点。支持"主体归责"的学者认为，应当根据信息处理者的性质区别适用个人信息侵权的归责原则，具体来说，以是否行使国家权力、履行国家职责为标准可将信息处理者划分为国家机关和非国家机关，国家机关适用无过错责任原则，而非国家机关则适用过错责任原则。[1] 还有学者则认为，国家机关侵害个人信息权的适用无过错责任原则，非国家机关侵害个人信息权的适用过错推定原则。[2] 主张"技术归责"的学者认为，应当根据信息处理者是否采用了数据处理技术区别适用归责原则，对于采用数据处理技术的信息处理者适用过错推定原则，而对于未采用数据处理技术的侵权者则适用过错责任原则。[3]

（三）多元归责论

"多元归责论"认为，网络社会具有多元性、复杂性，应当根据个人信息处理的不同样态适用不同的归责原则，从而合理界定行为自由与民事权益的界限，实现网络人际的动态平衡。[4] 对此，尹志强教授主张根据个人信息侵权主体的不同分别确定归责原则，对于网络服务提供者的网络侵权行为采取过错推定原则；对于个人信息披露者的侵权行为采纳无过错归责原则；对于个人信息管理者的侵权行为则需要区别国家机关和非国家机关而采用不同的归责原则，其中，国家机关侵害个人信息的应当采用无过错归责原则，非国家机关侵害个人信息的则适用过错推定原则。[5] 叶名怡教授则认为，应当根据侵权主体及其是否采用自动数据处理技术适用不同的归责原则，具体来说，对于采取自动化处理技术的公务机关的侵权行为应当适用无过错原则；对于采用自动化处理系统的非公务机关实施的信息侵权适用过错推定原则；而对于没有采取自动数据处理系统的数据处理者则适用一般过错原则。[6]

---

[1]　齐爱民：《个人信息保护法研究》，《河北法学》2008 年第 4 期，第 19 页。

[2]　王兵、郭磊：《网络社会个人信息侵权问题研究》，《西南交通大学学报（社会科学版）》2011 年第 2 期，第 13 页。

[3]　陈吉栋：《个人信息的侵权救济》，《交大法学》2019 年第 4 期，第 49—51 页。

[4]　刁胜先：《论个人信息网络侵权责任多元归责原则之确立基础》，《重庆邮电大学学报（社会科学版）》2015 年第 3 期，第 45 页。

[5]　尹志强：《网络环境下侵害个人信息的民法救济》，《法律适用》2013 年第 8 期，第 13—14 页。

[6]　叶名怡：《个人信息的侵权法保护》，《法学研究》2018 年第 4 期，第 93—95 页。

（四）学说检讨

"一元归责论"主张以单一的归责原则来统领个人信息侵权的救济，存在诸多不合理之处，前文已有论述，此不赘述。以下重点检视"二元归责论"与"多元归责论"。"二元归责论"主张个人信息侵权的归责原则应当根据信息主体的性质或信息主体是否采取了自动化信息处理技术而适用不同的归责原则，实践中，二元归责原则得到了一定的贯彻，譬如，我国台湾地区的"个人资料保护法"则将信息处理者区别为"公务机关"与"非公务机关"适用不同的归责原则，"公务机关"侵害个人信息的适用无过错责任原则，"非公务机关"侵害个人信息的则适用过错推定责任原则。2018年德国新修订的《联邦数据保护法》同样采取了二元归责原则，该法第八十三条依据信息处理者是否采取了自动化处理技术区别适用归责原则，如果信息处理者基于自动化处理技术侵害信息主体合法权益的承担无过错责任，相反，如果信息处理者非基于自动化处理技术侵害信息主体合法权益的则承担过错推定责任。不可否认，采取自动化处理技术的信息处理者具有更强的信息处理能力，因而在信息处理过程中更容易侵害他人个人信息，且造成的损害也较大，但以是否采取自动化处理技术为依据区别适用归责原则忽视了社会现实情况。随着信息化技术的快速发展，自动化信息处理技术不再为某些寡头企业所垄断，行政机关、零售业者甚或普通个人，都可能运用自动化信息处理技术来处理信息。易言之，自动化信息处理技术的应用愈益普遍，以信息处理者是否采纳了自动化处理技术为标准区别适用归责原则是否具有合理性，有待商榷。此外，根据信息处理者的性质区别适用归责原则不符合现实实际，公务机关并不必然比非公务机关拥有更多的信息资源以及更强的信息处理能力，且公务机关一般负有信息披露义务，对公务机关课以更严重的责任可能阻遏公务机关披露信息的积极性。

相比于"一元归责论"以及"二元归责论"，"多元归责论"主张更为精细化地考量具体情形以适用不同的归责原则，具有一定的合理性。然而，"多元归责论"在形式层面与价值层面都面临较大挑战。形式上，"多元归责论"这种复杂的归责思路给审判实践中归责原则的具体适用增加了难度，法官需要仔细甄别案件的情形，充分论证适用具体归责原则的妥当性。在我国社会公众信息素养普遍不高的社会背景下，"多元归责论"不利于社会公众快速有效地理解具体的归责情形与归责事由，可能成为信息主体寻求司法救济以及接受相关司法裁决的阻碍。大数据时代，个人信息的流转、共享几乎成为常态化社会现象，个人信息侵权可能同时涉及多个信息处理者，"多元归责论"增加了信息主体的证明负担，不利于信息主体权益的保护。价值层面，"多元归责论"的核心要义仍在于根据信息处理者是否为公务机关，以及信息处理者是否采取了自动化信息处理技术来区别适用归责原则，如前所述，这种归责路径存在不可避免的缺陷，无法直面社会现实的诘难。

三、二元归责原则的基本要义及具体展开

（一）二元归责原则的基本要义

美国大法官霍姆斯曾言，合理的政策判断应是让损失停留于它们所发生之处，除非有需要进行干涉的特殊理由，而最常见的理由就是行为人具有可归责性。[①] 也就是说，从社会总成本角度考虑，损害原则上由受害者自行承担，除非存在将之转嫁于他人的正当性事由，该正当性事由即为归责的基础。侵权法作为权利救济法，其核心是归责，根据什么样的基础来确定责任的归属反映了侵权法基本的价值取向。[②] 关于归责的基本内涵，王利明教授认为，归责是法律价值判断的具体体现，其是指行为人致他人损害以后，应以行为人的过错还是应以已发生的损害结果为价值判断标准，抑或以公平考虑等作为价值判断标准，而使行为人承担侵权责任。[③] 还有学者认为，法律意义上的归责是指从法律价值层面来判断某人对于某种法律现象的发生是否应承担法律责任。[④] 可见，归责不是单纯的事实判断，而是蕴含多元的价值因素，其本质在于侵害人与受害人的利益冲突及价值衡量。个人信息侵权中归责原则的确定，事关信息主体与信息处理者合理利益范围的界定。

个人信息所承载的利益形态具有多元性与复杂性，个人信息是信息主体个人身份与个人特征的信息化表达，是信息主体参与社会生活的重要媒介，随着云计算、大数据逐渐渗入到社会生活各个方面，在日常的人际交往与社会生活中，个人需要不断地与他人交换信息，以便开展正常的社会交流活动。大数据时代，个人信息的价值不再单纯地来自其基本用途而更多源于信息的二次利用，很多信息在收集之时并无意用作其他用途，最终却产生了很多创新性的用途。[⑤]

---

① [美]霍姆斯：《普通法》，冉昊、姚中秋译，中国政法大学出版社 2006 年版，第 44—45 页。

② 叶金强：《风险领域理论与侵权法二元归责体系》，《法学研究》2009 年第 2 期，第 38 页。

③ 王利明：《侵权行为法研究》（上卷），中国人民大学出版社 2004 年版，第 193—194 页。

④ 孔祥俊：《论侵权行为的归责原则》，《中国法学》1992 年第 5 期，第 70 页。

⑤ [英]维克托·迈尔－舍恩伯格，肯尼斯·库克耶：《大数据时代：生活、工作与思维的大变革》，盛杨燕、周涛译，浙江人民出版社 2013 年版，第 197 页。

由于个人信息蕴含着巨大的利用价值，公务机关与非公务机关频繁收集大量信息以改善行政管理或提供更好的服务，社会对于信息利用的客观需求愈益提高，个人信息成为信息化社会构建不可或缺的基础性资源。因此，在确定个人信息侵权归责原则时需要综合考量信息主体与信息处理者的利益关系，在保护信息主体利益的基础上兼顾信息处理者的利益。

现实生活中，个人信息外延广泛，不同类型的个人信息与信息主体的紧密度是不同的，需要区别个人信息的类型适用不同的归责原则。由于过错责任原则与无过错责任原则形成了归责原则的闭环，能够涵盖所有的侵权行为类型，[①]鉴此，应当根据被侵害的对象分别适用过错推定责任原则与无过错责任原则。具体而言，个人敏感信息与信息主体人身权益密切相关，不当处理个人敏感信息可能侵害信息主体的人格尊严、人身自由等重要人身权益。与之不同，个人一般信息则更多地承载社会交往功能，是信息主体参与社会生活的重要媒介。从价值衡量的角度来说，相较于个人一般信息，法律应当对于侵害个人敏感信息的不法行为施加更严重的侵权责任。因之，对于侵害个人一般信息的应当适用过错推定责任原则，而对于侵害个人敏感信息的则适用无过错责任原则。

（二）个人一般信息——过错推定责任原则

纵观人类历史的发展，鼓励人们善意的行为是社会一直以来的价值追求，为保障行为人的行为符合人们的共同期待，法律对于非善意的行为予以惩处。早期立法遵循的是结果责任，只要行为人的不法行为损害了他人的合法权益即须承担相应的责任，至于行为人的主观状态如何，并不属于考虑范畴之事。随着社会生产力水平的提高，公众对于自由的需求日益增强，为保障充足的行为自由空间，促进人格自由发展，过错责任原则应运而生。

过错责任原则是指以过错作为确定责任归属的依据，其包括两个方面的含义，一是如果侵权责任的其他构成要件都满足，且不存在免责事由的情形下，只要行为人主观上存在过错，就认为其应当承担侵权责任；二是在没有过错的情况下，即使其他要件均满足，但如果不存在过错，则不能给行为人施加责任。[②]过错是行为人主观心理状态的可非难性，将过错作为责任承担的依据源于过错在伦理道德上的负面评价，以及行为人自主意志的控制能力。具言之，行为人本可以控制自己行为并使其朝着良好行为的方向发展却不法侵害他人权益，

---

① 最高人民法院民法典贯彻实施工作领导小组主编：《中华人民共和国民法典侵权责任编理解与适用》，人民法院出版社2020年版，第204页。

② 王成：《侵权法归责原则的理念及配置》，《政治与法律》2009年第1期，第79页。

因而具有归责的基础。意志自主是人作为理性动物区别于其他动物的首要特征，理性主体能够摆脱外在于意志的自然需要和自然倾向的支配，而按原则来行动、对行动做出评价并颁布适用于自己和他人的道德律令。[①]其认为人作为自己意志的主宰者，应当合理控制自己的行为，使其行为合乎社会基本的规范，法律对于不符合社会基本行为规范的行为予以严厉打击与制裁。过错责任强调行为人主观注意的重要性，对于侵权行为的发生具有一定的预防、威慑功能，调和了权益保护与行为自由之间的紧张关系。

在法律意义范畴内，推定是指从已知事实推论出未知事实的法律机制与规则。[②]通说认为，推定可以进一步细分为事实推定与法律推定，事实推定的实质是推理或推论，法律推定是指在事实推定的基础上渗入了法律价值和政策需要，从而将事实推定的单纯经验逻辑上升为法律逻辑。[③]就过错推定来说，其是适用过错责任原则的一种方法，过错推定与传统的过错责任所不同者，在于过错推定将主观过错的举证负担以否定的形式分配给加害人一方，避免受害人因无法证明行为人的过错而不能获得赔偿的情形。[④]可见，过错责任与过错推定责任的差异在于负担过错证明责任的主体不同，一般而言，过错责任的证明责任由受害人承担，受害人只有证明行为人存在主观过错时，行为人才承担相应的责任。与之不同，过错推定责任预先推定行为人主观上存在过错，行为人须提供证据证明自己不存在过错，否则行为人即被视为具有过错。因之，过错推定责任仍然以侵害人的过错为归责根据，本质上仍属于过错责任范畴。[⑤]

个人一般信息指除个人敏感信息之外的个人信息，较之于个人敏感信息，个人一般信息与信息主体的人格尊严、人身自由等基本的人格权益较为疏远，而是更多地体现为信息主体社会交往所必需，其社会性属性较为凸显。个人一般信息较强的利用属性决定了，将过错责任原则或无过错责任原则引入个人一般信息侵权领域存在难以克服的障碍。依据传统的过错责任原则，信息主体要求信息处理者承担损害赔偿责任时应当提供证据证明信息处理者存在过错以及过错的具体程度，这对于处于弱势地位的信息主体来说无异于阻隔了其获得救济的可能。就无过错责任原则来说，其减轻了信息主体的证明负担，有利于信息主体的受损权益及时获得救济，有其一定的积极意义。然而，无过错责任原

---

① 费多益：《意志自由的心灵根基》，《中国社会科学》2015年第12期，第58页。
② 龙宗智：《推定的界限及适用》，《法学研究》2008年第1期，第108页。
③ 王雄飞：《论事实推定和法律推定》，《河北法学》2008年第6期，第181—187页。
④ 王卫国：《过错责任原则：第三次勃兴》，中国法制出版社2000年版，第266页。
⑤ 李婧：《侵权法的经济学分析》，知识产权出版社2016年版，第162页。

则在确定侵权责任归属时并不考虑侵权行为人的主观状态，即使信息处理者已经尽到了必要的注意义务，也采取了必要的预防措施，只要其行为造成了信息主体的损害，就必须承担损害赔偿责任。无过错责任原则赋予信息处理者较为严苛的行为标准，很大程度上会抑制信息处理者充分挖掘信息利用价值的积极性，不利于我国信息产业与信息经济的长远发展。因此，为平衡信息主体与信息处理者的利益，对于侵害个人一般信息的行为应当适用过错推定责任原则。具体来说，信息主体有证据证明信息处理者存在侵害其个人信息的行为时即可推定信息处理者存在过错，由信息处理者反证其不存在过错，信息处理者无法提供证据或证据的证明能力没有达到高度盖然性时，则判定其存在过错。

（三）个人敏感信息——无过错责任原则

根据《个人信息保护法》第六十九条之规定，个人信息侵权应当统一适用过错推定责任原则，这种不区分个人信息类型而对所有个人信息予以统一规制的做法存在不足之处。具体来说，一元的过错推定责任原则在规范体系以及评价体系上均面临无法克服的困境。从体系融贯性角度来说，《个人信息保护法》明确将个人信息区别为个人一般信息与个人敏感信息，并对个人一般信息与个人敏感信息的处理规则设置了不同的要求，整体上来看，个人敏感信息的保护强度高于个人一般信息的保护强度。然而，《个人信息保护法》一方面将个人一般信息与个人敏感信息区别对待，另一方面又规定两者适用同样的归责原则，这种"前后不一"的做法在体系逻辑上难以自洽。从价值评价的角度来说，不同于个人一般信息更侧重于个人信息的利用，个人敏感信息关系信息主体最为核心的利益范畴，这要求法律应当对个人敏感信息给予更高的保护强度，将两者的归责原则统一于过错推定责任原则之下，显然违背了《个人信息保护法》区别保护个人一般信息与个人敏感信息的立法目的。可以发现，《个人信息保护法》第六十九条未能就个人敏感信息侵权归责原则做出妥适的安排，属于方法论意义上的隐藏的法律漏洞，这要求我们运用一定的方式对其进行填补。从《个人信息保护法》关于个人敏感信息的保护理念出发，较为妥当的解决路径是对第六十九条的适用范围进行目的性限缩，也就是说，过错推定责任原则仅限定于个人一般信息，而对于个人敏感信息侵权，则有必要引入无过错责任原则。

无过错责任，又称"危险责任"，是指侵权责任的成立并不要求行为人主观上存在过错，只要行为人从事与危险相关的行为致他人损害的，无论其主观上是否存在过错均应当承担侵权责任。无过错责任是随着工业化进程的加快而兴起的新型责任形态，科学技术的迅猛发展以及社会化大生产的运用导致威胁人身、财产安全的不确定因素愈益增多。产品责任、核事故责任等大规模损害事件频频发生，若严格遵从过错责任原则，则受害人可能囿于专业性知识的欠缺或信息的严重不对称而难以证明侵害人主观上存在过错，以至于无法获得救济。基于此，无过错责任应运而生。无过错责任的最大特点在于，行为人的责任仅仅取决于其所掌控的危险是否变成了现实，并不关注行为人在实施行为时是否存在主观上的过错。[①] 可见，不同于过错责任原则体现了国家对于行为人过错的消极评价，无过错责任原则主要体现了国家对于风险的预防和控制，是现代侵权法保护弱者、实现社会公平的重要手段。[②] 然而，由于无过错责任可能对行为人施以较重的责任，过度泛化的无过错责任势必侵蚀行为自由空间，因而社会各界一致认为必须严格限制无过错责任的适用领域。

目前，我国立法明确规定适用无过错责任原则的情形包括污染环境致人损害、因产品存在缺陷造成他人损害以及饲养动物致人损害等，而对于个人敏感信息侵权可否适用无过错责任原则尚未有明文规定。对此，需要进一步分析个人敏感信息侵权是否满足无过错责任适用的条件。关于无过错责任的基本价值理念，王泽鉴先生认为，无过错责任的基本思想在于"不幸损害"的合理分配，是分配正义的体现，无过错责任成立的理由包括以下四点："1. 特定企业、物品或设施的所有人、持有人制造了危险来源；2. 在某种程度上仅该所有人或持有人可控制该危险；3. 获得利益者应负担责任，是正义的要求；4. 因危险责任而生的损害，得经由商品服务的价格机能及保险制度予以分散。"[③] 通过考察个人敏感信息侵权的相关因素可知，其高度满足无过错责任成立的理由。首先，无过错责任或危险责任要求侵害人对于可能造成他人损害的行为或危险源负有责任，行为人客观上开启了危险或者提高了风险发生的可能性，并对于危险的产生与扩大具有控制力。由于个人敏感信息与自然人基本的人格权益与财产安全等重大权益紧密相关，处理个人敏感信息属于法律上的高度危险行为，应当课以信息处理者更严格的法律责任。[④] 在个人敏感信息处理过程中，信息处理者对于危险的发生具有直接的控制力，由其承担无过错责任符合社会一般公众的

① [德] 马克西米利安·福克斯：《侵权行为法》，齐晓琨译，法律出版社 2006 年版，第256 页。

② 孟强：《公平责任归责原则的终结——〈民法典〉第 1186 条的解释论》，《广东社会科学》2021 年第 1 期，第 243 页。

③ 王泽鉴：《侵权行为法》（第一册），中国政法大学出版社 2001 年版，第 16 页。

④ 程啸：《论我国个人信息保护法中的个人信息处理规则》，《清华法学》2021 年第 3 期，第73 页。

合理期待。其次，根据风险与利益相一致的原则，应将风险分配给利益的享有者，这是公平正义的内在要求。根据一般的社会生活经验，信息处理者具有逐利的天然倾向，其收集或利用他人敏感信息的目的在于获取一定的好处，由信息处理者对于不法处理敏感信息产生或可能产生的损害负担责任符合人们朴素的正义观。再者，相较于信息主体，信息处理者更有可能实现损害的社会化分散。现实生活中，信息处理者大多是网络运营商或网络服务平台的经营者，具有较强的经济实力与风险应对能力，信息处理者可以通过提高商品或服务的价格、投保商业保险等相应的措施将不法处理敏感信息引致的损害进一步转移或分散出去。

现阶段，我国《民法典》明确规定对于产品责任、高度危险作业致人损害等某些特殊的侵权行为应当适用无过错归责原则，从而更好地保护受害人的合法权益，在这种价值理念的驱动下，将个人敏感信息侵权归入无过错责任原则体系之下，只是增加了无过错归责原则的侵权行为类型，并未突破现有的法律框架。[①] 从功能主义视角出发，无过错责任是适用于个人敏感信息侵权领域的最优选项。无过错责任在具体构造上不要求信息主体证明信息处理者主观上存在过错，可以极大减轻信息主体的证明负担，有利于解决受害人举证不能之现实困境。从社会整体利益出发，无过错责任对于处理他人敏感信息的行为施加更为严格的侵权责任，一定程度上可以削弱不法行为者侵害个人敏感信息的积极性。

第二节　个人一般信息侵权责任的构成

一、侵害行为

行为是个体内在意志的外在表现，侵害行为是指侵害了受法律保护的人身权益或财产权益而受到法律否定性评价的行为。目前，我国诸多立法均或多或少对于个人信息侵权行为作了相应规定，但不同规范所规制的内容存在差异。实践中，个人信息侵害行为复杂多样，亟须运用类型化的思维方式科学地判定个人信息侵害行为。笔者认为，可以根据个人信息侵害行为发生阶段的不同，将其划分为信息收集阶段的个人信息侵害行为与信息利用阶段的个人信息侵害行为。

---

① 蒋丽华：《无过错归责原则：个人信息侵权损害赔偿的应然走向》，《财经法学》2022年第1期，第41页。

（一）信息收集阶段的侵害行为

个人信息的收集是个人信息利用的前提与基础，由于个人信息关系信息主体的人身权益与财产权益，一般来说严格禁止收集他人个人信息，除非存在正当化事由。根据《民法典》第一千零三十五条以及《个人信息保护法》第十三条之规定，个人信息收集的正当性事由可以分为法定事由与约定事由，法定事由是指法律所规定的无需获取信息主体同意即可收集个人信息的合法性事由，诸如实现合同目的所必需、法定的职责或义务、保护公共利益以及法律法规规定的其他情形等。约定事由是指信息处理者与信息主体可以在不违反法律、法规的强制性规定以及社会公序良俗的基础上自行约定信息处理的目的、方式等相关事项，信息处理者应当严格按照隐私协议、隐私政策或双方之间的约定履行相应的义务，不得无故违反，否则可能承担违约责任或侵权责任。

一般来说，信息处理者只有在获得信息主体或其监护人的同意或授权时才可以收集个人信息，除非法律明确规定了豁免事由。相应地，信息收集阶段的个人信息侵害行为主要表现为未获得信息主体的有效同意且不存在法定事由而收集他人个人信息。其中，法定的合法性事由应当严格依据法律、行政法规的明确性规定，禁止进行扩张解释。就信息主体的同意来说，信息主体作为自己事务的最终处置者，对自身的个人信息享有绝对的支配力与控制力，有权自主决定是否将个人信息交由他人处理。为保障信息主体的自主决定是在充分知情的基础上做出的，防止信息处理者以信息主体未能预见到的方式处理信息。这要求信息处理者在收集个人信息前应当尽到充分的说明义务，以信息主体所能理解的方式详细阐明信息收集的目的、信息处理的方式、可能产生的风险等事项，并承诺在约定的目的范围内处理信息，使得信息主体能够预判让渡个人信息可能需要承受的风险，避免信息主体因信息的匮乏做出错误的决策。同时，信息主体的同意须是出于内心真实的意思表示，强迫的、非自愿的或不真实的同意不具有效力性。

（二）信息利用阶段的侵害行为

信息处理者在通过合法、正当的方式获取个人信息之后，并不意味着其拥有了个人信息所有权且可以任意利用个人信息，信息处理者在利用个人信息时仍须遵循相应的行为规范，否则可能被视为不法行为。在个人信息利用阶段，较为常见的侵害行为就是无正当理由超越授权范围或法定权限利用个人信息，这严重偏离了目的限制原则的基本内涵。

在个人信息保护领域，目的限制原则是个人信息保护的基本原则，根据

《个人信息保护法》第六条之规定，目的限制原则可以被解构为两个方面，即目的明确与使用限制，目的明确是指收集个人信息应当具有明确的、合理的目的，不得过度收集个人信息，使用限制则指个人信息的处理应当与初始目的直接相关。目的明确与使用限制是不可分割的有机整体，两者相辅相成、相互制约，目的明确原则是信息处理行为的逻辑起点，只有在收集阶段明确告知信息处理的具体目的并获取信息主体的有效同意才能处理他人信息。同时，为确保信息处理目的的效力性，后续的信息处理行为应当与处理目的直接相关，不得超越初始目的可能的范围而恣意处理个人信息，否则目的明确原则将形同具文。目的限制原则通过对后续的信息利用行为的限制，能够有效保障信息主体对个人信息的自主控制与支配，避免滥用个人信息现象的发生。任何新兴技术的发展都不得以侵害个人利益为代价，因此原则上来说，信息处理者必须谨遵目的限制原则，但为满足社会对于信息利用的需求，应当允许信息处理者在一定条件下超越初始目的范围利用信息，前提是信息处理者对于信息的利用不得给信息主体造成不合理的风险。

除了超越初始目的的合理范围而处理个人一般信息，信息利用阶段的侵害行为还表现为信息处理者没有尽到相应的义务导致信息主体遭受侵害。就信息处理者的后续义务来说，其主要负有保密义务、通知义务、信息安全义务等。当前，理论界对于信息处理者的保密义务、通知义务等基本达成了一致的共识，但对于信息处理者是否负有安全保障义务存在争议。根据《民法典》第一千一百九十八条之规定，负有安全保障义务的主体为宾馆、商场、公共场所的经营者等相关主体，对于信息处理者是否负有安全保障义务则未言明。根据交往安全义务理论，在自己与有责任的领域内，开启或维持某一危险源之人应当采取必要且具期待可能性的防范措施，避免第三人遭受此种危险。[①]具体到个人信息侵权领域，正是信息收集利用行为开启并维持了信息泄露风险，个人信息所承载的各项权益内容也因此处于危险境地，安全保障义务由此产生。[②]一言以蔽之，信息利用阶段的个人信息侵害行为表现多样，需要法官在具体个案中审慎判断。

---

① 冯珏：《安全保障义务与不作为侵权》，《法学研究》2009年第4期，第65页。

② 宋亚辉：《个人信息的私法保护模式研究——〈民法总则〉第111条的解释论》，《比较法研究》2019年第2期，第99页。

二、损害

（一）损害内涵的主要发展脉络

损害是损害赔偿的逻辑起点，无损害则无赔偿，足见损害之重要地位。只有准确把握损害的内涵，才能进一步确定是否存在损害以及损害赔偿的范围。尽管损害的内涵对于损害赔偿的确定如此重要，但鲜有立法对此予以明确规定，奥地利是目前世界范围内唯一以立法的形式明确定义损害概念的成文法国家，《奥地利民法典》第一千二百九十三条规定"损害，指受害人财产、权利或人身上所遭受的任何不利益"。[①] 与立法的集体沉默形成鲜明对比的是，理论界可谓众说纷纭。自罗马法以来，法学学者不断探寻损害的真谛，提出了不同的学说见解，但对于损害的内涵难以形成普遍性的共识，严重影响了损害赔偿的司法适用。 为统一损害的概念，德国学者弗里德里希·蒙森（Friedrich Mommsen）提出了"差额说"，其认为损害系指受害人因侵权行为之发生而引致的财产总额的减少。"差额说"以受害人总体财产为考察对象，无视个案情境下具体因素的差异，可以排除法官的恣意裁量。然而，"差额说"否认物或人身侵害之本身构成损害，只有侵害他人人身或财产且造成受害人财产总额减少时才有损害，无差额则无损害，忽视了精神损害难以运用简单的数学公式推导出来之客观现实，在保护范围上有失周延。此外，"差额说"认为损害仅仅通过数学上简单的数字运算即可加以确定，无需对其进行价值上的判断，这极大地限制了"差额说"的作用范围，具体来说，对于缺乏比较基础或需要通过价值判断才能认定损害是否存在的案件中，"差额说"通常难以具体适用。[②]

面对"差额说"的缺陷日益显露之现实，德国学者提出了"组织说"。虽然不同学者所持的"组织说"存在一定的差异，但其核心观点却保持一致，均主张因特定物发生毁损所产生的损害应认定为损害之一部分，并应当按照其客观价值予以赔偿，此外，"组织说"并不完全否定"差额说"，其认为侵害行为发生前后的财产状况差额仍可获得赔偿。[③] 毋庸置疑的是，"组织说"在一定程度上克服了差额说的诸多弊端，但其缺陷之处亦不容忽视。具体来说，"组织说"主要聚焦于损害事故加于某一特定物体时的情形，这种思维模式忽视了损害加诸受害人整体财产的情况；其次，"组织说"在认定损害时采取了双重的标准，其对于具体的损害采取客观标准，而对于整体损害则采取主观标准，这种双重

---

① 《奥地利普通民法典》，戴永盛译，中国政法大学出版社 2016 年版，第 250 页。

② 汪志刚：《论民法上的损害概念的形成视角》，《法学杂志》2008 年第 5 期，第 28 页。

③ 曾世雄：《损害赔偿法原理》，中国政法大学出版社 2001 年版，第 126—128 页。

认定标准使得其在逻辑上难以自洽;最后,"组织说"认为受害人对其客观损害和主观损害享有自由选择权,违背了完全赔偿原则以及损益相抵原则。[①]

随着社会实践的发展,人们逐渐认识到损害并非单纯逻辑推演的结果,而是特定社会背景下多重因素相互作用的产物,诸如社会组织、经济发展及伦理道德观念等。[②]"规范损害说"主张损害的认定并非是单纯的事实认定,损害是一个经过价值评价的法律事实乃至立法事实,也就是说,受害人所遭受的事实损害是否可以评价为法律意义上的损害,需要严格遵从法律规范的目的,并在个案中根据一定的利益衡量原则予以确定。[③]"规范损害说"强调损害的规范性评价,其对价值因素的开放态势契合了法的多元价值评价,具有一定的积极意义。损害有事实上的损害与法律上的损害之分,事实上的损害未必能够全部获得赔偿,只有在法律上具有可获赔性的损害才具有规范的意义。欧洲侵权法小组在详细考察欧洲各国立法与学说关于损害概念的界定后指出,损害是可以被准确界定的,但对损害进行详细的界定是否更为妥当不无疑问,为了保证损害赔偿法能够适用于非典型案件以及不断变化的实际情况,应当弹性地界定"损害"概念。[④]

（二）个人一般信息侵权损害的多样化

移动互联网的发展深刻地改变了社会的基本运行方式,提高了社会生产效率,然而,大数据技术在为社会生活提供便利的同时也引发了系列风险。实践中,不法侵害个人信息的现象恣意发展,在新冠肺炎疫情期间更是井喷式地暴发,大量有关涉疫人员的健康状况、行程轨迹等个人信息被不当泄露,其私人生活乃至个人人格频繁遭到恶意攻击,使得当事人承受了巨大的舆论压力与精神压力。由此可见,个人信息侵权损害的表现形式具有多样性,这给司法实践中个人信息侵权损害的认定工作增加了困难。

实际上,法律保护个人信息的目的不仅在于保护个人信息所维系的价值利益不受侵犯,也保护个人信息本身不被非法处理,不法收集、流转或利用个人信息可能导致信息主体对于个人信息控制权的丧失,有损于信息主体的人格利益。个人信息具有复杂的利益格局,其承载着人格利益与财产利益,这意味着侵害个人信息造成的损害不限于精神损害,还可能造成财产损害。个人信息的

---

① 宁金成、田土城:《民法上之损害研究》,《中国法学》2002年第2期,第106页。
② 王泽鉴:《民法学说与判例研究》(第二册),北京大学出版社2009年版,第104页。
③ 徐银波:《侵权损害赔偿论》,西南政法大学博士学位论文,2013年,第28页。
④ [德]马格努斯主编:《侵权法的统一:损害与损害赔偿》,谢鸿飞译,法律出版社2009年版,第276—277页。

财产损害指信息主体因个人信息被侵害而造成的财产损失，包括个人信息本身财产价值的减损或消灭，以及因个人信息被侵害而支出的费用、预期可得利益的丧失等各种财产性损失。精神损害指信息主体因个人信息被侵害而遭受心理上的损伤，由于精神损害的主观性色彩较为强烈，以及我国立法对于精神损害赔偿启动的"严重性"要求，导致个人信息精神损害的认定较为困难。实践中，有的法院直接以受害人的精神损害不满足"严重性"要件而否定其精神损害赔偿请求权，例如，在"车某某与刘某网络侵权责任纠纷"一案中，法院认为，根据《最高人民法院关于确定民事侵权精神损害赔偿责任若干问题的解释》第八条之规定，车某某未提交证据证明刘某侵权行为造成严重后果，本案现有证据亦不足以证实车某某因刘某的侵权行为造成严重后果，故对车某某有关精神损害抚慰金的主张不予支持。[1]类似地，在"蒋某某与曹某某隐私权纠纷、名誉权纠纷"一案中，一审法院与二审法院在认定个人信息侵权精神损害赔偿方面做出了截然不同的判决，一审法院认为，侵权行为造成的实际影响在范围上有一定局限性，酌情判定曹某某向蒋某某赔偿精神损害抚慰金 3000 元；二审法院则认为，由于侵害行为并未造成严重后果，因此对于蒋某某主张的精神损害抚慰金不予支持。[2]

（三）个人一般信息侵权损害的认定

通常来说，实际损害是损害赔偿责任启动的必备要件，无损害则无救济。然而，不同于传统民事权益，个人信息具有无形性、利益形态的多元性与复杂性等诸多特性。如果严格要求侵害个人信息必须造成受害人财产总额的减少才能请求损害赔偿，可能阻碍信息主体获得合法救济的途径。目前，对于个人信息侵权损害的认定呈现出缓和之势，作为世界范围内较有影响力的个人数据保护法，GDPR 对于个人信息侵权损害进行了一定的扩张，其明确规定个人信息侵权损害包括物质损害与非物质损害，同时，GDPR 序言第一百四十六条进一步指出，损害的概念应当依据 GDPR 以及法院的判例法采取相对宽泛的解释。[3]就我国来说，法院在审理个人信息侵权案件时并没有完全固守传统的损害认定模式。有学者将个人一般信息类型化为区分性信息、联络性信息与关联性信息，并对实务中相关的裁判规则进行考察后发现，法院在认定个人信息侵权损害时采取了不同的评价方式，其中，法院在判定区分性信息侵权损害时，通常只考

---

[1]　参见广东省广州市中级人民法院〔2020〕粤 01 民终字第 21072 号民事判决书。

[2]　参见贵州省贵阳市中级人民法院〔2021〕黔 01 民终字第 975 号民事判决书。

[3]　See GDPR Recital 146, https://gdpr-info.eu/recitals/no-146/. (Last visited:2021-07-19)

虑侵害行为是否导致个人信息处于不当公开的事实状态，如果区分性信息处于被披露的事实状态时，则认为权利人遭受了损害，并不要求社会评价降低、精神损害等具体损害后果。[①]

社会生活的复杂性以及个人信息利益的多重性，使得个人信息侵权损害既包括侵害个人信息造成信息本身的损害，也包括侵害个人信息造成隐私权、名誉权等相关权益的损害。事实上，损害的有无并非单纯的事实问题，而是蕴含着多元的价值评价因素。个人一般信息是社会交往不可或缺的通行证，其承载着信息主体正常的社会交往功能，为保障社会生活的正常开展以及社会活动的有序进行，信息主体负有允许他人适度利用其个人一般信息的容忍义务。容忍义务系指他人法律行为或事实行为对某人造成合理正当限度内之微额不利益及不便，或虽非合理正当但于法有据时，认为自己利益受损者原本有权提出反对或异议，但此时却应以不作为方式忍受该行为及其后果，以确保行为人获取利益的拘束力。[②]鉴此，在认定个人一般信息侵权时需充分考量社会效应，信息主体应当容忍信息处理者在一定限度内合理利用其个人信息，只有当信息处理者的信息利用行为超过正常的社会交往或公共利益所需的合理限度，方有法律上侵权损害的评价空间。

个人一般信息侵权损害的规范性评价与动态系统论的核心要义具有本质上的趋同性，可以借助于动态系统论来具体分析是否存在实际的损害。动态系统论盛行于奥地利和德国，该理论的基本构想是，特定在一定的法律领域发挥作用的诸"要素"，通过"与要素数量和强度相对应的协动作用"来说明、正当化法律规范或者法律效果。[③]作为一种评价的方法，动态系统论缓和了"全有或全无"模式的僵硬性，使法律效果更具弹性化，契合个案中多元价值评价的实践诉求。近年来，动态系统论的优越性获得越来越多的认可，相关立法更是明确采纳了动态系统论的评价机制。比较法上，欧洲侵权法小组编写的《欧洲侵权法基本原则：文本与评选》明确规定，受保护利益的范围取决于利益的价值、定义的精确性与明确性、责任的性质、行为人的利益以及公共利益等，利益的保护既取决于一个或多个既定因素，也取决于这些因素的权衡以及相互之间的

---

① 李怡：《个人一般信息侵权裁判规则研究——基于 68 个案例样本的类型化分析》，《政治与法律》2019 年第 6 期，第 153—160 页。

② 秦伟、杨姿：《容忍义务主体类型化及其正当性证成》，《山东社会科学》2021 年第 6 期，第 171 页。

③ ［日］山本敬三：《民法中的动态系统论——有关法律评价及方法的绪论性考察》，解亘译，载梁慧星主编：《民商法论丛》（第 23 卷），金桥文化出版（香港）有限公司 2002 年版，第 177 页。

关联。[①] 我国《民法典》也引入了动态系统论，根据该法第九百九十八条之规定，对于侵害生命权、身体权以及健康权以外的人格权的，应当综合考虑当事人的职业、影响范围、过错程度以及行为的目的等因素。随着实践的发展，个人信息侵权领域开始寻求动态系统论的帮助，以期解决实际生活中错综复杂的个人信息侵权损害的认定问题。GDPR 第二十四条规定，数据控制者的责任应当根据信息处理的性质、范围、情境以及目的等多重因素综合确定，体现了损害规范性评价的思想。《最高人民法院关于审理使用人脸识别技术处理个人信息相关民事案件适用法律若干问题的规定》（法释〔2021〕15 号）第三条亦规定"人民法院认定信息处理者承担侵害自然人人格权益的民事责任，应当适用民法典第九百九十八条的规定，并结合案件具体情况综合考量受害人是否为未成年人、告知同意情况以及信息处理的必要程度等因素。"

根据动态系统论的工作原理，在认定个人一般信息侵权损害时，关键的问题就是如何在个案具体情境中抽取相应的评价要素。为此，除了需要考量《民法典》第九百九十八条所例示的行为人和受害人的职业、影响范围、过错程度，以及行为的目的、方式、后果等人格利益所共同的价值因素外，还应当立足于个人一般信息的特殊性。具体来说，以下因素应当被着重考量：（1）个人信息的敏感性程度。个人信息的范围具有广泛性与动态性，不同类型的个人信息对于信息主体的重要程度是不同的，具体个案中，如果处理的个人信息敏感度越高，则信息处理行为受到的限制越多。[②] 我国《个人信息保护法》区别规制了敏感信息与非敏感信息，并给予敏感信息较高的保护程度，值得肯定。在具体认定个人信息侵权损害时，应当考虑到个人信息的敏感程度，对于侵害个人敏感信息造成的损害应当采取更加开放的解释路径。[③]（2）信息处理者的风险控制能力。通常来说，信息处理活动产生的风险是由信息处理者制造的，按照风险与收益相一致的原理，信息处理者在享受信息处理带来利益的同时亦负有合理控制风险的义务。信息处理者控制风险能力的强弱与风险实现的可能性以及风险的严重性呈正相关关系，信息处理者控制风险的能力越强，则损害发生的可能性越低，损害的严重性也越低。（3）信息主体的预见能力。判定信息处理行为是否造成了损害不能脱离于信息主体而单独考察，尊重信息主体的合理预期

---

① 欧洲侵权法小组：《欧洲侵权法原则：文本与评注》，于敏、谢鸿飞译，法律出版社 2009 年版，第 59—64 页。

② 李婉萍：《欧盟个资小组对"目的拘束原则"之诠释及该诠释对界定个资法上"特定目的"之启发》，《科技法律透析》2013 年第 9 期，第 22 页。

③ 田野：《雇员基因信息保护的私法进路》，《法商研究》2021 年第 1 期，第 66 页。

关系合理信赖的保护。一般而言，信息主体同意或授权他人处理其个人信息时，其主观上期待信息处理者以双方商定的方式处理信息。信息处理者对于信息主体因信赖其以约定方式利用信息的合理预期负有保护义务，不得无故使得信息主体的合理预期落空，否则有碍于构建良性的信息处理环境。信息主体的预见能力与信息主体的知识能力、认知水平以及社会交往观念、商业习惯等因素密切相关，在判断信息处理是否符合信息主体的合理预期时不能脱离信息处理的具体场景做抽象式地推演，而应结合个案具体情境综合考察各项因素判定信息主体的预见能力。总之，在认定个人一般信息侵权损害时所应考量的因素紧密依附于个案情境，只有在具体个案中相关因素的作用力大小才会呈现，试图预先地、机械地将相关因素进行主次排列不符合现实实际。

三、主观过错

（一）过错之内涵

早期侵权法遵循的是结果责任原则，只要受害人因侵害行为受有损害，侵害行为人即须承担损害赔偿责任，并不考虑其主观状态为何。随着社会经济的发展，人们对于行为自由的渴望日趋强烈，自由主义在社会弥漫开来。自由原则的一个条件是，民法不受广泛的人类团结互助原则的支配，也就是说，每个人在特定程度上要自己承担其人身风险和经济财产风险，而不能任意推卸给他人或集体，如果允许某人对所遭受的损害向他人要求赔偿，则必须存在特别的归责理由，以证明此种风险转移确有其理。[①]

过错之于侵权责任构成的重要性不言而喻，对此，耶林曾指出"使人负损害赔偿的，不是因为有损害而是因为有过失，其道理就如同化学上之原则，使蜡烛燃烧的，不是光而是氧，一般的浅显明白。"[②]我国立法上，关于过错之内涵尚未有明确性的规定，理论界则存在"主观说""客观说"以及"主客观结合说"等不同的主张。"主观说"认为，过错是一种心理状态；"客观说"认为，过错是一种"注意义务"违反的客观事实；"主客观结合说"则认为，简单地断定"主观说"与"客观说"孰是孰非并没有多大意义，而应采取兼收并蓄的态度，对于故意的认定应当采行"主观说"，而对于过失的认定则采取"客观说"。[③]笔者认为，关于过错之内涵，应当从其规范目的出发，过错之所以受到法律的

---

① ［德］迪特尔·施瓦布：《民法导论》，郑冲译，法律出版社 2006 年版，第 86 页。
② 王泽鉴：《民法学说与判例研究》（第二册），北京大学出版社 2009 年版，第 106 页。
③ 刘士国：《现代侵权损害赔偿研究》，法律出版社 1998 年版，第 78—79 页。

否定性评价，是因为过错具有法律或伦理道德上的可谴责性，行为人基于主观过错而做出的行为与社会所提倡的基本价值理念不相符合。过错作为行为人主观心理状态的抽象性描述，内心世界的不可探知性使得在具体认定行为人是否存在过错时难度较大，由此给司法实践的适用带来困难。

（二）过错之判定

如前所述，个人一般信息侵权适用的是过错推定责任原则，信息处理者的过错仍是侵权责任构成的必备要素。关于过错的判定，有学者主张根据个人信息侵权的不同情形分别考量，具体来说，在判断个人信息是否为信息处理者合法获得时，应当考察法律、行政法规或者个人是否对其进行相应的授权；如果信息处理者已经获得合法的授权时，则需要判断其是否采取了一切必要措施，是否达到了法定标准、行业标准或理性人标准，以及个人信息是否遭受物理损害或发生泄漏、侵入或其他类似情形。[①] 这种观点根据个人信息处理的不同状况具体判定信息处理者是否存在过错，有一定的合理性，但个人信息侵权方式复杂多样，难以通过简单的归纳完全覆盖现实生活中发生的个人信息侵权的所有情形。

传统理论认为，根据行为人主观过错的程度可以将过错区分为故意与过失。笔者认为，个人一般信息侵权中过错的认定应当回归过错本身，根据故意与过失分别检验行为人是否存在过错。就故意来说，依据行为人主观意愿的不同，故意又可分为直接故意与间接故意，直接故意指行为人希望或追求损害结果的发生，间接故意指行为人对于损害的发生持放任态度。对于故意侵害个人信息的行为相对容易判定，如果信息处理者未按照法律、行政法规或双方的约定处理个人信息，即可直接认定其存在过错。实践中，未经信息主体同意或许可擅自收集个人信息、违反目的限制原则处理个人信息以及故意泄露个人信息等，均应当认为侵害行为人主观上存在故意。

对于过失来说，根据过失的严重性程度，可以将其进一步细分为重大过失、一般过失以及轻微过失等。关于过失的认定，理论界存在主观过失说与客观过失说相对立的观点。主观过失说认为，过失是指行为人的主观意志具有可归责性，应当以行为人主观上的心理状态作为评价的对象。客观过失说则认为，对于过失的认定应当采取客观化的标准，以社会一般人在当时的情境下所能够预见的情形作为参照标准，如果行为人没有尽到社会一般人的合理注意义务，则

---

① 蔡一博：《〈民法典〉实施下个人信息的条款理解与司法应对》，《法律适用》2021年第3期，第97页。

推断其具有过失。由此可见，主观过失说与客观过失说均不否认过失的主观性，其争执的焦点在于对于过失的判断应当采取主观化的标准还是客观化的标准，主观过失说认为，在判断行为人是否具有过失时应当具体考量行为人的年龄、职业、知识、能力等因素，从行为人的视角出发来评判其是否存在过失。客观过失说则认为，应当以社会一般人在当时情境下可能的行为作为评价的基点，如果行为人的行为规范高于当时情景下社会一般人通常可能做出的行为，则其不存在过失，反之，则认为行为人主观上具有过失。

就个人信息侵权来说，在判定侵害行为人主观上是否存在过失时应当采取客观化的标准，因为过失作为意识领域的存在，具有一定的抽象性与不可知性，一味探究行为人的主观心理状态容易陷入唯心主义的困境。随着社会的发展变迁，人类社会从"熟人社会"迈入"陌生人社会"，陌生人社会的核心特征在于社会成员和许多不认识的他人发生关系，而每个人在目的、刺激和偏好上难免有分歧，如果不能期待信赖行为人在特定状况下实施与社会一般人同样的行为，社会生活就无法圆满地进行，可见，陌生人社会是促成过失客观化的主要社会背景。① 此外，法律不能强人所难，不得要求行为人去实现社会大多数人都无法做到的事项，因此行为人是否具有过失应当以"理性人"的预见能力与行为能力作为评价基准，如果行为人没有达到"理性人"所应有的注意义务，则判定其具有过失，反之，如果行为人已经尽到了"理性人"所能尽到的注意义务仍无法避免损害的发生，则判定其不存在过失。

实践中，以"理性人"为参照物来判定信息处理者是否具有过失的做法得到了立法的肯定。比较法上，《丹麦个人数据处理法》第六十九条在认定信息处理者是否具有过失时采取的是客观化的判定标准，若信息处理者尽到了"理性人"所应当具备的"合理的努力和注意"，则判定其不存在过失，反之则否。通常认为，"合理的注意"是一种可以公平协调加害人和受害人利益冲突的注意程度，加害人必须采取与可能造成危险的严重性和可能性相适应的预防措施，并且受害人只能要求加害人采取对他们的安全带来的利益超过对加害人的自由造成的负担的预防措施。② 在具体适用过程中，首先需要确定加害行为人所属的社会群体，并从中抽象出"理性人"的特定形象，进而比较加害行为人是否尽到

① 郑永宽：《论责任范围限定中的侵权过失与因果关系》，《法律科学》2016年第2期，第105页。
② [美]格瑞尔德·J.波斯特马主编：《哲学与侵权行为法》，陈敏、云建芳译，北京大学出版社2005年版，第55页。

了"理性人"所应尽到的"合理的努力和注意"。需注意的是，在个人信息侵权案件中，信息处理者往往是对于海量个人信息具有高超运算处理能力的组织或公司，对于这种高度专业化的群体，"理性人"的标准要远高于一般人的标准。[①]

四、"二阶层式的因果关系"

（一）确立"二阶层式的因果关系"的必要性分析

1. 传统的因果关系难以应对实践的复杂性

因果关系指行为与损害结果之间引起与被引起的关系，只有损害结果的发生或扩大是行为人造成的，才能将不利益的承担归咎于行为人。大数据时代，信息分析技术的进步使得个人信息收集突破了传统的面对面地收集方式，导致个人信息侵权行为具有极高的匿名性与隐蔽性。由于个人信息之间的相互关联性愈益提高，侵害他人个人信息引发的不利后果可能无限蔓延。现代侵权法以平衡行为自由与权益保护为基本价值追求，这种双重价值目标的设置要求我们在面对个人信息侵权案件时，必须将过于遥远的因果关系排除出去。

传统观点认为，个人信息侵害行为应当适用一般侵权行为的因果关系——相当因果关系，以具体确定违法行为与损害事实之间是否存在因果关系，如果行为人实施的侵害个人信息权的行为能够引起损害后果的发生，则判定行为与损害之间存在因果关系。[②]这种观点有利于维持法律体系的统一性，然而忽视了个人信息侵权的特殊性以及实践的复杂性。实践中，侵害个人信息除了导致个人信息权益受损外，还可能引发下游损害，譬如侵害人利用相关信息成功盗取银行卡账户内的金额，以及个人信息泄露导致信息主体频频遭受诈骗电话、垃圾短信的骚扰等。对此，有学者主张根据信息处理者的数量调整因果关系的证明标准，在单一信息处理者的场景下，可以适当降低因果关系的证明标准，将原先的"唯一性"标准调整为"高度盖然性"标准，而在复数处理者参与的场景下，如果信息主体能够证明数个信息处理者的行为构成共同危险行为的，则推定每个信息处理者的行为均与损害结果存在因果关系。[③]这种调整进路虽然

---

①　丁宇翔：《个人信息保护纠纷——理论解释与裁判实务》，中国法制出版社 2021 年版，第81页。

②　最高人民法院民法典贯彻实施工作领导小组主编：《中华人民共和国民法典人格权编理解与适用》，人民法院出版社 2020 年版，第383页；杨立新：《个人信息处理者侵害个人信息权益的民事责任》，《国家检察官学院学报》2021 年第 5 期，第49—50页。

③　田野、张宇轩：《〈民法典〉时代的个人健康信息保护》，《北京航空航天大学学报（社会科学版）》2021 年第 6 期，第124页。

一定程度上缓和了个人信息侵权因果关系证明的困境，但忽视了现实实践的具体情况。现代社会，个人信息在数个信息处理者之间的流通与共享愈发普遍，信息主体在很多情况下可能都不知晓侵害行为的发生，遑论证明侵权行为人的数量究竟为一人还是多人，鉴此，根据信息处理者的数量区别适用因果关系证明标准在实践中是站不住脚的。

2. 既有的理论观点及其评价

关于个人信息侵权构成要件之因果关系，立法规定付诸阙如，引发了理论界的激烈探讨。有学者认为，对于个人信息侵权应当采取"条件说"，涉及本案任何一个环节的主体均可以作为侵权主体而被追诉，从而有效减轻信息主体的证明负担。[①] 张建文则主张基于自然规律与规范评价的双重考量，个人信息侵权应采用三阶层式的因果关系判断方法，依次按照条件说、相当因果关系、法规目的说的顺序进行判断。[②]

上述学说对于个人信息侵权因果关系的认定提出了自己的见解，有一定的合理性，但也存在不足之处。就"条件说"来说，其认为只要信息主体能够证明侵害行为对于损害后果的发生或扩大具有一定的促发作用就可认定存在因果关系，能够极大减轻信息主体的证明负担。然而，"条件说"容易导致因果关系链条的过分延伸，且其所采行的"若无则不"（but for）的检验方式通常只是认定责任成立因果关系的方式，尚需要配合相当性认定是否成立责任范围因果关系，才能实现被害人是否能够获赔的价值性判断。[③] 此外，"条件说"还可能面临因果关系中断的问题，难以应对所有的信息侵权类型。[④] 还有学者认为，"条件说"作为认定事实上因果关系存在的标准，并不涉及法律上因果关系的判定，将其作为个人信息因果关系的判定标准可能过于简单化了。[⑤]

关于"三阶层式因果关系"，其精细的规则构造充分考量了实践中个人信息侵权因果关系的复杂性，具有一定的进步意义。然而，"三阶层式因果关系"在逻辑层面与价值层面存在难以克服的障碍。就逻辑层面来说，"三阶层式因果关系"要求在认定个人信息侵权责任时先后运用"条件说""相当因果关系说"以

①　徐明:《大数据时代的隐私危机及其侵权法应对》,《中国法学》2017年第1期, 第147页。
②　张建文、时诚:《个人信息的新型侵权形态及其救济》,《法学杂志》2021年第4期, 第46—47页。
③　田野、张耀文:《个人信息侵权因果关系的证明困境及其破解——以相当因果关系理论为进路》,《中南大学学报（社会科学版）》2022年第1期, 第61页。
④　陈吉栋:《个人信息的侵权救济》,《交大法学》2019年第4期, 第51页。
⑤　刘海安:《个人信息泄露因果关系的证明责任——评庞某某与东航、趣拿公司人格权纠纷案》,《交大法学》2019年第1期, 第189页。

及"法规目的说",只有同时符合三个层面的因果关系才能最终确定责任归属。然而,"条件说"与"相当因果关系说"并非内容上完全独立的因果关系,王泽鉴先生指出,相当因果关系由"条件关系"和"相当性"两部分构成,"相当性"作为一种价值判断,能够合理地移转或分散因侵权行为而生的损害,此外,"条件关系"也并非单纯的事实认定,而是含有一定程度的规范性判断。①就价值层面来说,"三阶层式因果关系"没有充分考虑个人信息的差异性,统一适用因果关系在利益衡量上失之偏颇,譬如,对于关系自然人基本人格利益的个人敏感信息,"三阶层式因果关系"这种严格的因果关系认定方式无异于层层加码,不利于信息主体及时获得法律救济。

（二）"二阶层式的因果关系"的具体构造

由于个人一般信息通常为个人正常的社会交往与社会活动所必需,因此在个人一般信息的侵权责任认定中应当综合运用"相当因果关系"与"规范目的论",概言之,在具体判定个人一般信息侵权是否成立时必须依次经过"相当因果关系"与"规范目的论"的检验,确保被侵害的个人一般信息属于法律保护的范围。"二阶层式的因果关系"是一个复合的因果关系框架,由"相当因果关系"与"规范目的论"构成。我国理论与实务界普遍认为"相当因果关系"蕴含着多元的价值判断,能够解决实践中复杂的侵权纠纷,应当成为侵权领域内的一般性因果关系。关于"相当因果关系"的规范构造及其理论价值暂不赘述,下文将具体展开,此处仅探讨"规范目的论"。

"规范目的论"最初由德国学者拉贝尔（E.Rabel）提出,该理论认为在判定侵害行为人是否承担侵权责任时,应当根据侵权行为法规的目的来决定,如果损害不在被违反的规范目的保护范围之内,则加害人无须承担损害赔偿责任。②关于"规范目的论"与相当因果关系理论的关系,学者存在较大的争议,有学者认为"规范目的论"应当取代相当因果关系理论,成为侵权法唯一的因果关系理论;还有学者认为"规范目的论"与相当因果关系理论可以并存适用,但二者的地位存在一定的差异,具体个案中应当首先适用相当因果关系,只有在特定情况下才适用规范目的理论,从而调整或纠正相当因果关系理论;还有学者认为"规范目的论"并非因果关系理论,其仅仅是损害归责的理论。③目

---

① 王泽鉴:《侵权行为法》（第一册）,中国政法大学出版社 2001 年版,第 191—192 页。

② 赵克祥:《侵权法之因果关系概念及判断标准研究》,法律出版社 2009 年版,第 170—171 页。

③ 朱岩:《当代德国侵权法上因果关系理论和实务中的主要问题》,《法学家》2004 年第 6 期,第 149—152 页。

前，德国主流的理论与实践均认为，"规范目的论"与相当因果关系理论应当并存适用，换句话说，虽然加害行为与损害结果之间具有相当因果关系，但如果该损害不属于法规目的之保护范围，则受害人仍不得请求损害赔偿。[①]

大数据时代，个人信息是社会有序运行所不可或缺的基本要素，完全禁止个人信息的收集与利用不符合现实实际。除了个人属性外，个人信息还具有社会属性，个人在一般社会交往过程中随时都在主动或被动地获取交往对象的个人信息，这属于个人生活与社会自治范畴，法律不需要介入。[②] 也就是说，个人信息保护有其特定的背景要求，并非所有情境下的个人信息处理行为都受到法律的保护。对此，德国的个人信息保护法认为，个人信息是否受到民法保护取决于该信息是否为法律秩序所认可，同时指出，不同类型的个人信息应当受到不同强度的法律保护，如果该信息与信息主体的人格利益关系较为疏远，则应当给予其较弱的保护或者不予保护，反之，则给予其较高程度的保护。[③] 如前所述，个人敏感信息与个人一般信息的划分是契合我国现实情境的类型化方式，而相较于个人敏感信息，个人一般信息的社会属性较强，是个人生存发展以及社会正常运转的必备要素。有鉴于此，在判定个人一般信息侵权的因果关系时，除了需要考察损害与侵权行为是否具有相当因果关系外，尚需要借助于"规范目的论"这个过滤器，立足于个人信息保护规范的具体目的，厘清法规范所保护个人一般信息的范围，进而判定被侵害的个人一般信息是否属于法规范所保护的范围。

（三）"二阶层式的因果关系"的适用

"二阶层式的因果关系"内含"相当因果关系"与"规范目的论"，两者在适用顺序上存在先后之分。在具体判定个人一般信息侵权责任是否构成时，应当先考察"相当因果关系"，而后再考察"规范目的论"，只有顺利通过两者的检验才能认定存在因果关系。

"相当因果关系"主要考察侵害行为是否提高了损害结果发生或扩大的可能性，具体又可分解为两个方面，即"条件关系"与"相当性"。"条件关系"指侵害行为客观上导致了损害结果的发生或扩大，在判断是否存在"条件关系"时遵循的是"若无则不法则"，也就是说，如果没有该行为则不会产生此损害，

---

① 王泽鉴：《侵权行为法》（第一册），中国政法大学出版社 2001 年版，第 221—222 页。

② 周汉华：《个人信息保护的法律定位》，《法商研究》2020 年第 3 期，第 50 页。

③ 杨芳：《德国一般人格权中的隐私保护——信息自由原则下对"自决"观念的限制》，《东方法学》2016 年第 6 期，第 115 页。

那么可以据此认定行为与损害间存在"条件关系"。"条件关系"属于事实层面的问题，只要行为对于损害的发生或扩大客观上起到一定的积极作用，就可以认为两者存在"条件关系"，并不要求行为对于损害的作用力达到一定的高度。依据"条件关系"而确定的原因行为可能漫无边际，如果将所有的原因行为都纳入因果关系的评价范畴，无论对于立法抑或司法都是一个很大的挑战。由于侵权法的评价对象是行为，因此，相当性主要判断的是行为对损害发生可能性的提升程度是否具有相当性。[①]"相当性"在"条件关系"的基础上遴选出对于损害存在较大贡献度的侵害行为，并将贡献度较小的原因行为排除出去，进一步缩小原因行为的范围，有利于缓和行为自由与权益保护之间的张力。"相当性"主要涉及价值判断，在考察原因行为是否对于损害的发生或扩大具备"相当性"时，应当综合考量行为人的过错程度、被侵害利益的重要程度、侵害行为的社会影响等诸多因素。

在侵害行为与损害满足"相当因果关系"的基础上，还需要进一步考察被侵害的个人一般信息是否属于现行规范所保护的范围。我国《个人信息保护法》第1条开宗明义地指出，个人信息固然需要给予法律的保护，但不能由此忽视了个人信息的利用价值，这意味着法律并非对所有的个人信息都提供保护。在判定个人一般信息侵权责任是否构成时，需要全面审视个人信息保护条款的规范目的，只有被侵害的个人一般信息属于法律规范的保护范畴时，才能最终确定因果关系的成立。

第三节　个人敏感信息侵权责任的构成

一、侵害行为

（一）信息收集阶段的侵害行为

相较于个人一般信息，个人敏感信息与信息主体基本的人格尊严更为紧密，故而法律对于敏感信息的收集、处理和利用给予更高的注意及特殊保护。通常情况下，个人敏感信息以禁止处理为原则，根据禁止处理的效力范围，可将其区分为完全禁止处理与不完全禁止处理。完全禁止处理指绝对性地禁止处理个人敏感信息，且不存在任何除外事由，这种规则设计能够为敏感信息提供绝对的保护，但正如前文所述，某些情境下敏感信息的合理利用具有正当性，全面

[①] 叶金强：《相当因果关系理论的展开》，《中国法学》2008年第1期，第47页。

禁止处理敏感信息不符合现实生活。不完全禁止处理系指原则上禁止处理敏感信息，但允许在特殊情况下有限地处理。我国《征信业管理条例》第十四条第（二）款采取的即是不完全禁止处理原则，也就是说，在满足一定条件的情形下，征信机构可以采集个人的收入、有价证券、商业保险等个人敏感信息。不完全禁止处理既强调敏感信息的不可侵犯性，又承认特殊情况下处理敏感信息的正当性，在保护个人利益的同时也顾及了社会需求，是较为理想的路径选择，因而为现行大多数立法所遵循。

就此而言，对于个人敏感信息的处理只有在满足相关条件下才是合法的，行为人没有合理的事由而收集、利用、存储、共享个人敏感信息的，均构成权益侵害行为。关于得以处理敏感信息的具体情形，GDPR 第九条第（二）款规定，信息处理者可以处理敏感信息的事由包括信息主体的明确同意、保障信息主体或他人重大利益、实现公共利益等，根据我国《个人信息保护法》第十三条、第二十八条以及第二十九条之规定可知，收集个人敏感信息应当具有特定的目的和充分的必要性、采取严格的保护措施以及获得信息主体的单独同意或者法律法规规定的其他情形。须注意的是，由于法律对个人敏感信息提供更为强化的保护措施，因此，即使信息处理者在特定情况下可以处理敏感信息，但其仍须遵循基本的信息处理规则，诸如信息公开原则、目的限制原则、知情同意原则等，此不赘述。以下重点探讨收集个人敏感信息的特殊要求，主要体现在收集目的、告知内容以及同意标准等三个方面。

在收集目的方面，收集个人敏感信息具有更高的合法性标准，其必须具有特定的目的以及充分的必要性。目的"特定性"要求不得收集与目的实现无关的个人敏感信息，过于宽泛的目的可能被认为是不合法的。目的特定性迫使信息处理者在收集个人敏感信息之前审慎思考信息处理的具体目的，可以一定程度上制约信息处理者恣意处理信息。目的"必要性"指收集个人敏感信息应当为现实情境所必需，且不存在其他替代性方案。目的是否具有充分的必要性涉及多元价值的冲突与衡平，需要在个案中根据具体情境加以辨别。信息主体与信息处理者所掌握的信息具有天然的不对称性，这一客观事实要求信息处理者在收集个人敏感信息之时，应当向信息主体充分告知相关事项，以一种可被理解的方式清楚地表达出来，确保相关主体对信息处理目的的认知不存在歧义。在具体的告知内容方面，信息处理者除了告知处理目的、处理方式、保存期限等一般事项外，还应向信息主体明确告知处理个人敏感信息的必要性以及对个人权益的影响等特殊事项。

在同意标准方面，收集个人敏感信息应当取得信息主体的单独同意，信息主体不满十四周岁的应当取得其父母或者其他监护人的同意。"单独同意"与"概括同意"相对，是指信息主体必须就其被收集的个人敏感信息逐项做出同意的意思表示，而不能是概括性的"一揽子授权"。此外，权利主体同意的意思表示必须是基于自主自由的意志，任何强迫的或变相强迫的意思表示都不构成有效的同意。权利主体在做出同意他人使用其个人信息的意思表示后，还需将该意思表示清楚地传达于信息处理者。传统民法理论认为，意思表示可以进一步区分为明示的意思表示与默示的意思表示，明示的意思表示是指使用直接语汇实施的表示行为，默示的意思表示则指使用不可直接理解的语汇实施的表示行为，相对人必须经过推理才能了解行为人所表示的意思。[①] 由于个人敏感信息是信息主体人格尊严的重要体现，为防止信息处理者肆意扩大信息主体的授权范围而侵害信息主体的合法权益，信息主体的同意必须以明示的意思表示做出。换言之，沉默或默示同意不构成处理敏感信息的正当性基础。除了实质意义上的要件，在特定的情形下，信息主体的同意还需满足形式上的要求。根据《个人信息保护法》第二十九条之规定，若其他法律、行政法规规定处理敏感个人信息应当获得信息主体书面同意的，则从之。笔者认为，为了灵活应对社会的发展需要，同意不应拘泥于书面形式，只要信息主体以积极方式做出的同意均可认为符合明示同意要求。诚如学者所言，明示的意思表示指行为人以语言、文字、或其他直接表意方法表示内在意思的表意形式，口头形式、书面形式和特别形式的意思表示均可纳入明示范畴。[②] 值得肯定的是，2020年3月6日发布的《个人信息安全规范》强调明示同意指"信息主体通过书面、口头等方式主动作出纸质或电子形式的声明，或者自主作出肯定性动作，对其个人信息进行特定处理作出明确授权的行为。肯定性动作包括个人信息主体主动勾选、主动点击'同意'、'注册'、'发送'、'拨打'以及主动填写或提供等"。较之于2019年版《个人信息安全规范》有关明示同意的规定，新近的《个人信息安全规范》增加了口头明示同意、电子形式等方式，进一步丰富了明示同意的形式。

（二）信息利用阶段的侵害行为

由于个人敏感信息与信息主体的人格尊严及人格自由密切相关，信息处理者对于敏感信息的后续处理必须与信息收集时的初始目的直接相关，禁止超越初始目的范围而处理敏感信息。就此而言，个人敏感信息利用阶段的侵害行为

[①] 张俊浩主编：《民法学原理》，中国政法大学出版社1997年版，第211页。
[②] 马俊驹、余延满：《民法原论》（第四版），法律出版社2010年版，第19页。

主要表现为信息处理者未严格遵守目的限制原则以及其他相应义务的违反。具体来说，信息处理者不得溢出信息收集时的初始目的范围而使用、共享、存储、加工个人信息，当后续的信息处理行为不符合初始目的或超过约定的目的范畴时，信息处理者应当及时告知信息主体变更目的的缘由，并再次征得信息主体的有效同意，否则可能承担违约或侵权责任。

现实生活中，个人敏感信息侵害行为具有高度的复杂性，信息主体证明信息处理者实施了侵害行为存在较大的难度。鉴此，有必要采取"高度盖然性标准"，减轻信息主体的证明负担。值得肯定的是，有些法院已经意识到了信息主体的证明困境，而采取"高度盖然性标准"来判定侵害行为的存在。在"庞某某与北京某某信息技术有限公司等隐私权纠纷"一案中，北京市第一中级人民法院认为，作为普通人的庞某某根本无法举证证明某航空公司与某某公司内部的数据信息管理是否存在漏洞，因此，有必要采取"高度盖然性标准"，如果庞某某能够提供证据证明某某、某某公司存在泄露隐私信息的高度可能，而某某、某某公司又不能反证推翻这种高度的可能，则认定被告存在泄露隐私信息的侵害行为。[1] 为切实保障个人敏感信息的处理在法律允许的范围内进行，有必要建立健全敏感信息保护的监管机制，加强对敏感信息处理过程的全程性监管。信息处理者应当定期将信息处理情况向有关部门报备，对于存在不当利用敏感信息的信息处理者，监管机构可以采取相应的惩罚措施，必要时还可以取缔信息处理者的经营资格。

二、损害

与个人一般信息相比，侵害个人敏感信息造成的损害后果更加严重，因此，有必要从宽认定个人敏感信息侵权损害。具体来说，除了传统的物质损害与非物质损害这种一般性的损害外，侵害个人敏感信息造成的"风险性损害"也应当纳入损害范畴，以期更好地救济信息主体的受损权益。

（一）现实性损害

损害是确定侵权责任的逻辑起点，《个人信息保护法（草案）》一次审议稿及二次审议稿均未明确规定个人信息侵权的损害要件，存在不足之处。《个人信息保护法》正式文本对此进行了修正，要求个人信息侵权损害赔偿的发生以侵害个人信息权益造成损害为前提条件。有鉴于此，个人敏感信息的侵权救济也

---

① 参见北京市第一中级人民法院〔2017〕京 01 民终字第 509 号民事判决书。

应当以损害的现实存在为必要条件。

　　实践中，侵害个人敏感信息可能给信息主体造成财产损害与非财产损害，前文已论述个人信息侵权一般损害的认定，此不赘述。需注意的是，并非侵害个人敏感信息造成的所有损害都能得到有效的救济，传统理论认为，侵权损害赔偿中的损害应当具备以下特性：第一，损害是受害人实际遭受的损害，损害导致受害人的民事权益受损并由此引发了受害人不利益的后果；第二，作为损害赔偿责任构成要件的损害必须是一种可救济性损害；第三，损害是客观存在的，具有一定的确定性，可以通过一定方式计算或量化。[①] 具体到个人信息侵权案件中，只有信息主体遭受的损害具有法律上的可补救性和确定性，才能对其予以救济，信息控制者一般不对个人信息的轻微损害或不确定的损害承担法律责任。[②] 申言之，个人信息侵权损害必须是客观的、现实的存在，臆想的损害或尚未发生的损害不受法律保护。其次，损害的发生以法律所保护的正当利益受到侵害为前提，不法的或不正当的利益受到侵害不予救济。最后，个人信息侵权损害必须是可以通过一定方式予以量化的，同时应当具备一定程度的"严重性"，因为生活在社会共同体中的人不可避免地与他人发生纠纷，这是个体参与社会生活需要容忍的风险，如果轻微的、琐碎的损害均能获得法律的保护，不仅增加司法机关的压力，也限制了人们行为自由的空间。换言之，法律对于正常的社会生活所产生的不利益并非不加区分地给予救济，只有损害达到一定的"严重性"程度时方才予以保护。

　　依据我国民事诉讼法相关规定，受害人主张损害赔偿时需要证明损害的客观存在，然而，信息主体很难获得信息处理者的内部资料，且囿于专业知识和专业技能的欠缺，信息主体难以对个人信息侵权进行翔实的举证。司法实践中，原告未能证明自身所遭受的实际损害是其败诉的重要原因之一，例如，在"朱某与某科技公司隐私权纠纷"一案中，原告朱某诉称，某科技公司未经其知情和选择，利用网络技术记录和跟踪其所搜索的关键词，将其兴趣爱好、生活学习工作特点等显露在相关网站上，并利用记录的关键词对其浏览的网页进行广告投放，侵害了其隐私权，而法院则判定隐私权侵权不成立，理由之一即在于朱某没有提供证据证明该公司的个性化推荐服务对其造成了事实上的实质性损

[①]　王利明：《侵权责任法研究》（上卷），中国人民大学出版社 2016 年版，第 312—313 页。

[②]　吴泓：《信赖理念下的个人信息使用与保护》，《华东政法大学学报》2018 年第 1 期，第 26 页。

害。①由于个人信息具有无形性、非损耗性，侵害个人信息造成的损害通常难以在侵权行为发生之时即刻表现出来，这给受害人收集证据增加了困难。大数据时代，个人信息侵权行为具有高度的复杂性，由于个人信息具有类似于"公共产品"的非竞争性，其并不因他人的使用而减损其效用，因此信息主体往往难以及时察觉个人信息被他人不当处理。此外，个人信息处理行为具有较强的专业性，实践中，信息处理涉及收集、存储、使用等多个环节，加之个人信息可能在多个信息处理者之间不断地流转与共享，这给信息主体证明个人信息侵权行为增加了困难。

（二）风险性损害

1. 风险性损害的内涵界定

伴随着机器大工业生产的运用、生命科技与信息科技的进步以及全球化浪潮的席卷，人们被迫置身于"风险社会"之中，各种各样的风险无处不在、无时不在。关于"风险"之具体内涵，贝克认为，风险可以被界定为系统地处理现代化自身引致的危险和不安全感的方式，这一概念的诞生与反思性现代化具有直接相关性。②吉登斯则认为，风险这个概念与可能性和不确定性是分不开的，当某种结果百分之百的确定时，我们不能说这个人在冒风险，此外，吉登斯将风险区分为"外部风险"与"被制造出来的风险"，"外部风险"是来自外部的、因为传统或者自然的不变性和固定性所带来的风险，"被制造出来的风险"是由我们不断发展的知识对这个世界的影响所产生的风险，这是我们没有多少历史经验的情况下所产生的风险。③还有学者认为，风险是某种不可预见情形出现的可能性，其可能是自然事件或人类活动的结果，也可能是两者共同作用的结果。④可见，"风险"一词具有多重面向，其在不同语境中具有不同的含义。对于"风险"这种捉摸不透的特性，甚至有学者质疑"风险"的合理性，其认为自社会化的最初时期以来，"风险"一直在改变着世界，各个社会就是为了抵御风险才联合在一起的，面对这种质疑声音，即使是"风险社会"理论的创始人贝克也不得不承认，这是一个能轻易地使此概念的创造者陷入尴尬境地

---

① 参见南京市中级人民法院〔2014〕宁民终字第 5028 号民事判决书。

② [德]乌尔里希·贝克：《风险社会》，何博闻译，译林出版社 2004 年版，第 19 页。

③ [英]安东尼·吉登斯：《失控的世界》，周红云译，江西人民出版社 2001 年版，第 18—22 页。

④ [英]罗伯特·鲍德温、马丁·凯夫、马丁·洛奇编：《牛津规制手册》，宋华琳等译，上海三联书店 2017 年版，第 348 页。

的问题。①

虽然学者关于"风险"之具体内涵存在争议，但普遍认为，风险具有不可预见性、不可控制性以及致损的可能性。就个人敏感信息侵权损害来说，"风险"指信息处理行为引发或提高了信息主体损害的可能性，这种潜在的损害不局限于隐私侵害，而是包括财产损失、歧视性待遇、精神伤害等在内的各种形式的物质性及非物质性损害。一般来说，影响个人敏感信息侵权损害风险程度的因素主要有风险实现的可能性以及风险造成损害结果的严重性，如果风险实现的可能性越高、风险造成的损害结果越严重，则信息处理行为被评价为不合理的可能性越高，反之则否。

就此而言，"风险性损害"指侵害个人敏感信息的行为虽然尚未造成现实的损害，但存在引发损害的极大可能性。从规范目的来看，法律规制个人信息处理活动的原因在于，防止个人信息的不当利用侵害信息主体的合法权益。风险性损害不再一昧要求个人信息侵权损害的实际发生，转而强调信息处理者应将信息处理可能引发的风险控制在合理范围之内，如果信息处理行为引发的风险超过了合理的范围，应认定构成损害。值得注意的是，个人敏感信息的处理风险不是静态的"有无"判断，而是随着处理场景的变化不断转变，只有在具体处理场景中才能判断个人敏感信息处理所引发的风险。②风险性损害根据信息处理可能产生的风险来判定是否存在损害，有利于充分保护信息主体的合法权益，避免信息主体因举证不能而陷入无法救济的窘迫处境。一般来说，如果信息处理产生的风险高于合理的范围，则为法律所不允许，信息处理者需将相关风险告知信息主体并重新获得信息主体的授权同意，否则可能构成侵权。需注意的是，即使信息处理产生的风险在合理范围之内，并不当然意味着信息处理行为是正当的，如果信息主体明确表示拒绝接受信息处理的，则信息处理者不得继续处理信息，除非信息处理者有证据证明信息处理的利益大于信息主体的利益。

2. 风险性损害的主要类型

大数据时代，侵害个人敏感信息可能产生各种各样新型的损害样态，个人信息的不法泄露、出售、公开等行为可能使得信息主体面临极大的风险，这种

---

① [德]乌尔里希·贝克、威廉姆斯：《关于风险社会的对话》，路国林编译，载薛晓源、周战超主编：《全球化与风险社会》，社会科学文献出版社2005年版，第3页。

② 孙清白：《敏感个人信息保护的特殊制度逻辑及其规制策略》，《行政法学研究》2022年第1期，第128页。

不确定性的风险在一定情形下也可以视为损害。

首先，侵害个人敏感信息可能引发歧视风险。现代法律与伦理道德一致认为，人人生而平等，每个人都享有自由追求个性发展与美好生活的权利，禁止他人遭受歧视性的社会对待成为一项普世性的价值准则。现阶段，我国立法明确规定禁止性别歧视、种族歧视、宗教歧视、职业歧视等各种形式的歧视，《宪法》第三十三条更是以国家根本大法的形式确立了禁止歧视的基本理念。"歧视"是指一种不公正的、不合理的或任意区别的贬义，其包含三个基本要素，即存在区别待遇、此种区别具有不良的效果以及该区别的理由是被禁止的。[1]现代社会，个人信息处理活动的规模与频率大幅度提高，增加了信息主体遭遇歧视性对待的风险。实践中，最典型的表现就是"大数据杀熟"，互联网经营平台大量收集消费者的消费习惯、消费方式、对价格的敏感程度等相关信息，然后通过一定的数据分析技术形成消费者的数字人格画像，并在此基础上针对同一产品或服务实行差别化定价。"大数据杀熟"不仅侵害了消费者的知情权与选择权，也存在歧视消费者之嫌。此外，如果信息主体的健康状况、收入情况等个人敏感信息被泄露或不当公开，可能对信息主体的就业、投保等带来不利影响，甚至可能给信息主体造成实质性的伤害，严重阻碍了信息主体正常的生存与发展。

其次，侵害个人敏感信息可能造成自由风险。自由主义理论的核心是个人自主，个人自主通常被描述为个人控制自己人生的能力，其可以根据自己的理由和动机来生活，而不受外部力量的操纵或扭曲。[2]我国《宪法》第三十五条明确规定，公民基本的自由不受侵犯，然而，无处不在的信息抓取现象使得人们不敢于发表自己的意见或做出一定的行为，因为人们无从知道自己的个人敏感信息何时被收集、如何被关联，尤其当重要的个人敏感信息被泄露时，人们更倾向于做出主流的、温和的选择。乔尔·雷登伯格强调，在公共场合保持匿名是开放社会的一个重要特征，它可以保护个人不受跟踪和暴力，使他们能够坚持和倡导不同的观点。[3]然而，现实生活中，随处可见的生物识别以及视频监控极大地削弱了个体根据自己意愿自由行为的积极性，当人们意识到自己宗教信仰、政治观点等相关个人敏感信息可能被他人不当监视或利用时，其通常会控

---

[1] 李薇薇：《论国际人权法中的平等与不歧视》，《环球法律评论》2004年第2期，第227页。

[2] Moira Paterson, Maeve McDonagh, Data Protection in an Era of Big Data: The Challenges Posed by Big Personal Data, Monash University Law Review, vol. 44, no. 1, 2018, p.7.

[3] Joel R. Reidenberg, Privacy in Public, University of Miami Law Review, vol. 69, no.1, 2014, p.153.

制或努力调整自己的言行举止，以免自己的言行遭到社会的排斥，这在一定程度上限制了行为自由与表达自由，甚至可能使其个性发生根本转变。有学者通过实证研究发现，对个人活动的持续监控可能影响人们的自由，诸如阅读自由、思考自由、交流自由等，进而导致社会交往的"寒蝉效应"（chilling effects）。[①]此外，实践中还经常发生的情形是，大数据通常根据消费者的偏好大量推送相关信息，信息主体在做出决定时看似是基于自己真实的意愿，实则是在信息处理者操纵的情形下做出的，随处可见的大数据推送现象严重侵害了信息主体的选择自由。

最后，侵害个人敏感信息可能造成安全风险。个人信息具有标识个人年龄、性别、姓名等基本特征的功能，通常具有唯一性和不易更改性，一旦泄露或被不当使用可能造成不可逆转的风险。与此同时，个人敏感信息还具有无形性与非竞争性，信息主体可能在不知情的情况下被获取了相应信息，使得信息主体无法合理地阻止个人信息被他人收集，因为不法处理个人敏感信息的行为可能发生在任何时候、任何地点。尤其是，社交网络的接入为人们提供了访问他人个人信息的途径，这些个人信息可能在信息主体不知情或未经其同意的情况下被使用，极大地增加了个人信息泄露的风险。个人信息被不法泄露具有较强的危险性，即使没有直接造成信息主体损害，也具有潜在伤害的可能，这种损害的高风险性严重威胁了信息主体的人身财产安全。由是可知，面对不断涌现的个人信息新型损害，法律是否以及在多大范围内承认这些损害，需要在个案中审慎对待。

3. 风险性损害的比较法实践

由于损害自身的模糊性以及社会实践的复杂性，为及时、有效地解决纠纷，域外立法对于损害的判定倾向于更加开放性的态度。对此，英美法确立了自身可诉性损害，如果原告能够证明被告实施了相关侵权行为，则法院可以根据被告行为或者"合理人"标准自由裁量是否存在实际的损害，原告对于实际损害的存在并不负有证明责任。[②]值得注意的是，自身可诉性损害只是免除了受害人损害证明的义务，并没有剥夺其证明权利，受害人仍可提出证据证明其遭受的损害的类型、损害的程度以及损害的范围等。与之类似，欧盟域内侵权损害

[①] Jonathon W. Penney, Chilling Effects: Online Surveillance and Wikipedia Use, Berkeley Technology Law Journal, vol. 31, no. 1, 2016, p.169.

[②] 胡雪梅：《英美侵权法行为"自身可诉"侵权制度及其合理借鉴——以我国〈侵权责任法〉的完善为中心》，《现代法学》2011年第1期，第143—144页。

的认定标准也逐渐降低，欧洲各国的侵权责任法在典型的人格权客体，如生命、身体的完整性、名誉、尊严等领域转变了传统的损害认定思路，主张只要存在对这些客体的侵害事实就予以补偿。① 例如，意大利法院创设出"生物学上的损害"这一概念，不再细究损害发生前后财产状况的不同，而是将身体或健康上的伤害本身就看作是一种损害——事件损害，法国和希腊也通过接受"事件损害"的存在规避了法律的规定。②

在个人信息侵权领域，损害的认定也呈现出缓和之势。根据美国联邦宪法第三条之规定，个人只有满足以下条件才享有向联邦法院提起诉讼的资格：（1）原告必须遭受事实上的损害——法律保护的利益受到侵犯，且损害必须是具体的、特定的、实际的或即将发生的，而不是推测的或假设的；（2）损害与被诉行为之间必须存在因果关系；（3）损害具有可救济性，能够通过有利裁决予以纠正。③ 然而，近年来，一些法院倾向于对美国宪法第 3 条之"损害"采取广义的解释，允许个人在数据泄露时提起诉讼，并不要求必须存在实际的损害。在"雷米哈斯诉内曼·马库斯"（Remijas v. Neiman Marcus）一案中，美国联邦第七巡回法院认为，如果原告被要求必须等待损害实际发生时才能提起诉讼可能存在诸多问题，因此，有必要降低损害的认定门槛，如果损害达到了"客观合理的可能性"（objectively reasonable likelihood），就应当认为原告可以获得诉讼资格。④ 在"罗森巴赫诉六旗娱乐公司"（Rosenbach v. Six Flags Entertainment Corporation）一案中，伊利诺伊州的史黛西·罗森巴赫（Stacy Rosenbach）诉称，六旗娱乐公司在未获取有效同意的情形下擅自采集其未成年儿子的指纹，违反了《伊利诺伊州生物识别信息隐私法》（*Illinois' Biometric Information Privacy Act*, BIPA），要求六旗娱乐公司予以赔偿。上诉法院认为，原告必须是因他人违反该法案而遭受实际损害的人，若个人仅声称被告违反了法案却没有受到实际的损害，则其无法成为适格的原告，因此驳回了史黛西的诉讼请求。2019 年伊利诺伊州最高法院推翻了上诉法院的判决，认为生物识别信息属于个人敏感信息，具有唯一性、不易更改性，一旦被泄露将会造成无法想象的风险，如果坚决要求个人只有在遭受实际损害时才能寻求法律救济，这完全违背

---

① 张新宝：《侵权责任构成要件研究》，法律出版社 2007 年版，137 页。

② ［德］克雷斯蒂安·冯·巴尔：《欧洲比较侵权行为法》（下卷），焦美华译，法律出版社 2001 年版，第 25—31 页。

③ Emily Schmidt, Article III Standing in Data-Breach Litigation: Does a Heightened Risk of Identity Theft Constitute an Injury-in-Fact, Cumberland Law Review, vol. 49, no. 2, 2019, pp. 392-393.

④ See Remijas v. Neiman Marcus Group, LLC, No. 14-3122 (7th Cir. 2015).

了 BIPA 所确立的预防和威慑的立法目的，因此，被告的行为违反了 BIPA 的相关规定就可以使得个人获得原告的诉讼资格，而无需遭受实际的损害。[①]有学者直言，实际的伤害或损害是不必要的，因为实际的损害如身份盗窃或金钱损失往往意味着为时已晚——消费者的生物特征信息不再安全，因此实际损害应指消费者的隐私受到侵犯。[②]还有学者认为，个人敏感信息的暴露往往导致信息不对称，可能会减少消费者的福利，因此，即使没有产生具体的损害，但个人敏感信息不合理的暴露本身足以构成实质性损害。[③]

4.我国引入风险性损害的可行性分析

（1）减轻信息主体的证明负担

通说认为，在认定损害时，应当遵循"侵害行为—权益侵害—损害"这种判断路径，受害人请求损害赔偿须证明行为人的侵害行为造成了权益侵害，并且权益侵害进一步导致了损害的发生。同时，依据我国民事诉讼法之证明责任分配方式，应当由受害人对损害的客观存在加以证明，否则可能承担败诉风险。然而，大数据分析技术的广泛应用改变了传统的侵权模式，使得个人信息侵害行为呈现技术性强、隐蔽性高等诸多特征，增加了信息主体的证明负担。具体来说，个人信息处理行为具有较强的专业性，实践中，信息主体与信息处理者之间的信息具有不对称性，信息主体难以对个人信息侵权进行翔实的举证。再者，个人信息处理活动涉及收集、存储、使用等多个环节，个人信息可能在多个信息处理者之间频繁地流转与共享，给信息主体收集证据增加了困难。尤其在个人敏感信息侵权中，由于个人敏感信息只要被泄露或者非法使用就可能产生极大的风险，信息主体往往难以及时察觉个人信息被侵害，若强行要求信息主体证明信息处理者不当收集或利用其个人敏感信息，以及其因不当的信息处理活动遭受了人身或财产损害，无异于阻碍了信息主体获得法律救济的途径。

为解决个人敏感信息侵权损害认定的难题，我国学者要求扩张个人信息侵权损害的内涵以满足大数据时代个人信息保护的呼声日益高涨。田野教授认为，为适应大数据时代个人信息保护的需求，传统侵权法上损害的确定性不能被僵化地解释为损害已发生，实质性的未来风险客观上也存在符合确定性标准之可

[①] See Rosenbach v. Six Flags Entertainment Corporation., 129 N.E.3d 1197, (111. 2019).

[②] Chloe Stepney, Actual Harm Means It Is Too Late: How Rosenbach v. Six Flags Demonstrates Effective Biometric Information Privacy Law, Loyola of Los Angeles Entertainment Law Review, vol. 40, no. 1, 2019, p.86.

[③] Maxwell E. Loos, Exposure as Distortion: Deciphering Substantial Injury for FTC Data Security Actions, George Washington Law Review Arguendo, vol. 87, no. 42,2019, pp. 42-66.

能，个人信息暴露带来的风险升高、预防风险的成本支出和风险引发的焦虑等均是侵权造成利益差额的体现，应当将其认定为损害。[①] 谢鸿飞教授也认为，在风险社会中，若严格固守传统的侵权损害观念，必将弱化侵权法的预防功能与震慑功能，因而有必要降低损害的确定性，承认未来损害的正当性。[②] 解正山教授也认为，虽然被侵害风险这种无形的"未来损害"不同于身体伤害带给人们直观冲击进而让目击者对受害人经历的痛苦感同身受，也无法像金钱损失或财产毁坏这种现实损害那样易于发现、评估与量化，但无法否认这些"损害"的存在。[③]

不同于传统损害所具有的现实性、确定性之特质，"风险性损害"不要求损害的实际发生，只要求损害的发生存在极高的可能性即可。可见，"风险性损害"具有或然性、潜在性。个人敏感信息关系信息主体基本的人格利益，不法收集、不当使用或非法泄露个人敏感信息可能给信息主体的人身利益、财产利益造成严重的威胁。据此，对于不法处理个人敏感信息的，可以推定"风险性损害"的存在，受害人可以请求相应的损害赔偿，无需等到传统意义上损害结果的实际发生。"风险性损害"扩大了个人敏感信息侵权损害的内容，可以实现惩戒行为人与保护受害人之价值目标。

（2）风险性损害的规范性基础

实际上，我国对于"风险性损害"的认可已经不局限于理论探讨范畴，而是有着坚实的制度基础的支撑。已经废止的《侵权责任法》第六十二条曾规定，"医疗机构及其医务人员应当对患者的隐私保密。泄露患者隐私或者未经患者同意公开其病历资料，造成患者损害的，应当承担侵权责任"。《民法典》第一千二百二十六条则规定，"医疗机构及其医务人员应当对患者的隐私和个人信息保密。泄露患者的隐私和个人信息，或者未经患者同意公开其病历资料的，应当承担侵权责任"。

可以发现，相较于《侵权责任法》第六十二条，《民法典》第一千二百二十六条删除了"造成患者损害"这一要件，实际上，这并非立法者的疏失，而是有意为之。由于医疗机构及其医务人员泄露患者的个人信息或者未经患者的同

---

① 田野：《风险作为损害：大数据时代侵权"损害"概念的革新》，《政治与法律》2021 年第 10 期，第 25—39 页。

② 谢鸿飞：《个人信息泄露侵权责任构成中的"损害"——兼论风险社会中损害的观念化》，《国家检察官学院学报》2021 年第 5 期，第 34—36 页。

③ 解正山：《个人信息保护法背景下的数据抓取侵权救济》，《政法论坛》2021 年第 6 期，第 35—36 页。

意公开其病历资料是一种较为严重的侵权行为，可能对患者的工作、生活和学习造成重大影响，为了加强对诊疗活动中患者个人信息的保护，不应一味要求损害的现实发生，因而规定无论该行为是否对患者造成损害，医疗机构及其医务人员都应当承担侵权责任。[①] 有鉴于此，对于个人敏感信息侵权不宜全面固守传统的损害认定规则，实际的损害并不是个人敏感信息侵权责任构成的唯一要素。如果不法侵害个人敏感信息的行为使得信息主体面临更大的风险，或者超过了信息主体的合理预期，也应当认定损害的存在。

三、相当因果关系

个人敏感信息被侵害可能导致信息主体重大的人身权益以及财产权益损害，为顺利实现受损利益的转移，个人敏感信息侵权适用一般侵权行为的"相当因果关系"即可，无需设置更高的因果关系标准，否则可能会阻碍信息主体有效获得法律的救济。相当因果关系由德国学者约汉姆·冯·克里斯（Johamn Von Kries）率先提出，历经发展逐渐成为德国侵权法的主流学说，并被其他国家（地区）的立法与实践广泛接受。一般认为，相当因果关系由"条件关系"和"相当性"构成，两者缺一不可。

（一）"条件关系"之认定

传统理论认为，"条件关系"适用"若无则不法则"进行认定，其主要考察在没有加害人的行为或危险物的情况下，损害是否仍会发生，如果损害不会发生，则加害人的行为或危险物即为损害发生的条件，反之则否。[②] 具体到个人敏感信息侵权中，不法侵害行为与损害后果之间是否存在"条件关系"，主要考察两者之间是否具有关联性。换句话说，如果没有侵害个人敏感信息的行为，损害后果就不会发生，则两者之间存在"条件关系"。

需注意的是，虽然"条件关系"也含有一定的价值判断，但其更多地面向事实层面，因之，如果侵害行为客观上促成了损害结果的发生或扩大，则认为侵害行为是损害结果发生的必要条件。在具体判定侵害行为与损害之间是否存在"条件关系"时，需要立足于社会现实实践，如果根据社会一般的认知观念，该行为显然不可能引发损害结果的，则应当否定两者之间的因果关系。

[①] 黄薇主编：《中华人民共和国民法典侵权责任编解读》，中国法制出版社 2020 年版，第 233 页。

[②] 于敏、李昊等：《中国民法典侵权行为编规则》，社会科学文献出版社 2012 年版，第 134 页。

（二）"相当性"之认定

"相当性"主要考察违法行为对损害发生或扩大所具有的影响性，其认为唯有从有经验的观察者的立场观察，通常可增加损害发生概率的事件才构成相当性原因，反之，异常的、在正常视角下不可预期的因果进程则不具有相当性。[①]一般来说，原告只有提供证据证明违法行为与损害之间具有高度可能性时，才能认定违法行为与损害之间存在相当因果关系。实践中，由于个人敏感信息共享行为的普遍性、损害结果的潜伏性以及网络空间的匿名性等诸多不确定因素的存在，使得侵害行为与损害结果之间往往不是一一对应的关系，而是呈现出多因多果、多因一果、一因多果等复杂的因果关系类型。相较于信息处理者，信息主体无论在资本、技术或能力上均处于弱势地位，导致个人信息侵权因果关系的确定存在较大的困难。为此，有必要降低"相当性"的证明标准，如果受害人有证据证明侵害人的行为与损害结果具有"合理的可能性"时，即可认定相当因果关系的存在。

大数据时代，个人信息的流转与共享日趋常态化，使得可能引发损害结果发生的侵害行为纷繁复杂。为保障正常的信息交流，维护人们基本的行为自由空间，法律必须将与损害结果不存在"相当性"的行为排除出去。"相当性"的判定涉及多元价值的利益衡量，需要在具体个案中予以确定。对于侵害个人敏感信息造成损害的，在判定侵害行为对于损害结果的发生是否具有"相当性"时，应当具体考察侵害行为人的主观过错程度、侵害行为的影响范围、被侵害个人敏感信息的类型等。

[①] ［德］埃尔温·多伊奇、汉斯-于尔根·阿伦斯:《德国侵权法——侵权行为、损害赔偿及痛苦抚慰金》，叶名怡、温大军译，中国人民大学出版社 2016 年版，第 10—11 页。

第五章 个人信息侵权的救济方式

第一节 个人信息侵权救济的基本思路

区分规制个人敏感信息与个人一般信息的目的在于二者的保护方式与保护程度不同，相较于个人一般信息，法律应当对于个人敏感信息的收集、处理和利用给予更高的注意及特殊的保护。有鉴于此，应当区别个人敏感信息与个人一般信息提供不同的救济措施，具体来说，对于个人一般信息应当提供一般性的保护，而对于个人敏感信息，则需要提供强化性的保护。

一、个人一般信息：一般性的保护

随着大数据分析技术的不断发展，社会对于个人信息的利用需求达到了前所未有的高度，个人的生活交往以及社会的存续发展离不开个人信息的收集与利用。对此，立法不再单方面强调信息主体利益的保护，欧盟《一般数据保护条例》及我国《个人信息保护法》都明确指出，应当注重信息保护与信息利用之间的平衡。近年来，我国信息产业发展迅速，对个人信息利用的需求也越来越大，大数据分析技术通过结合不同来源的个人信息能够精准预测新的趋势，有利于新产品、新服务的研发。

为了保障社会活动的有序开展，应当适度地允许个人信息的利用行为，就此而言，对于与信息主体联系不甚紧密的个人一般信息，应更多关注于其在社会生活中的流转与利用。具体来说，应将个人一般信息作为一般性的社会资源，对其提供一般性地保护，避免阻碍正常的个人信息处理活动。在侵权救济方式上，侵害个人一般信息应当主要采取补偿性的救济方式，以期全面补偿信息主体因不当的信息处理行为而遭受的损害，同时避免过度侵害信息处理者的信息自由。根据信息主体所遭受的损害是否具有财产性，可以将其区分为财产损害与精神损害，相应地，对于信息主体的救济方式可以采取财产损害赔偿与精神损害赔偿。

二、个人敏感信息：强化性的保护

由于个人敏感信息关系信息主体基本的人格利益，因此对于个人敏感信息应当提供强化性的保护。具体来说，对于侵害个人敏感信息的，信息主体除了可以寻求财产损害与精神损害等一般的救济方式外，还可以请求侵权行为人承担惩罚性赔偿、预防性侵权责任等特殊的救济方式。

需注意的是，个人敏感信息作为价值评价的产物，其内蕴的敏感性存在程度上的差异。信息处理者不当处理不同敏感程度的个人敏感信息，给信息主体造成的损害也是不同的，因此，有必要根据信息敏感度的高低采取差异化的保护策略。概言之，与人格尊严关系越紧密的个人信息其敏感度越高，如基因信息或生物识别信息，应提供较之于其他敏感信息更为严格的保护。对此，有学者依据敏感度的差异将个人信息分为四个等级，即高度敏感信息、敏感信息、轻微敏感信息以及非敏感信息，并据此设计不同的保护措施。[①]《一般数据保护条例》第九条明确规定，对于不同敏感度的个人敏感信息应当采取不同的保护措施，一定程度上体现了区别保护敏感信息的思想理念。具体来说，对于种族、政治观点、宗教信仰、哲学信仰、工会资格等敏感信息，侵害行为人非法泄露之就构成侵权；对于基因信息与生物识别信息，信息处理者以识别为目的对其进行处理就构成侵权；而对于健康信息、性生活、性取向等敏感信息，则提供更高的保护强度，只要信息处理者处理该类敏感信息就构成侵权。国家立法层面，奥地利、法国和意大利认为基因信息具有高度的敏感性，应给予其更高程度的保护；匈牙利认为关于种族、民族、政治观点、党派关系或宗教信仰的个人信息更为敏感；丹麦则认为与"政治事务"有关的个人信息更为敏感。[②]

差异化保护个人敏感信息不仅符合个人敏感信息客观存在的现实差异性，也契合"相同事物相同对待、不同事物区别对待"的朴素正义观。此外，细化个人敏感信息的保护规则能够更好地兼顾信息主体与信息处理者的利益。关于个人敏感信息等级的划分，需要完善现行规定中的影响评估制度，根据《个人

[①] Andrew B. Serwin, Privacy 3.0-The Principle of Proportionality, University of Michigan Journal of Law Reform, vol. 42, no. 4, 2009, pp.900-906.

[②] Spiros Simitis, Revisiting Sensitive Date, https://rm.coe.int/09000016806845af. pp.5-6. (Last visited:2021-03-15)

信息保护法》第五十五条、第五十六条之规定，信息处理者在处理个人敏感信息之前应当进行个人信息保护影响评估，评估的内容包括信息处理的目的、方式、对个人权益的影响等。影响评估制度为判断后续信息处理引发的风险是否高于应有程度的风险提供了衡量工具，但其主要关注事前评估，无法周延地保护信息主体的合法权益。因此，有必要建立个人信息处理全生命周期的影响评估机制，即事前、事中、事后全方位地动态评估机制，并将评估的风险依据一定的标准划分为不同的等级，进而根据不同程度的风险采取不同的处理措施，如果风险等级较高，则应当严格限制敏感信息的处理，反之，信息处理者可以在一定范围内合理利用敏感信息。

第二节　个人一般信息侵权的救济方式

一、补偿性赔偿的基本方式及基本原则

（一）补偿性赔偿的基本方法

关于损害赔偿的方法，主要存在恢复原状与金钱赔偿，在两者的具体适用顺序方面，比较法存在不同的做法。德国及我国台湾地区主张侵权损害赔偿应当以恢复原状为原则，金钱赔偿仅在恢复原状不可能或需要花费不成比例的代价时才能适用。与之不同，日本及法国则认为，侵权损害赔偿应当以金钱赔偿为原则，恢复原状仅在特殊情况下适用。瑞士、俄罗斯等则认为，恢复原状与金钱赔偿不存在优先适用的问题，两者具有同等重要的地位，应当由法官根据个案具体情境决定适用之。我国现行法律规范中，《国家赔偿法》明确表示金钱赔偿应当优先适用，《民法典》则没有对恢复原状与金钱赔偿的适用顺序做出规定，从体系解释角度来看，原则上受害人可以自行选择。

就个人信息侵权而言，笔者认为，应当优先适用金钱赔偿。金钱赔偿是指以给付金钱的方法填补受害人所遭受的损害，使受害人恢复到如同损害没有发生时的状态，恢复原状则指加害人负有恢复至假使未发生引起损害的事件而应有状况的义务，可见，与金钱赔偿相比，恢复原状受一定条件的限制，即恢复原状必须是可能的，而且不会给债务人造成过重的负担。[①] 个人信息侵权中，由于个人信息具有无形性、共享性等特性，侵害个人信息具有不可逆转性，因此，恢复原状在个人信息侵权救济中难以适用。此外，由于个人信息与其他形式的

---

① 冉克平：《民法上恢复原状的规范意义》，《烟台大学学报（哲学社会科学版）》2016年第2期，第16页。

个人财产一样具有货币价值，信息主体所遭受的损害是特定的、可以量化的，[①] 就此而言，相较于恢复原状，金钱赔偿更具有优势。

（二）完全赔偿原则的批判与反批判

侵权法以填补受害人因侵害行为所遭受的损失为指导思想，对于受害人所受的损害采行完全赔偿原则，以期使受害人恢复至侵权行为没有发生时其本应处的状态，这被近代侵权法奉为圭臬。同时，为防止受害人因损害赔偿而受有利益，侵权法严格贯彻禁止得利原则，确保受害人的损害得以充分救济的同时限制受害人因此获得额外的利益。换言之，损失赔偿的范围既不能少于受害人遭受的损害，也不能多于受害人遭受的损害，而是刚好填平受害人的损失。损失赔偿的范围少于受害人遭受的损害的，可能无法全面保护受害人的合法权益，损失赔偿的范围多于受害人遭受的损害的，可能使得受害人因侵权行为而不当获利。

关于损失赔偿的范围，传统侵权法理论认为，为保障受害人的损失得到全面救济，损失赔偿以"完全赔偿原则"为准据，侵害人应当赔偿受害人遭受的全部损失。反对者则认为，"全部损害赔偿"只是理想状态，实践中所谓的"全部损害赔偿"不易实行，因为某一损害可能牵连引发其他损害，因此民法中的损害赔偿是经过裁剪的有限范围的救济，所谓的"全部损害赔偿"并非是要赔偿受害者所遭受的全部损害，而只是赔偿其一部分而已。[②] 笔者认为，完全赔偿原则是损害填补原则与禁止得利原则的另一种表达方式，侵害人对其造成的损害予以全面赔偿是公平正义的内在要求。虽然不乏学者批判完全赔偿原则具有适用上的僵硬性与价值上的武断性，更有学者提出以"损害酌定制度""动态系统论"等相关理论来取代完全赔偿原则的功能发挥。然而，这些理论学说仅于特定的情形下存在作用空间，并不具有普遍的适用性，无法撼动完全赔偿原则的根本性地位。

二、财产损害赔偿

关于财产损害赔偿的范围，《个人信息保护法》基本沿袭了《民法典》第一千一百八十二条之规范内容，并于第六十九条明确规定侵害个人信息造成的财产损害可以按照"损失赔偿""获益赔偿"以及"酌定赔偿"进行救济。在具体

[①] Raquel Gonzalez-Padron, Property Rights over Personal Data: An Alternative for Standing in Data Breach Cases, Wake Forest Law Review, vol. 56, no. 2, 2021, p. 413.

[②] 曾世雄：《损害赔偿法原理》，中国政法大学出版社 2001 年版，第 25 页。

的适用上，被害人有权选择"损失赔偿"或"获益赔偿"，但其选择权也仅限于此，对于无法确定"受害人损失"或"侵害人获益"的，则由相关机关根据实际情况酌定赔偿。以下具体阐述。

（一）损失赔偿

1. 直接财产损失

个人信息侵权中，侵权人应当赔偿受害人遭受的全部财产损失，这一点应无疑义。根据被侵害的利益是否为现存利益，可以将信息主体因侵权行为遭受的财产损失分为直接财产损失与间接财产损失。直接财产损失指信息主体现有利益的减少，亦即信息主体因侵害行为而遭受的现存财产利益的直接减少或灭失。个人信息侵权直接财产损失主要包括个人信息自身财产利益损失，以及因个人信息被侵害导致的其他现有财产利益损失。

从财产面向来看，强大的市场需求决定了个人信息具有一定的经济价值，可以在市场上自由流通与交易。关于个人信息的财产价值，不同于一般的有体物，个人信息之财产利益具有无形性，如何计算个人信息之财产价值存在较大的难度。对此，比较法上大致存在两种计算方式，即"个人信息交易模式"（personal data economy）与"隐私付费模式"（pay for privacy），"个人信息交易模式"假设信息主体愿意以何种价格披露其个人信息，该价格即为个人信息的经济价值；"隐私付费模式"则具体考察信息主体愿意支付多少费用购买隐私保护产品或服务，以防止其个人信息被用于广告目的的收集与挖掘，进而主张将信息主体所支出的费用视为其遭受的财产损失。[1] 我国学者孙南翔倾向于采取"隐私付费模式"，其认为个人信息的财产损失为信息主体因信息不当收集、处理和使用所产生的损失额，可以根据信息主体为阻止个人信息披露而愿意支付的价格来计算其信息损失费用。[2] 日本学者城田真琴则主张运用多元的计算方式，个人信息的经济价值可以根据企业的结算报告、市场交易价格、数据泄露事件的赔偿金额、调查和经济实验以及个人信息保护服务的缴纳金等多种方式予以推测。[3]

笔者认为，个人信息财产价值的计算应当采取"个人信息交易模式"，也就

---

[1] Stacy-Ann Elvy, Paying for Privacy and the Personal Data Economy, Columbia Law Review, vol. 117, no. 6, 2017, pp.1383-1397.

[2] 孙南翔：《论网络个人信息的商业化利用及其治理机制》，《河北法学》2020年第7期，第102页。

[3] [日]城田真琴：《数据中间商》，邓一多译，北京联合出版公司2016年版，第94—120页。

是说,应当以信息主体在其个人信息被不当公开或处理时所愿意接受的补偿金额为计算标准。通过比较"个人信息交易模式"与"隐私付费模式"可以发现,前者主要关注于个人的接受意愿(individuals' willingness to accept ,WTA),即个人愿意接受的放弃其个人信息的金钱;后者则聚焦于个人的支付意愿(individuals' willingness to pay, WTP),即个人愿意支付的以获取其原本不拥有的商品或服务的金额,但实证研究表明,个人的接受意愿往往大于个人的支付意愿。[1] 相较于欧美发达国家,我国民众的隐私保护意识普遍不高,很少有人愿意花费金钱去购买加密技术服务,在此社会背景下,"隐私付费模式"在我国没有足够的生存土壤,很难在实践中推广开来。此外,在缺乏有效的市场监管机制的现实情境下,"隐私付费模式"可能激励潜在的加害行为人大规模收集个人信息,以进一步开发个人隐私保护产品或服务,因此,试图借助信息主体购买相关的产品或服务来实现个人信息的保护是行不通的。

除了造成个人信息本身的经济价值损失外,侵害个人信息还可能导致信息主体其他财产利益的减少或丧失,譬如信息主体因个人信息被泄露或被窃取导致银行卡被盗刷而遭受的财产损失、他人冒用信息主体身份领取相关财产利益等。实践中,因个人信息被盗取引发的财产损失较为复杂,在具体认定时必须将信息主体遭受的纯粹经济损失以及与不法使用个人信息不具有关联性的财产损失排除出去,这需要相关机关仔细甄别不同的损失类型,合理厘定信息主体的财产损失范围。此外,不法使用个人信息以获取他人财物的行为,除了承担民事赔偿责任外,在一定情形下还可能构成刑事犯罪,诸如诈骗罪、盗窃罪等。

2. 间接财产损失

目前,学界对于间接损失的赔偿范围存在争议,具体可以分为"全部赔偿说"与"限制赔偿说"。"限制赔偿说"认为,由于间接损失的本质特点在于其为未来损失,为平衡受害人的损害救济与行为人的行为自由,对间接损失的赔偿应当予以必要的限制。[2] "全部赔偿说"则认为,财产损害赔偿奉行全部赔偿原则,因此对于间接财产损失应当全部赔偿,如果对一般的间接损失不予赔偿显然违背了损害赔偿的填补损害性质。[3] 笔者认为,对此问题的回答需要从间接损失的基本原理出发,间接损失是指权利主体因侵害行为的发生而遭受的

---

① Alessandro Acquisti, Leslie K. John & George Loewenstein, What Is Privacy Worth, Journal of Legal Studies, vol. 42, no. 2, 2013, p.255.

② 最高人民法院民法典贯彻实施工作领导小组主编:《中华人民共和国民法典侵权责任编理解与适用》,人民法院出版社 2020 年版,第 167 页。

③ 杨立新:《侵权法论》,人民法院出版社 2005 年版,第 765 页。

未来可得利益的丧失，可得利益不以现实化为必要，只需要在一定条件下具有转化为现实利益的可能性即可。一般认为，间接损失具有三个特点：1. 间接损失是未来可得利益，其在侵权行为发生时通常只具有财产取得的可能性，并不具有现实性；2. 间接损失是未来极有可能实现的利益，而非遥不可及的；3. 这种未来可得利益产生于被损害财产，具有确定的范围，而非与被侵害财产无关的虚妄利益。[①] 换句话说，虽然间接损失不具有现实性，但其按照事物的通常发展进程极有可能实现，是受害人损失的重要组成部分，因此，对于间接损失应当予以全部赔偿。

个人信息蕴藏着一定的经济价值，侵害人未经同意或授权擅自处理他人个人信息的，将使得信息主体丧失商业化利用其个人信息的机会，从而导致未来可得利益的灭失。虽然单个个人信息之财产价值微小，但不能成为否定信息主体请求损失赔偿的理由。实践中，信息主体出于诉讼成本高、诉讼周期长、举证难度大等多方面的考量，倾向于对侵害个人信息的行为保持沉默，不但助长了个人信息侵权现象的发生，更忽视了信息主体合法利益的保护。因此，在计算信息主体的间接财产损失时，可以参考知识产权法中的拟制授权许可费，假设侵权人与受害人之间存在个人信息许可使用合同，财产损失的数额为受害人通过该合同可能获得的财产利益。对于知名人士而言，法院在判断其遭受的间接损失数额时，还可以依据类似的商业代言合同直接做出裁定。需注意的是，无论是拟制授权许可费还是商业代言合同，都是一种假定的数额，侵害人可以通过提供相反的证据而推翻之。此外，信息主体为维护自己合法权益而支出的费用也属于间接损失范畴。根据《最高人民法院关于审理利用信息网络侵害人身权益民事纠纷案件适用法律若干问题的规定》（法释〔2024〕11 号）第十二条以及《最高人民法院关于审理使用人脸识别技术处理个人信息相关民事案件适用法律若干问题的规定》（法释〔2021〕15 号）第八条之规定，被侵权人为制止侵权行为所支付的合理开支，可以认定为《民法典》第一千一百八十二条规定的财产损失，具体包括调查取证的合理费用以及特定情况下的律师费用等。

（二）获益赔偿

以侵权人是否获益为标准，可以将侵权行为区分为损害型侵权行为与获益型侵权行为，损害型侵权行为是指产生损害后果但行为人未从中获利的侵权行

---

① 全国人大常委会法制工作委员会民法室编：《〈中华人民共和国侵权责任法〉条文说明、立法理由及相关规定》，北京大学出版社 2010 年版，第 72 页。

为,获益型侵权行为则指产生损害后果且行为人从中获利的侵权行为。[①] 随着社会的发展进步,个人信息的商业价值凸显,侵害个人信息除造成受害人财产或精神损害外,侵权人亦可能因此获益。然而侵害人的获益与被侵害人的损失不一定具有等值性,当侵害人没有获益或获益小于被侵害人损失时,此时根据损害填补规则径行裁定侵害人赔偿被侵害人所受损失并无不当,被侵害人的合法权益亦可得到妥适的救济。若被侵害人所受的损失小于侵害人获益或被侵害人并无损失而侵害人获益时,以填平受害人损失为准则的损害赔偿显得捉襟见肘。任何人不得从其错误行为中获得利益是法律应予尊重的基本原则,[②] 为解决侵害人获利大于受害人损失的困境,《个人信息保护法》第六十九条规定受害人可以向侵权人请求获益赔偿,以剥夺侵害人的不法获利。

立法史上,获益返还的适用顺序经历了重大调整,已经废止的《侵权责任法》第二十条规定侵害人身权益造成财产损失的,按照损失赔偿、获益返还、协商赔偿及酌定赔偿的顺序进行救济。获益返还条款对于人格权商业化利用现象予以了积极回应,其通过剥夺侵害人的不法获利可以有效预防潜在侵权行为的发生。然而,司法实践中,法院在处理人格权益侵权案件时大多采用酌定赔偿加以解决,甚少运用获益赔偿这种救济方式,不仅使获益赔偿条款有流于具文之嫌,更有赋予法官过大裁量权的弊端。对此,《民法典》第一千一百八十二条对获益返还条款的适用顺序进行了相应调整,权利人有权选择损失赔偿或获益返还,损失赔偿不再具有优先适用的地位。《个人信息保护法》遵从了《民法典》第一千一百八十二条的调整进路,将获益返还置于与损害赔偿同等重要的地位,体现了获益返还在个人信息侵权救济体系中具有举足轻重的作用。个人信息侵权案件中,通过剥夺信息处理者的不法获益一方面可以消解损害证明之难题,另一方面可以增强信息主体主动寻求纠纷解决的动力,是我国个人信息保护制度的重大创新。

1. 获益赔偿的理论基础

在探讨获益返还的法理基础之前,有必要厘清几个问题,其一即是获益返还的适用前提。获益返还的适用前提为侵害人获得利益,如果侵害人并无获益,自无获益返还的适用空间。利益存在财产利益与非财产利益之分,侵害人的获益应限于其获得的财产利益,精神利益具有不可估量性及因人而异性,若将侵

---

① 杨彪:《受益型侵权行为研究——兼论损害赔偿法的晚近发展》,《法商研究》2009年第5期,第77页。

② [美] 德沃金:《法律帝国》,李常青译,中国大百科全书出版社1996年版,第18—19页。

害人的精神利益也纳入返还的范围，则法院在计算获益时具有较大的弹性空间，可能溢出"普世价值"所能接受的范围。其二，获益归属于权利人的正当性。先前《民通意见》对于侵权人赔偿受害人损失后仍获益的部分采取的是收缴方式，[①] 这种处理方式的正当性值得推敲。就个人信息侵权来说，侵权获益行为发生在私法领域，侵害人的获益是基于对他人个人信息的利用，利益的归属配置应在侵害人与受害人之间进行，国家不当地介入私法领域会侵犯私法领域的基本秩序。此外，由于个人信息侵权行为的普遍性与公力资源的有限性，国家可能无法或怠于追索侵害人不法获益，如此无法发挥得利剥夺的警示作用，因而将获益归于国家并不妥当。其次，相比于侵害人，将获益归属于信息主体更具有正当性。信息主体对其个人信息享有绝对的支配性，其可以自主决定同意或不同意他人利用，侵害人未经权利人许可或同意擅自利用他人个人信息，侵害了信息主体对其个人信息的圆满支配性。侵害人的获益是因侵害权利人的人格权益而获得的，若认可侵害人对不法获益的保有，将诱发大量的侵害行为，而将获益归于权利人可以有效防止以获利为目的的侵权行为。[②] 同时，将获益分配给信息主体，可为信息主体积极主张权利提供动力，能够有效促进侵权纠纷的快速解决。

关于获益返还的法理基础，学界争执不下，没有统一的定论，主要存在损害赔偿说、不当得利说、不法管理说等。以下将简要分析：

（1）损害赔偿说

关于获益返还的法理基础，有观点主张侵权获利赔偿请求权本质上属于侵权损害赔偿请求权，立法规定获益返还的目的在于简化赔偿计算。[③] 还有学者认为，侵权获利赔偿请求权是因应人格权的保护而产生的损害赔偿请求权，其颠覆了以实际损害为支点的侵权损害赔偿体系，转而以侵权人的获利作为确定损害赔偿数额的方法。[④]

损害赔偿说将获益返还纳入损害赔偿框架进行调整，以期保持体系的纯粹性，却无法回应损害赔偿理论所面临的一系列挑战。损害赔偿需要合理平衡受

---

① 参见《关于贯彻执行〈中华人民共和国民法通则〉若干问题的意见（试行）》第一百五十一条。

② Normann Witzleb, Justifying Gain-Based Remedies for Invasions of Privacy, Oxford Journal of Legal Studies, vol. 29, no. 2, 2009, p. 325.

③ 胡晶晶：《德国法中的专利侵权损害赔偿计算——以德国〈专利法〉第 139 条与德国〈民事诉讼法〉第 287 条为中心》，《法律科学》2018 年第 4 期，第 195 页。

④ 黄芬：《人格权侵权获利赔偿的请求权基础研究》，《法商研究》2019 年第 4 期，第 138—146 页。

害人的损害救济与行为人的行为自由，因此损害赔偿以受害人的实际损害为逻辑起点，以损害填平为指导思想，旨在使受害人恢复至没有侵权行为时其应处的状态。损害赔偿的理想状态是完好填平受害人所受的损害，赔偿的范围既不少于也不多于受害人所遭受的损害，在受害人损失获得填补时，损害赔偿即已圆满完成任务，对于剩余部分的获益，损害赔偿无法发挥效用。由于大众传媒的发展及消费观念的转变，使得某些人格权益具有巨大的市场价值，侵害人通过对他人人格权益的使用往往获益不菲。当侵害人获益大于受害人损失时，若仍依据受害人损失划定侵害人的责任范围，则侵害人可正当地保有剩余的不法获益，这无异于放任侵权行为的发生，而如果根据侵权人获利进行赔偿，则受害人可能获得超出其损害的利益，违背了损害赔偿的禁止得利原则。此外，超过损失填补范围的剩余获益也不属于惩罚性赔偿。惩罚性赔偿是指赔偿数额大于受害人实际损失的赔偿类型，虽然惩罚性赔偿一般设有限额规定，但其限额不以侵害人获利为限，惩罚性赔偿的数额可能远大于侵害人的获利，而获益返还中侵害人应返还的获益不会超出其不法获利范围，不具有惩罚性。[①] 概言之，获益返还只是剥夺了侵权人的不法获益，并没有增加其额外负担，这与惩罚性赔偿有着本质区别。

（2）不法管理说

理论上，日本学者认为，对于故意侵害商品化利益的行为可以援用准无因管理之规定，被侵权人可以要求侵害人返还全部利益。[②] 我国学者岳业鹏也认为，侵权获益返还的理论基础在于不法的无因管理，其通过剥夺不法获利来消除实施侵权行为的动因，进而达到救济损害与预防侵权的双重目的。[③]

无因管理旨在鼓励社会善意行为，以利于他人而管理事务为特征，管理他人事务本是介入他人自治领域的行为，唯其主观上存在为他人管理事务的意思而阻却了不法构成。随着实践的不断发展，比较法上开始承认不法管理制度。不法管理指明知为他人事务仍当成自己事务而管理的行为，虽然相关立法对于不法管理是否可以准用无因管理之规定存在争议，但在构成要件上对不法管理人的主观要件基本达成了一致的共识，均认为不法管理人的主观状态限于"明知"，明确排除了过失构成不法管理的可行性，极大地限制了不法管理在人格权

---

① Goff、Jones, The Law of Restitution, Sweet & Maxwell, 2007, p.815.

② [日]五十岚清:《人格权法》，铃木贤、葛敏译，北京大学出版社 2009 年版，第 151 页。

③ 岳业鹏:《论人格权财产利益的法律保护——以〈侵权责任法〉第 20 条为中心》，《法学家》2018 年第 3 期，第 85 页。

侵权获益中的作用空间。

（3）不当得利说

对于获益返还，有学者将其目光转向权益侵害型不当得利以寻求妥适依归。刘召成教授认为，侵害人获得的经济利益是原应归属于受益人的利益，未经同意将他人人格方面予以商业化利用的，符合没有正当依据获取应该归属于他人的利益，其在性质上属于权益侵害型不当得利。[①] 司法实践中，有的法院明确运用不当得利处理获益返还问题。在 Zacchini v. Scripps-Howard Broadcasting Co 一案中，美国法院认为，保护公开权最直接的意义就在于防止被告不当得利。[②] 在保罗·达尔克（Paul Dahlke）一案中，德国联邦最高法院明确指出，出于商业目的在未经同意的情况下使用著名演员的肖像，构成一项以他人肖像权为代价的不当得利，这一做法被随后诸多判决所遵循。[③]

不当得利制度缘起于罗马法，至今仍是各国（地区）法律体系中的重要组成部分。为应对不断变化的社会实践，不当得利制度开始朝着精细化的方向发展。自奥地利学者威尔伯格提出依据是否因给付而受有利益将不当得利区分为给付型不当得利与非给付型不当得利的非统一说以来，非统一说逐渐获得学界及实务的承认。遗憾的是，我国现行立法仍未就不当得利进行类型化地区分。传统理论认为，不当得利旨在矫正当事人之间无法律原因的财产变动，因而在返还的范围上，若得利小于损失时，以得利为准；若得利大于损失时，则以损失为准。可见，不当得利说同样无法避免的诘问是，在侵害人不法获益大于受害人损失时，受害人保有的剩余不法获益无法处理的尴尬境地，易言之，不当得利以受害人损失为限的法效果安排致使其无法发挥剥夺侵害人的全部获益的功能。

（4）评析

由上简要分析可知，损害赔偿说、不法管理说以及不当得利说在解释获益返还时无法自圆其说的根本原因在于，其以单一的视角评价侵害人的不法获益，并将获益天然地预设为大于损害，且在剥夺侵害人不法获益时未顾及侵害人的正当性利益，忽视了侵害人获益的多面性。实际生活中，侵害人的获益与受害人的损害并不具有等值性，侵害人的获益可能大于也可能小于受害人的损害。

① 刘召成：《人格商业化利用权的教义学构造》，《清华法学》2014 年第 3 期，第 136 页。
② See Zacchini v. Scripps-Howard Broadcasting Co,1977,433 U.S：576.
③ [奥] 赫尔穆特·考茨欧、亚历山大·瓦齐莱克：《针对大众媒体侵害人格权的保护：各种制度与实践》，余佳楠等译，中国法制出版社 2012 年版，第 223 页。

此外，侵害人的获益除了与受害人人格标识存在关联性外，尚包括因自身合法经营获得的利益。

须明确的是，获益返还不是按照债的发生原因来确定的，而是按照债的效果来认定的。[①] 个人信息侵权中，侵害人的获益可以评价为多种样态，应放弃单一的视角评价侵害人的获益，而应以一种多元的视角加以评价。诚如学者所言，不法得利与损失之间的不同关联方式反映出，为剥夺得利而采用的法律措施可能不存在单一的正当性结构或理由。[②] 以单一的视角评价侵害人获益不仅于现实不符，亦可能陷入不当剥夺侵害人获益或无法实现得利剥夺的困境。换句话说，在评价获益返还时，损害赔偿、不当得利、不法管理均有一定的作用空间，不同案件中侵害人的获益表现为何种形态并不一致，需要斟酌个案情境方可确定。由于不同的法理基础其构成要件不同，返还的范围也不同，实践中权利人究竟选择何种救济路径，法律不加以干涉，权利人作为自己利益的最佳判断者及决策者，可根据个案情境选择妥适的救济路径，相应地，就要承担由此带来的法律后果。

2. 获益返还的范围

（1）损害赔偿视角下侵害人的获益

人格权包含财产与精神双重属性，财产既包括权利人的权利，也包括他人尊重该权利的相关义务，所有人有权从财产的使用或转让中获得收益，他人则负有放弃这些收益的相应义务，权利人权利与侵权人义务的这种相关性意味着未经授权的获益体现了两者之间的非正义，而当获益恢复至所有人时，非正义就不复存在了。[③] 个人信息具有潜在的经济价值，信息主体可以自己使用或授权他人使用以获得一定的利益，侵权人未经许可使用他人个人信息的，侵犯了信息主体人格权益的圆满性及对该经济价值的支配性，可以认定为信息主体遭受了损害。对于侵权人来说，其因侵权行为的实施增加了利润或免去了本应支付的费用，所获利益中部分与利用受害人个人信息具有因果关系，在这个意义上，侵权人所获利益与受害人损害具有某种程度的对应性，两者本质上具有同一性，只是评价视角不同而已。

损害是损害赔偿的价值起点，对损害的规范评价最终落脚于损害赔偿数额

---

① 缪宇：《获利返还论——以〈侵权责任法〉第20条为中心》，《法商研究》2017年第4期，第87页。

② 张家勇：《基于得利的侵权损害赔偿之规范再造》，《法学》2019年第2期，第61页。

③ Ernest J. Weinrib, Restitutionary Damages as Corrective Justice, Theoretical Inquiries in Law, vol. 1, no. 1, 2000, pp.12-13

多少的确定，因此损害的认定不同于损害的数额。损害赔偿的目的在于填补受害人的损害，如前所述，个人信息具有无形性，其在遭受损害时恢复原状几无可能，因而大多数情况下以金钱赔偿代之。在采取金钱赔偿方式之下，侵权人获利与受害人损害均可以一定的金钱来量化评价，因此可将侵权人部分获利额视为受害人损害额。比较法上，《荷兰民法典》明确规定，因侵权行为或债的不履行而对另一方负有责任的人因该行为获得利益的，法官可以应另一方的请求将该所得利益或者其一部分计入损失额。[①]荷兰最高法院也认为，将侵权所得利益计入损失额是损害赔偿的估算方式。[②]将侵害人获利视为受害人损害虽具有一定的合理性，然在损害赔偿范围上仍须贯彻侵权法的禁止得利原则，防止受害人因不法行为而获得额外利益。技术层面，推定是可被推翻的，将侵害人获益推定为受害人损害意味着侵害人可以通过证明受害人损害免除自己的得利返还，而只需按照受害人实际损害加以赔偿。因此，受害人在选择损害赔偿救济时须承担无法完全剥夺侵害人全部获益的风险。

（2）不法管理视角下侵害人的获益

目前，不法管理的制度价值得到了普遍的承认，但对于不法管理的法律效果安排则存在争议，争论的焦点在于不法管理是否可准用无因管理之规定。持肯定性观点的学者认为，不法管理可以准用无因管理之效果。持否定性观点的学者则认为，不法管理应根据具体情形援用损害赔偿或不当得利予以解决。[③]我国现行法框架下，虽然《民法典》第九百七十九条对于不法管理进行了规定，但在法效果安排上却否认不法管理可以准用无因管理之法效果。否定说坚持认为无因管理必须具有利于他人的意思，然在利益衡量上有失周延。损害赔偿以受害人损害为限，无法完全剥夺侵害人的获利，承认不法管理准用无因管理之规定，将因不法管理产生的利益归属于本人，能够减少不法管理行为的发生。[④]比较法上，大多数国家或地区均承认不法管理可准用无因管理之法效果，如此可以发挥剥夺侵害人全部不法获益的功效，弥补损害赔偿与不当得利所固有的缺陷，同时可以为知识产权法中的获益返还以及公司法中的公司归入权等相关制度提供理论支撑。因此，对于不法管理是否可以准用无因管理之规定应持肯

---

　①　《荷兰民法典》，王卫国译，中国政法大学出版社 2006 年版，第 184 页。

　②　E.Hondius·A. Janssen (eds.), Disgorgement of Profits—Gain-Based Remedies throughout the World, Springer International Publishing, 2015, pp.7-8.

　③　[日] 我妻荣：《民法讲义——债权各论》，冷罗生等译，中国法制出版社 2008 年版，第 37 页。

　④　郑玉波：《民法债编总论》，中国政法大学出版 2004 年版，第 87 页。

定态度为妥。

值得注意的是，在承认不法管理制度的国家或地区，大多将不法管理人主观状态限于"明知"，否认过失构成不法管理。然而，对故意与过失作或有或无的截然不同安排不可取，故意与过失之间虽有归责性程度的级差，但并不存在一种跳跃式的变化，且在故意与重大过失之间，以及重大过失与轻过失之间，其边缘的模糊区域里，可归责性程度的差别极其微弱。[①] 此外，否认过失构成不法管理会限制不法管理的适用空间，亦会加重权利人的举证负担。主观上的可归责性虽然是判定不法管理是否构成的重要因素，但不是唯一因素，对于人格权这种价值位阶较高的绝对权，其可以弥补侵害人主观可归责性较弱的缺陷，最终导向构成不法管理。不同于此，就人格利益而言，由于其受法律保护的力度较弱，此时需要其他方面因素的补强，对侵害人的主观可归责性要求较高。故而，不应"一刀切"式地否认过失构成不法管理，是否构成不法管理留待法官根据个案具体情境综合判断。实践层面，《瑞士民法典》第二十八条明确规定权利人的人格权被侵害时可以依据无因管理之规定向侵权人请求返还因侵害行为所得的利益，并未将侵害人的主观状态限于"明知"，该做法可为我国所借鉴，通过扩大不法管理的作用空间可有效发挥剥夺侵害人不法获益的作用。对此，未来的民法典司法解释应进一步扩大不法管理的适用空间，在条文上明确规定"侵害人知道或应当知道为他人事务，为自己利益而管理的，准用无因管理之规定"。

（3）不当得利视角下侵害人的获益

关于不当得利返还的法理基础，主要存在违法性说与权益归属说。违法性说认为，得利应予返还的原因在于侵害行为具有不法性。权益归属说则认为，权利人对其权益具有支配性，并有权排除他人不当干涉，侵害人取得了应归属于他人的利益，其保有利益不具有正当性。不当得利制度的目的在于使受益人返还其无法律原因而获得的他人的合法利益，进而使财产关系恢复到之前的状态，因此，不法获利的过程是否具有正当性并非其考量之事，其所关注者乃在于受益人所保有的利益是否正当。比较而言，违法性理论不足以评判侵害人保有的利益是否具有正当性，而权益归属说更符合不当得利制度的目的。依据权益归属理论，侵害人获得的经济利益是原应归属于受益人的利益，权利人本可以自主决定是否将其个人信息授予他人使用、具体的使用方式以及使用的费用

---

① 叶金强：《信赖原理的私法结构》，北京大学出版社2014年版，第156页。

等相关事项，侵害人未经权利人同意擅自使用他人个人信息，侵害了权利人对其个人信息的支配性。

相比于损害赔偿，依据不当得利剥夺侵害人不法获益具有一定的优势，不当得利的构成不要求侵权人主观上存在过错，可以极大减轻受害人的证明负担。在不当得利的返还上，不当得利以受益人获利为中心，因此不当得利返还的是受益人取得的利益而非受损人的损失。[1]具体到个人信息领域，侵害人获得的利益是其对信息主体的个人信息的占有、使用，个人信息的无形性决定了以原物形式返还不具有可操作性，故应返还相当的价额。

（4）获益返还的具体范围

现代侵权责任法以自己责任为原则，自己责任指行为人应当对基于自主意思而做出的侵害行为负责，侵权人承担了多于或少于自己份额的责任都是非正义的。准确厘定获益返还的范围关系权利人利益与侵害人利益的平衡，在具体的返还范围上，侵害人应予返还的是因利用他人个人信息而增加的获益，而非全部获益。我国立法史上，获益返还条款首次规定于1982年出台的《商标法》，遗憾的是，该法对于获益返还的范围缺乏明确的规定，立法的模糊性给司法实践中如何适用获益返还条款增加了难度。1985年，江西省高院在审理侵犯商标专用权案件时，由于无法确定具体的损失赔偿额，便向最高人民法院请示，最高法院在批复江西省高院时指出，被侵权人可以按其所受的实际损失额请求赔偿，也可以请求将侵权人在侵权期间因侵权所获的利润（指除成本和税金外的所有利润）作为赔偿额，对于以上两种计算方法，被侵权人享有选择权。[2]根据该批复可知，按照侵权人获益计算赔偿额时，侵害人应予返还的并非所有获益，而是扣除成本和税金外的因侵权行为获得的利润。

比较法上，德国著作权法为了达到耗尽侵害人所得利益之目的，采用了"因果关联性"理论，侵害人所得利益不以直接源于被利用之著作为限，而扩及于所有借助被害人著作获得的利益，但在返还的范围上仍依据二者之间的关联性与影响性酌定比例，以避免过当求偿。[3]笔者认为，在讨论侵害人获益时，首先需要从受害人整体获利中剥离出因违法行为而增加的获益，如果要求侵害人返还全部获利可能损害了其合法权益。一般情况下，侵害人的获利包含两部分，

① 沈德咏主编：《〈中华人民共和国民法总则〉条文理解与适用》，人民法院出版社2017年版，第828页。

② 参见法（经）复（1985）53号。

③ 王怡苹：《著作权损害赔偿之再建构：以德国法为借镜》，《台大法学论丛》2015年第3期，第856页。

即因自身因素而获得的利益以及不法利用他人个人信息而获得的利益，二者共同构成侵害人获利的整体。侵害人的正当性获利包括由于自身良好的经营能力、企业规模效应等而增加的收益。侵害人的不法获利则主要指因利用他人个人信息而增加的利润、节省的本应支付的授权许可费等。侵害人应予以返还的仅是不法利用个人信息而增加的获益，这需要从侵害人的整体获益中剥离出与他人个人信息相关的获益。对于因侵害人自身因素而增加的利益，信息主体无权要求返还，若一并剥夺侵害人的正当性收益可能导致信息主体不当获利，也不利于鼓励信息处理者积极参与信息市场的建设以及信息产品的研发。

因利用他人个人信息而增加的获益可表现为不同的样态，需要区别侵害人获益的不同面向进行讨论。前文述及，获益返还作为一种法效果评价，通过不当得利、损害赔偿及不法管理均可实现剥夺侵害人不法获益的目的，因而在返还的范围上，依据不同的理论依据所返还的范围亦不一致。损害赔偿视角下，侵害人的获益须与权利人的损害存在关联性，且在确定损害赔偿范围时不得违背禁止得利原则。不当得利视角下，侵害人的获益是对个人信息的占有、使用，个人信息的无形性决定了只能以价金形式返还，因此，信息主体依据不当得利请求侵害人返还不法获益时面临计算上的困扰。不法管理可实现剥夺侵害人全部不法获益的目标，是对侵害人最严厉的制裁措施，不法管理的适用前提是侵害人对于个人信息利用而获有利益。由此可知，获益返还的上限是扣除成本及税金外的所有利润，在具体的返还范围上，则依据信息主体具体选择的请求权形式而不同。损害赔偿、不当得利以及不法管理可以竞合，权利人在请求返还不法获益时只能择一行使，这需要权利人对侵害人的获益有个大致预估，从而根据具体情境选择对自己最有利的救济措施，相应地，就要承担证明不能或无法完全剥夺侵害人获益的风险。

获利的剥离有赖于科学合理的证明规则，司法实践中，获益返还较少运用的一个重要原因就在于证明难度较大。相比于传统的有体物侵权，个人信息的无形性、与人体不可分离性等特征使得个人信息遭受侵害面临难以证明的风险。依据"主张利己事实者负举证责任"的证据原则，受害人主张获益返还时不仅需要证明侵害人因不法行为而获利，还需要证明侵害人获益的具体数额。然而，侵害人的获益具有高度的隐蔽性，受害人一般难以获得侵害人的内部账簿、财务资料等，要求受害人证明受益人的获益数额未免苛刻。面对传统的举证责任分配原则及证明标准难以实现救济被侵权人的现实窘困，需要适当调整证明规则，以实现有效保护被侵权人之立法目的。申言之，在认定获益的范围时，被侵权人无需证明具体的获益数额，其只需要证明侵权人因侵权获得的总收入，由侵权人进一步说明总收入中应当减去的成本。[①]在受害人穷尽一切可能的办法仍无法证明侵害人的总收入，且相关资料为侵害人保有时，侵害人基于诚信原则负有信息提供义务，侵害人违反义务拒不提供相应的信息资料时，法院可以责令侵害人提供相应的资料。如果侵害人在无正当理由的情况下拒绝提供证据材料的，则视为受害人的主张成立，侵害人应当按照受害人请求的数额返还。当然，在强调保护受害人的利益时也不应忽视侵害人的合法性利益，对于受害人主张的利润额，侵害人可以提供证据证明应当扣减的成本及必要费用，包括投入正常生产经营的成本及因侵害人经营能力等个体因素而增加的利润，侵害人无法证明其成本及必要费用时，则以受害人请求的数额认定返还的范围。

（三）酌定赔偿

1.酌定赔偿的实践审视

根据我国民事诉讼程序的证明规则，受害人须对自己提出的主张进行举证证明，若其无法提供证据或提供的证据没有达到诉讼法上的证明标准，则可能无法获得应有的赔偿。然而，随着个人信息的流转、共享日趋常态化，个人信息侵权可能发生于任一信息处理者的任一处理环节，由于侵权主体的复数性以及侵权行为的牵连性，自然人难以准确查明侵权行为人应承担何种责任以及责任的大小，这意味着受害人败诉的概率远远高于其获得救济的概率。酌定赔偿的设置解决了受害人无法证明实际损失及具体获益时可能承担的不利后果，有利于充分保护受害人的合法权益。

从立法史角度考察，酌定赔偿是我国《侵权责任法（草案）》第四次审议稿增设的条款，人格权益的无形性及侵害人获益的隐蔽性决定了受害人准确证明获益数额或损害数额难度较大，为防止受害人因证据不充分而得不到有效救济，于是授权法官在无法查明具体损失与获益，且双方当事人又无法协商一致的情况下，可以依据案件的"实际情况"确定赔偿数额。然而，对于"实际情况"究竟包括哪些因素，《侵权责任法》并未给出一个大致的轮廓，及至《民法典》的颁行，立法仍未弥补这一空白。《个人信息保护法》第六十九条同样规定，个人因此受到的损失和个人信息处理者因此获得的利益难以确定的，则根据实际情况确定赔偿数额，但具体个案中应当考察哪些要素没有具体说明，无法给司法实践提供明确的指导。此外，《个人信息保护法》第六十九条并未就有权进

---

① 奚晓明、王利明：《侵权责任法条文释义》，人民法院出版社 2010 年版，第 29 页。

行酌定赔偿的机关予以明确，随之而来的问题是，酌定赔偿的机关是否仅限于《民法典》第一千一百八十二条所规定之法院，抑或包括其他国家机关？在当前个人信息侵权频繁发生的背景下，《个人信息保护法》对于救济机关所采取的模糊的处理方式抑制了受害人寻求法律保护的积极性，不利于个人信息侵权纠纷的快速解决。

司法实践中，法院在酌情确定个人信息侵权赔偿数额时普遍畸轻，且相类似的案件不同法院判决的赔偿金额差距较大。同时，酌定赔偿的存在使得法官积极查明案件事实的动力不足，为追求裁判效率，法院倾向于向酌定赔偿逃逸，大多以"现有的证据不足以充分证明受害人的损失及侵权人的获益"为由，而引入酌定赔偿。此外，法院在酌情确定赔偿数额时所考量的因素不尽一致，更未展开详细地说理论证。例如，在"凌某某诉北京某某科技有限公司"一案中，法院认为，虽然双方均未提供原告因个人信息权益受到侵害所遭受的财产损失或被告因此获得利益的相关证据，但被告在未征得原告同意的情况下采集原告的个人信息并加以利用，应当进行一定的经济赔偿，考虑到需对互联网企业依法处理个人信息的行为进行引导，根据本案具体情况，酌定赔偿数额为 1000元。[①] 从适用顺序上来说，酌定赔偿是兜底性的赔偿方式，其只能在无法根据其他方式确定赔偿数额时才能加以援引，酌定赔偿的大量运用不仅背离了裁判的透明性与公正性，也损及了司法的权威性与公信力。为限制酌定赔偿的恣意性，有效保证当事人诉讼中的合理预期，应当明确酌定赔偿的考量因素，同时要求法官在运用酌定赔偿时进行充分地阐释，以期在保证判决科学合理的基础上使得裁判结果更具科学性与信服力。

2."实际情况"的具体化

根据《民法典》第一千一百八十二条及《个人信息保护法》第六十九条可知，法院并非任意裁量损害赔偿数额，而是需要根据"实际情况"加以确定，面对"实际情况"这一高度抽象性的表述，如何予以具体化成为能否合理解决问题的关键。对此，刘智慧主张《侵权责任法》第十七条之"实际情况"包括以下因素：（1）侵权人的行为侵害了被侵权人哪一类型的人身权益；（2）被侵权人的收入、职业状况以及侵权行为给其所带来的影响大小；（3）侵害人侵害他人权益是否为了营利的目的；（4）侵权人的财产责任能力；（5）侵权人侵害他人人身权益时的过错程度。[②] 王胜明则认为，法院在根据个案"实际情况"确定

---

① 参见北京互联网法院〔2019〕京 0491 民初字第 6694 号民事判决书。

② 刘智慧：《中国侵权责任法释解与应用》，人民法院出版社 2010 年版，第 51 页。

赔偿数额时，应当根据侵权人的过错程度、侵权行为与方式以及侵权造成的后果和影响等相关因素进行综合确定。[①]

笔者认为，赔偿范围的确定需要根据个案情况考察多种因素，难以一一列举，但侵权行为的社会影响、侵权手段和情节、侵权时间和范围、侵权人的获益以及侵权人的主观过错程度等是最基本的考量因素。具体个案中，当地经济发展水平、被侵权人的个体情况、侵权人的责任承担能力等因素也可能需要加以考虑，同时辅之以公平原则及诚实信用原则确定最终的赔偿数额。法院在判定责任人应承担的责任大小时，需要结合个案具体情境综合考量各个要素，要素在个案中呈现为不同的满足程度，且要素之间所指向的方向可能完全相悖，同一要素可能增强或削弱其他要素作用的发挥，反之亦然，但这些要素协同作用之后各方向合力的大小必然呈现不同梯度，法律所要做的就是对这些梯度不同的合力指向给予不同的价值评价。未来的民法典司法解释应当进一步明确"实际情况"的考量要素，通过规定需要考虑的具体因素，法律在很大程度上实现了确定性，并且限制了法官的自由裁量权，使判决具有了可预见性，同时以一种可控制的方式下实现了对不同案件事实多样性的考量。[②]为更好地指导司法实践的具体适用，对个人信息侵权进行案例研究也应当成为未来努力的方向，通过案例群的研究归纳出法院在处理个人信息侵权案件时所考量的共通性因素，并透过案例指导制度为司法裁决提供指引。

3. 酌定赔偿的数额

由于酌定赔偿具有很大的恣意性，为防止法官自由裁量权的滥用，比较法明确规定个人信息侵权酌定赔偿的数额应当限定在一定的范围。美国《加州消费者隐私法案》也规定，酌定赔偿的范围应当在 100 美元至 750 美元之间。我国《著作权法》第四十九条、《专利法》第六十五条以及《商标法》第六十三条明确要求，法院在运用酌定赔偿时不得超过一定的数额，《最高人民法院关于审理利用信息网络侵害人身权益民事纠纷案件适用法律若干问题的规定》（法释〔2014〕11 号）同样规定，酌定赔偿的范围应当在 50 万元以下。《个人信息保护法》第六十九条在规定酌定赔偿条款时并未就酌定赔偿的范围予以明确，无法为司法实践中个人信息侵权酌定赔偿数额的确定提供方向上的指引，不得不说是个遗憾。

有鉴于此，未来可通过相关司法解释明确个人信息侵权酌定赔偿的范围，

---

① 王胜明主编：《中华人民共和国侵权责任法解读》，中国法制出版社 2010 年版，第 92 页。

② 海尔穆特·库齐奥：《动态系统论导论》，张玉东译，《甘肃政法学院学报》2013 年第 4 期，第 45 页。

需说明的是，个人信息侵权酌定赔偿数额的设置要立足于我国现实实践，并根据社会发展情况进行适时地动态调整。司法裁判是法律制度运作良好与否的折射镜，尤其在今天推行裁判文书公开的大背景之下，裁判文书不仅是法官专业素养、专业技能的体现，更是社会公众对法律制度内涵理解的重要渠道。归根到底，司法的合理基础在于其产出的裁判约束力的正当性，司法裁判作为一种"规范性陈述"而非"描述性陈述"，其正当性需要建立在充分说明理论的基础上，只有建立在充分说明理论基础上的裁判结果才是正当的。① 因此，法官在酌情确定个人信息侵权损害赔偿的数额时，需要进行充分的说理论证，明示司法裁决的具体考量因素，并将其背后的法理基础明白无误地展现出来，提高司法裁判的可接受性，实现法律效果和社会效果的有机统一。

三、精神损害赔偿

（一）精神损害赔偿的适用条件

关于个人信息侵权能否适用精神损害赔偿，《个人信息保护法》没有明文规定，但从体系解释角度来说，《个人信息保护法》有关个人信息保护的私法规范是《民法典》个人信息保护规则的具体展开，这意味着对于《个人信息保护法》没有规定的事项可以援引《民法典》的相关规定。易言之，个人信息侵权的精神损害赔偿可以从《民法典》寻找规范支撑。根据《民法典》第一千一百八十三条之规定可知，我国立法认为精神损害赔偿的适用具有严格的限定性，一般来说，只有人身权益被侵害时才可以请求精神损害赔偿，财产权益被侵害时无法请求精神损害赔偿，但如果行为人故意或者重大过失侵害自然人具有人身意义的特定物，并且给受害人造成严重精神损害的，受害人也可以请求精神损害赔偿。如前所述，个人信息的法律地位为人格利益，因此侵害个人信息造成信息主体心理或感情上的痛苦、焦虑、抑郁等精神损害的都可以请求精神损害赔偿。

目前，我国主流观点认为精神损害赔偿可以适用于个人信息侵权领域，但对于精神损害赔偿的运用是否需要受害人所遭受的精神损害必须达到严重程度，则存在不同的看法。持肯定观点的学者认为，由于精神损害本身就具有一定的伸缩性，过于宽泛的精神损害将导致侵权行为认定的泛滥，因此，个人信息精神损害赔偿应当要求损害后果必须达到严重程度，这是避免个人信息滥诉、保障必要的个人信息利用效率所必然要求的。② 反对者则认为，虽然精神损害的

---

① 雷磊：《规范理论与法律论证》，中国政法大学出版社 2012 年版，第 158—162 页。
② 刘云：《论个人信息非物质性损害的认定规则》，《经贸法律评论》2021 年第 1 期，第 65—66 页。

"忽略轻微损害规则"可以有效保障行为人的自由，但容易造成个人信息控制权得不到任何尊重和救济而沦为"裸权"，若严格要求精神损害必须具备严重性要件才能获得赔偿，将使得权利侵害与权利救济发生根本性断裂，并事实上造成权利人之间的不平等，因此个人信息侵权精神损害赔偿的运用不以"严重性"为必要条件，严重程度只影响精神损害赔偿的数额，并不影响个人信息侵权精神损害的成立。[①] 解正山教授也认为，基于对大规模侵权行为的威慑并彰显现代侵权责任条款的救济功能，"严重"这一限制条件似无太大必要，因为它会进一步淡化侵权法的惩罚功能，就此而言，不应当拘泥于"严重精神损害"的字面含义，而应根据受害人具体情形评估其主张的精神损害是否合理。[②]

笔者认为，对于侵害个人一般信息的，应当坚持精神损害后果的严重性要件，避免对信息处理者赋予过重的责任，以至于影响信息科技的发展进步，阻碍信息社会的全面构建。从现实层面来说，个人一般信息所蕴含的人格利益相对较少，而精神损害赔偿具有一定的空灵性，因此需要具备损害后果的严重性才能证成精神损害赔偿的合理性，否则可能引发实践中大量的侵权纠纷，增加司法机关的工作负担。然而，实践中法院在认定精神损害时，是否满足严重性要件时存在较大的恣意性，例如，在"栾某某因与边某名誉权纠纷"一案中，栾某某将边某的行政处罚决定书在微信群内发布，法院认为"栾某某发布信息时未隐藏边某的个人身份信息，且案涉微信群成员中多人与边某有社会交往，栾某某的行为给边某造成了沉重的精神负担，最终判定栾某某支付边某精神抚慰金 1000 元"。[③] 与之不同，在"马某与狄某隐私权纠纷"一案中，狄某未经许可，将带有马某个人信息的行政处罚决定书张贴在公共场所，马某要求狄某赔偿其精神抚慰金 2 万元，法院认为"马某未提供证据证明涉案侵权行为给其造成严重的精神损害，故对马某的精神损害赔偿请求不予支持"。[④] 为此，有必要细化"严重性"的评价因素，在判断侵害个人信息造成的精神损害是否具有严重性时，应当综合考察损害后果的持续时间、损害后果的影响范围、信息主体的心理承受能力等因素，为司法实践提供更为明确的指引，防止同案不同判的非正义现象。

---

① 崔聪聪、巩姗姗、李怡等：《个人信息保护法研究》，北京邮电大学出版社 2015 年版，第 164 页。

② 解正山：《数据泄露损害问题研究》，《清华法学》2020 年第 4 期，第 147 页。

③ 参见辽宁省辽阳市中级人民法院〔2023〕辽 10 民终 2037 号民事判决书。

④ 参见北京市第二中级人民法院〔2024〕京 02 民终 8919 号民事判决书。

（二）精神损害赔偿数额的确定

不同于物质损害的有体性、可见性，精神损害是内在于权利主体思想或心理的，具有一定程度的空灵性、不可捉摸性，难以通过财产价值的评价体系予以精确地衡量，因而确定精神损害赔偿数额所面临的最大问题是，如何在精神损害与金钱支付之间建立起联系。实际上，与物质损害赔偿一样，精神损害赔偿问题的解决也需要考虑三个问题，即损害事实、责任基础以及损害的金钱评价，其间的逻辑顺序为，精神损害赔偿数额应在损害事实确定的基础上，经弹性价值体系的过滤得出应赔偿的损害数额，再经由损害的金钱评价而最终确定赔偿的数额。①

人是集情感与理性于一体的社会性动物，生活在社会中的个体不可避免地会出现各种各样的情绪波动，或积极向上或消极负面，这些都属于个人精神世界的正常现象，他人不得干扰个人情绪的放任发展，否则可能给个人造成精神损害。就此而言，若信息处理者违背信息主体的意愿而不法处理个人信息，并给信息主体造成恐惧、不安、痛苦、绝望等一切不良情绪时，即可认为信息主体遭受了事实上的精神损害。然而，并非信息主体遭受的所有事实上的精神损害都能获得法律的救济，过于遥远的、轻微的精神损害一般不予赔偿。易言之，事实上的精神损害能否最终被认可为法律上应予救济的精神损害，需要经过价值评价体系的过滤，法官在判断是否救济精神损害时应当立足于个案具体情境，既要保障受害人的精神损害得到全面的救济，又不能过度限制行为人的行为自由空间。在确定可予赔偿的精神损害之后，尚需要对精神损害进行金钱评价，金钱评价是精神损害与损害救济之间的桥梁与纽带，但金钱评价不是简单地算术公式的运用，而是需要在具体个案中充分考量多元因素予以确定。根据《最高人民法院关于确定民事侵权精神损害赔偿责任若干问题的解释》（2020 修正）第五条之规定可知，精神损害赔偿数额的确定应当综合考量侵权人的过错程度、侵权行为的具体情节、侵权行为造成的后果、侵权人的获利情况、侵权人承担责任的经济能力以及受理诉讼法院所在地的平均生活水平等因素。需注意的是，虽然个人一般信息侵权精神损害赔偿的成立不以侵权行为人主观上存在过错为构成要件，但行为人的过错程度影响精神损害赔偿范围的确定，如果行为人的过错程度越高，则精神损害赔偿数额就越高。由于侵害个人信息造成的精神损害难以具体衡量，将来的司法解释可以考虑设置一个相对固定的赔偿数额，从

---

① 叶金强：《精神损害赔偿制度的解释论框架》，《法学家》2011 年第 5 期，第 95 页。

而防止法官自由裁量权的滥用。

第三节　个人敏感信息侵权的救济方式

一、补偿性侵权责任

（一）财产损害赔偿

个人信息具有识别特定个人的属性，是信息主体人格尊严与人格自由的数字化表达。同时，随着信息社会的发展，个人信息成为商业化利用的资源，承载着一定的财产利益。换言之，个人信息是人格利益与财产利益的综合体。然而，不同类型个人信息所蕴含的人格利益与财产利益并非均匀分布的，而是呈现一定的差异性。在具体的比例分配方面，个人敏感信息是信息主体核心人格利益的具体体现，若被不法处理极易侵害信息主体基本的尊严与自由，因此，个人敏感信息人格利益所占的比重明显高于其财产利益所占的比重。不同于此，个人一般信息则更强调信息流通与利用的价值，其所内含的财产利益所占整体权益的比重高于人格利益。

个人信息所承载的人格利益与财产利益分布不均匀之客观事实要求在具体保护方式上采取不同的应对策略，对此，理论界也认识到了个人敏感信息与个人一般信息的差异。有学者认为，侵害个人敏感信息主要侵害的是人格权益，财产权益次之；而侵害个人一般信息主要侵害的是财产权益，人格权益次之。[①]还有学者认为，侵害个人一般信息的主要表现为财产利益损害，其人格利益上的损害基本可以忽略不计，因此对于个人一般信息采取财产权益一元保护的模式即可；个人敏感信息与人格尊严联系较为紧密，应采取人格权益和财产权益二元保护的救济模式。[②]换句话说，由于个人一般信息更多地体现为财产利益，因而对于个人一般信息则应着重救济其财产损害，精神损害次之。与之不同，个人敏感信息则更多地体现为人格利益，因而对于个人敏感信息应当优先救济其精神损害，财产损害次之。

客观来说，较之于个人一般信息，个人敏感信息所蕴含的财产价值较少，但不能就此否认个人敏感信息财产损害的存在，价值上的微薄不能成为阻断信

---

① 张勇：《个人信息去识别化的刑法应对》，《国家检察官学院学报》2018 年第 4 期，第 93 页。

② 项定宜：《个人信息的类型化分析及区分保护》，《重庆邮电大学学报（社会科学版）》2017 年第 1 期，第 37—38 页。

息主体诉请财产损害赔偿的正当性理由，相反，承认个人敏感信息财产损害有利于更全面地保障信息主体的合法权益。在确定个人敏感信息财产损害赔偿范围时，应当遵循一般的损害赔偿原则——完全赔偿原则，从而有效弥补信息主体的受损权益，也一定程度上避免了信息处理者承受过重的负担。

（二）精神损害赔偿

个人敏感信息关系信息主体最为核心的人格利益，当其被侵害时，可能给信息主体造成精神损害。通常认为，精神损害赔偿的适用需要满足两个条件，一是被侵害的对象为人身权益，二是受害人遭受的精神损害必须达到"严重性"程度。如前所分析，个人敏感信息属于人身权益范畴自无疑问，但是否信息主体必须遭受严重的精神损害才能诉请精神损害赔偿则有待商榷。

有学者研究发现，之所以精神损害赔偿的适用需要损害后果达到"严重性"程度，其理论基础有二：一是侵权法古已有之的"忽略轻微损害"规则，二是现代侵权法中的"水闸理论"，两者的目的都在于协调权利保护与行动自由，然而，由于人们日常生活中经常因他人而遭受轻微精神不适、沮丧等情绪，如果认可这些情形都可以请求精神损害赔偿，可能增加法院的工作负担。[①]不可否认，精神损害赔偿的严重性要件可以一定程度上避免诉讼泛滥的局面，但随着社会实践的发展，精神损害赔偿严重性要件的弊端也逐渐显现出来，因为"严重性"具有高度的抽象性，精神损害是否达到严重性程度需要在具体个案中才能准确判定。对此，有学者主张扩大精神损害赔偿的范围，将可获赔偿的精神损害范围由严重精神损害扩展到一般程度的精神损害，在对精神损害作一般程度的精神损害与严重精神损害划分的基础上，对于前者予以适当的赔偿，而对于后者则予以较高数额的赔偿。[②]

就个人敏感信息来说，笔者认为不应再固守严重性要件。由于侵害个人敏感信息造成的精神损害证明难度较大，司法实践中法官在赔或不赔之间往往倾向于选择后者，在阐述裁判理由时也简单地以精神损害未达到"严重性"而拒绝受害人的精神损害赔偿诉求，鲜有进一步地论证与说理，导致裁决结果不具有很强的说服性。比较法上，关于个人信息侵权精神损害的严重性要件呈现出缓和之势。根据欧盟《一般数据保护条例》第八十二条之规定可知，信息主体在诉请非物质损害时并不要求其所遭受的精神损害必须达到严重的程度。国家立法层面，此前的《德国联邦数据保护法》第八条曾明确规定数据主体只有在

---

① 谢鸿飞：《精神损害赔偿的三个关键词》，《法商研究》2010年第6期，第14页。
② 张新宝：《民法分则侵权责任编立法研究》，《中国法学》2017年第3期，第57页。

遭受严重的隐私损害的情况下才可以请求非物质损害赔偿，反向推之，对于一般的隐私损害，信息主体无法请求非物质损害赔偿。修正后的《德国联邦数据保护法》第八十三条删除了旧法中精神损害赔偿的严重损害要件，换句话说，信息主体只要遭受了精神损害就可以诉请损害赔偿，降低了个人信息侵权精神损害赔偿的适用门槛。从价值维度进行考察，由于个人敏感信息属于信息主体核心的人格利益范畴，对于侵害个人敏感信息的行为应当予以严厉的制裁，若仍坚持个人敏感信息的精神损害赔偿以造成严重损害为前提要件，可能导致信息主体因惧怕沉重的证明责任而放弃请求精神损害赔偿，如此则无法实现《个人信息保护法》所宣称的"保护个人信息权益"之立法目的。

职是之故，个人敏感信息精神损害赔偿的适用不宜要求损害后果的"严重性"，受害人只需要证明侵害个人敏感信息的行为使其遭受了超出社会一般人所能容忍的精神压力或心理痛苦就可以获得精神损害赔偿。在确定个人敏感信息精神损害赔偿的数额时，除了考虑侵权人的过错程度、侵权人的获利情况、侵权行为的情节等因素外，还需要考虑个人信息的敏感性程度。一般来说，个人信息的敏感度与精神损害赔偿的数额呈现正相关的关系，被侵害的个人敏感信息的敏感程度越高的，其所造成的损害后果越严重，故而应当给予其更高的精神损害赔偿金额。

二、惩罚性侵权责任

（一）惩罚性赔偿的制度效用

惩罚性赔偿起源于英美国家，惩罚性赔偿是与补偿性赔偿相对应的一项特殊的民事赔偿制度，其通过让加害人承担超出实际损害数额的赔偿，以达到惩罚和遏制严重侵权行为的目的。[①]不难发现，惩罚性赔偿的价值功能并非传统理论所认为的单一维度的惩罚，而是具有损害填补、行为惩戒的双重功能，只不过其惩罚的功能更为凸显。对于受害人来说，惩罚性赔偿可以填补受害人所受的实际损害，抚慰受害人遭受的痛苦、抑郁、焦虑等精神性损害。对于侵害人来说，惩罚性赔偿能够消除行为人继续实施侵权行为的动力，并对潜在的加害人形成一定的警示作用，从而遏制可能发生的侵害行为，实现侵权法教育、补偿、预防等诸多规范性目的。

现代社会，个人敏感信息侵权现象频繁发生，严重扰乱了人们的正常生活

---

① 张新宝、李倩：《惩罚性赔偿的立法选择》，《清华法学》2009年第4期，第5页。

以及社会秩序的稳健运行，造成这种现象的很大一部分原因在于现行法律对于侵害个人敏感信息行为的惩戒力度远远不够，传统的补偿性赔偿难以对数据巨头非法收集、使用个人信息的行为起到抑制作用。大数据时代，个人敏感信息的经济价值愈益凸显，成为信息企业竞相争夺的资源，在经济利益的驱动下，信息处理者凭借其技术优势、资本优势以及人力优势可以低成本、大规模地收集个人敏感信息，并快速将收集到的个人敏感信息变现为信息产品或服务。信息主体在寻求司法救济时则需要耗费大量的时间成本、金钱成本，请求救济所要付出的高昂代价与最终赔偿数额之间的巨大差距使得信息处理者在面对个人敏感信息侵权问题时往往选择沉默应对。惩罚性赔偿赋予被害人获得实际损害数额以外的赔偿数额，具有鼓励私人对加害人起诉请求赔偿之功能，尤其在实际损害较小时，惩罚性赔偿的功能更加得以彰显。[①] 有鉴于此，有必要在个人敏感信息侵权中引入惩罚性赔偿，以威慑信息处理者侵害个人敏感信息的行为，调动信息主体维权的积极性，进而实现减少个人敏感信息侵权行为之目标。

（二）惩罚性赔偿的启动条件

立法史上，我国经历了从民刑合一到民刑分立的演进轨迹，可以说，近代民法的发展史是逐渐摆脱刑法束缚的蜕变过程。目前，我国立法严格恪守民刑分立的立法理念，在具体的分工方面，刑法以制裁、惩罚犯罪为主要任务，民法则重点解决平等主体之间的利益冲突。有鉴于民刑分立的立法安排，我国民事立法向来排斥惩罚性因素的纳入。然而，在社会经济高速发展的背景下，大规模地恶意侵权事件频频发生，严重扰乱了人们正常的生产生活秩序。囿于传统的损害赔偿无法起到吓阻侵害行为的效用，民事立法开始逐渐接受惩罚性赔偿，但对其适用条件进行严格的限制。

一般来说，惩罚性赔偿的适用以法律的明文规定为限，且惩罚性赔偿的启动条件存在严格的要求。根据《消费者权益保护法》第五十五条、《食品安全法》第一百四十八条、《民法典》第一千一百八十五条、《民法典》第一千二百零七条以及《民法典》第一千二百三十二条等相关规定可知，惩罚性赔偿的启动需要同时满足主观构成要件与客观构成要件。就主观构成要件来说，惩罚性赔偿要求侵权人主观上具有较强的可非难性，超过了一般社会公众的包容度。对此，不同的法律规范又存在不同的表述，《民法典》第一千一百八十五条、《民法典》第一千二百三十二条以及《最高人民法院关于审理侵害知识产权民事

---

① 陈聪富：《侵权归责原则与损害赔偿》，北京大学出版社 2005 年版，第 217—218 页。

案件适用惩罚性赔偿的解释》第一条要求侵权人主观上须是"故意";《民法典》第一千二百零七条、《消费者权益保护法》第五十五条以及《食品安全法》第一百四十八条要求侵权人主观上须是"明知";《商标法》第六十三条、《反不正当竞争法》第十七条则要求侵权人主观上须是"恶意"。就客观构成要件来说,惩罚性赔偿要求侵害行为情节严重,造成受害人死亡或健康受损等严重损害后果,轻微的或一般的损害无法请求惩罚性赔偿。

　　大数据时代,个人信息保护的价值基础不是一元的,法律需要在信息保护与信息利用之间予以合理的平衡。将惩罚性赔偿引入个人敏感信息侵权救济体系固然能够切实保障信息主体的合法权益,但一定程度上会抑制信息处理者开发利用个人敏感信息的动力,阻碍我国信息产业的结构调整与优化升级。惩罚性赔偿的主要功能在于威慑,而威慑必须要有个度,如果没有威慑,社会安全得不到保障,而如果威慑过度,社会将因噎废食,停止进步。① 因之,个人敏感信息侵权惩罚性赔偿的适用不是任意的、无条件的,为避免惩罚性赔偿的泛化与异化,应当适度限制惩罚性赔偿的适用。有鉴于此,应当依据被侵害个人敏感信息的敏感性程度分别确定惩罚性赔偿的构成要件。

　　对于一般敏感度的个人敏感信息来说,惩罚性赔偿的适用要求侵害人主观上存在故意或重大过失,且侵害行为造成的损害后果具有严重性,两者缺一不可。换句话说,如果侵权人主观上为一般过失或轻过失,或者侵害个人敏感信息造成的财产损害与精神损害没有达到严重性程度的,则没有惩罚性赔偿的适用余地。之所以对一般敏感度的个人敏感信息惩罚性赔偿的适用条件做出严格的限制,是因为个人信息的流通与利用对于个人乃至整个社会都是至为重要的。相较于敏感程度较高的个人敏感信息,一般敏感程度的个人敏感信息的社会属性更强,因此对于一般敏感程度的个人敏感信息侵权应当提高惩罚性赔偿适用的门槛,否则可能引发诉讼爆炸或滥诉风险。不同于此,对于敏感性较高的个人敏感信息来说,惩罚性赔偿的适用只要求侵权人主观上存在轻过失即可,而不要求侵权人主观上为故意或重大过失,也无需存在严重的、实际的损害后果。原因在于,该类个人敏感信息与信息主体的人格尊严紧密相关,如果其被不法滥用,极易给信息主体的人身安全、财产安全造成严重的损害。因此,即使是过失侵害高度敏感个人信息的行为,其主观可诘难性也较大,引入惩罚性赔偿可以有效制裁信息处理者的不法行为。

---

　　① 王立峰:《论惩罚性损害赔偿》,载梁慧星主编:《民商法论丛》(第15卷),法律出版社1999年版,第88页。

（三）惩罚性赔偿金额的计算

惩罚性赔偿制度的落脚点最终仍要回归赔偿数额的确定，即侵权人应当给付受害人一定数额的金钱。惩罚性赔偿最明显的特征是高额的赔偿金，然而如何确定惩罚性赔偿的数额，立法没有明确规定。《民法典》第一千一百八十五条、第一千二百零七条以及第一千二百三十二条均规定被侵权人有权请求"相应的"惩罚性赔偿，这种弹性化的表述方式未能给司法实践提供明确的指引，容易引发"同案异判"的非正义现象。惩罚性赔偿的目的并非是要剥夺信息处理者的全部财产，从而使其陷入生活困顿之窘境，惩罚性赔偿在救济信息主体损害的同时不能过度侵害信息处理者的行为自由，有鉴于此，立法大多对于惩罚性赔偿设定了数额限制。关于个人敏感信息侵权惩罚性赔偿数额的确定，笔者认为不应将其完全交由法官自由裁量，也不宜完全通过立法详细列举出来，而应当由法官在法律规定的最高数额限度内，依据个案具体情境综合权衡各项因素得出妥当的赔偿数额，如此既可为法官提供相对明确的裁判指引，防止法官滥用自由裁量权，也能一定程度保障法的安定性与可预期性。

在具体计算惩罚性赔偿数额时，可以以实际损失数额、侵害人不法获益数额或者个人信息授权许可费为计算基数，惩罚性赔偿的数额为计算基数的三倍。由于单个的个人敏感信息价值较低，有必要借鉴《消费者权益保护法》第五十五条及《食品安全法》第一百四十八条等相关规范的做法，设置最低的赔偿数额，如果实际损失数额、侵害人不法获益数额以及个人敏感信息授权许可费的三倍仍不足 500 元的则按 500 元计，防止信息主体因赔偿数额与诉讼成本明显不成比例而不去积极诉请惩罚性赔偿。同时，为防止法官自由裁量权的滥用，有必要规定最高赔偿金额，结合目前经济发展现状以及相关部门法的具体做法，笔者认为个人敏感信息侵权惩罚性赔偿的最高金额为十万元，具体个案中由法院在十万元以下酌情确定。法官在酌情确定惩罚性赔偿数额时应当考量以下要素：1. 信息处理者的可归责性。信息处理者的可归责性越高，其应受社会谴责的程度越高，相应地，惩罚性赔偿的数额应越高。2. 信息处理者获利的多少。风险与利益具有一致性，信息处理者的获利越多，其侵害个人信息的行为愈严重。故此，有必要通过高额的惩罚性赔偿金剥夺其不法获利，以达惩戒与威慑的目的。3. 侵害个人敏感信息的影响范围。个人敏感信息事关信息主体的名誉、肖像等基本的人格尊严，不法侵害个人敏感信息可能降低信息主体的社会性评价，不利于信息主体相关社会活动的开展。一般而言，侵害个人敏感信息的影响范围越大，给信息主体造成的损害就越大，将影响范围作为惩罚性赔偿的考量因素是责任与行为相匹配的内在要求，有利于遏制信息处理者继续实施不法侵害个人敏感信息的行为，激励信息处理者及时采取补救措施，避免损失的进一步扩大。

三、预防性侵权责任

近年来，损害预防的思想日益受到重视，有学者声称，个人信息保护的基本精神在于防止个人信息被无端泄露或滥用，以至于使个人的人格受到侵害，因此个人信息的保护应当立基于预防原则，在收集与利用个人信息之前采取适当的保障措施，防止个人信息泄露可能造成难以恢复之损害。[①] 具体到个人敏感信息侵权领域，损害预防主要体现为信息主体有权请求信息处理者承担预防性侵权责任。然而，从严格意义上来说，"预防性侵权责任"并非我国立法所明确规定的术语，而是我国理论界所提倡的概念。此外，学者在定义这一概念时存在不同的表述方式，诸如"预防性民事责任""侵权预防责任"以及"预防型民事责任"等。本书认为，侵权责任法以补偿受害人损害、预防侵权行为的发生为旨要，以此为出发点，侵权责任可以进一步区分为补偿性侵权责任与预防性侵权责任，故本书采纳"预防性侵权责任"这一表达方式。

（一）预防性侵权责任的内涵

关于民事责任的形式，曾世雄先生认为，民事责任可以进一步分为损害赔偿和排除侵害，排除侵害是直接针对侵害予以反击，损害赔偿则是间接针对侵害行为造成的状态予以填补。[②] 我国民法学者丁海俊也认为，民事责任可以区分为补偿型的民事责任与预防型的民事责任，补偿型的民事责任主要通过损害赔偿的方式填补受害人因侵权行为所遭受的实际损害，与之不同，预防型的民事责任是指，如果侵害行为人违反了行为义务，给受害人造成实际损害且该侵害行为还在继续，或者虽然没有造成现实损害却存在造成侵害的危险时，受害人可以请求侵害行为人承担相应的民事责任。[③] 根据这种定义，现行民事法律体系中的停止侵害、排除妨碍以及消除危险应当归属于预防性侵权责任的范畴。然而，学者对此则存在反对意见，崔建远教授认为，停止侵害、排除妨碍、消除危险以及返还财产等不属于侵权责任的承担方式，如果将其作为责任承担方

---

① 李惠宗：《个人资料保护法上的帝王条款——目的拘束原则》，《法令月刊》2013年第1期，第49页。

② 曾世雄：《民法总则之现在与未来》，中国政法大学出版社2001年版，第234页。

③ 丁海俊：《预防型民事责任》，《政法论坛》2005年第4期，第129页。

式，则无法体现其优先效力的特点。① 张谷教授也认为，侵权责任以不法行为或者某种危险导致的现实损害为前提，以损害的移转或分散作为规制的重点，而停止侵害、排除妨碍以及消除危险则以尚未完成的不法行为或者尚未现实化的危险作为规制的重点，因而不属于侵权责任方式。②

传统侵权法理论认为，无损害则无救济，侵权法只保护客观发生的现实损害，对于尚未现实发生的损害不属于侵权法的调整范畴，即使其发生的可能性极大也不例外。随着社会的发展，这种僵硬的思维模式无法有效应对新时代背景下错综复杂的权益侵害现象。尤其在个人敏感信息侵权领域，伴随着互联网去中心化式的高效运转，个人敏感信息可以在短时间内实现大规模地扩散，使得个人敏感信息侵权损害往往具有不可逆性与不可恢复性，损害一旦发生将造成无法估量的后果，难以通过相应的救济措施使其恢复至如同侵权行为没有发生时的状态。为此，有必要将侵权救济措施扩展至实际损害发生之前，承认信息主体在损害的发生具有高度的可能性时，即有权请求侵害人为一定的行为或不为一定的行为，从而构建更加完备的权益保护体系。不同于传统的事后补救型救济机制，预防性侵权责任解决的是损害尚未发生但有发生的危险时，或者损害已经发生但仍处于持续状态时，而赋予权利主体向行为人请求采取一定措施的权利，以防止损害的发生或蔓延。需明确的是，预防性侵权责任不是具体的责任形式，而是包括停止侵害、排除妨碍、消除危险等在内的具有预防性的侵权责任形式的统称。

（二）预防性侵权责任的制度供给

实际上，预防性侵权责任在我国法律规范层面并非新兴事物，而是早已有所规定。1986 年，《民法通则》第一百三十四条规定了包括停止侵害、排除妨碍、消除危险等在内的十种民事责任的承担方式。2009 年，《侵权责任法》第十五条几乎照搬了《民法通则》第一百三十四条关于民事责任承担方式的规定，但排除了修理、重作、更换以及支付违约金这两项，这主要是因为此二种责任方式大多发生于合同违约以及其他债的不履行领域，《侵权责任法》将其排除于规范文本体现了立法的严谨性与科学性。《民法典》第一百七十九条在《民法通则》一百三十四条的基础上增加了"继续履行"这一新的民事责任承担方式，进一步充实了我国民事责任方式的体系。《民法典》第一千一百六十七条更是明

---

① 崔建远：《绝对权请求权抑或侵权责任方式》，《法学》2002 年第 11 期，第 40—43 页。

② 张谷：《论〈侵权责任法〉上的非真正侵权责任》，《暨南学报（哲学社会科学版）》2010年第 3 期，第 43—44 页。

确规定，当侵权行为危及他人人身、财产安全的时候，被侵权人有权请求侵权人承担停止侵害、排除妨碍、消除危险等侵权责任。从上述简要梳理可知，不管我国民事责任体系如何变更，对于停止侵害、排除妨碍以及消除危险等预防性侵权责任的保留却一直延续了下来，足见预防性侵权责任在我国民事责任体系中的重要地位。

就个人信息保护来说，《个人信息保护法》第六十九条明确规定对于个人信息侵权可以通过损害赔偿予以救济，同时，该条在具体列举损害赔偿之外，又以"等"字收尾，表明侵害个人信息除了承担损害赔偿外，还可以适用其他类型的责任承担方式，这为预防性侵权责任在个人敏感信息保护领域的适用留下了充足的解释空间。在具体适用过程中，受害人可以同时诉请信息处理者承担停止侵害、排除妨碍、消除危险等多个责任方式。然而，根据《民法典》第一千条之规定，法院在判定行为人是否承担以及如何承担预防性侵权责任时，应当综合考量侵害行为的具体方式及其造成的影响范围，不得任意裁量。

（三）预防性侵权责任的价值基础

1. 有利于预防损害的现实发生

现代侵权责任法以侵害人与受害人双方当事人为基本架构，旨在使受害人的利益格局恢复至若没有侵害行为的干涉，则按照事物的正常发展进程应有的状态。通说认为，侵权法需要妥当平衡权益保护与行为自由之间的关系，其一方面要保护权利主体的合法权益，在权利主体的利益格局被破坏时发挥矫正作用，另一方面，侵权法也要维护行为人基本的行为自由，合理划定行为自由与权益保护之间的界限，否则可能产生"寒蝉效应"，人们为了避免承担泛化的法律责任不得不限制人格的发展。为统筹协调侵害人与受害人的利益关系，学者纷纷将目光转向侵权法的功能取向，试图重塑恰当的基本价值理念，为解决实践中侵害人与受害人之间的利益纠纷提供方向上的指引。

通过梳理我国相关文献可以发现，学界关于侵权法基本功能的探讨从来就不是新鲜话题，对此存在单一功能说、二元功能说以及多元功能说等不同的观点。单一功能说认为，侵权责任法的根本性功能是补偿受害人的损失，所谓的预防功能、制裁功能、惩罚功能等其他的价值功能都依附于补偿功能之下，是补偿功能衍生出来的"副产品"。二元功能说认为，侵权责任法的基本功能是补偿功能与预防功能，侵权责任法既发挥补偿受害人所受损害的功能，也发挥预防损害现实发生的功能。多元功能说则认为，侵权法的基本功能是多元的，除了补偿功能、预防功能之外，还具有惩罚功能、制裁功能等。单一功能说力求最大限度满足保护受害人合法权益的社会现实需求，然而片面强调对受害人的保护与现行法所强调的行为自由与权益保护的价值取向不相符合。多元功能说认为侵权法的基本功能是多元的，多元功能说内涵丰富，能够解决实践中复杂的侵权纠纷，然而，过于不确定的功能定位泛化了侵权法的保护范围，模糊了侵权法与其他部门法之间的界限。

相较而言，二元功能说更具合理性，即侵权法的基本功能应当是损害填补与损害预防。从立法层面来看，我国相关规范已经明确承认侵权法具有预防功能，预防功能不再只是纯粹的理论角力的产物，而是切实存在于现行法律体系的制度性规范。已经废止的《侵权责任法》曾明确规定，预防侵权行为的发生是其立法目的之一。由于《民法典》是体系化的法典，应当具有高度的抽象性与概括性，因而包括侵权责任编在内的各编并没有另设条文单独规定各编的立法目标，而是统一交由总则编予以规定，但不能据此认为侵权责任法不再承认预防功能的正当性。当前，损害预防的思想理念体现在《民法典》的诸多条文中，譬如第一千二百零五条、第一千二百零六条以及第一千一百九十五条所规定的救济措施均植根于损害预防思想，是预防功能在产品责任领域以及网络服务领域的具体化。

侵权责任法作为"双边性"规范，所涉主体为侵权人与被侵权人，侵权责任法就是要衡平这两个主体之间的利益关系，所谓的创权功能、制裁功能等其他功能都是在这两个功能的基础上生发出来的。补偿功能虽是侵权责任法最为核心意义的表现，但补偿功能面向的是"过去"，着眼于被侵权人的损害是否能够得到有效救济，于损害现实发生后方才启动。不同于此，预防功能则关注于如何遏制侵权行为的发生，面向的是"未来"，是一种事先性的制度配置。二元功能说通过对"过去"以及"未来"的全方位规制，能够对权利主体的合法权益形成闭环式的保护机制，既简化了侵权法的功能定位，也满足了各方主体的利益需求。在具体操作过程中，补偿功能与预防功能是相辅相成、并列互补的，不存在天然地主次优劣之区别，侵权法救济机制的有效发挥仰赖于这两种功能的协同合力。

2.损害赔偿力有不逮

一直以来，损害赔偿所具有的填补受害人损害的正向作用都是不容置疑的，但损害赔偿的触发条件以既已存在的、现实的损害为基础。从法律经济分析的角度来看，这种事后的补救措施是否应当成为保障权利人合法权益的唯一选择是存在疑问的。此外，在损害赔偿的具体落实过程中所需要支出的成本或花费的代价是巨大的，除了侵权人应当向受害人负担一定的赔偿义务外，还存在其他各种各样的额外成本，诸如诉讼成本、证明成本、执行成本等，极大地消耗了社会的总体利益。更为重要的是，损害赔偿并非是适用于所有形式损害的万能公式或恰当的救济方式，对于侵害生命、身体、健康等重大人身权益的，难以用金钱衡量损害的大小。再者，即使通过一定的手段能够衡量损害的大小，但由于这些损害给受害人带来的不利影响是长远的，一定意义上可以说，损害赔偿的作用微乎其微。对此，有学者指出，法的正义价值观要求，任何事后的补救于损害发生本身都是一种无可奈何的措施，任何受害人都视损害赔偿为一种遭受损害后的替代性手段，如果能够在遭受损害后及时得到赔偿和不遭受损害之间加以选择的话，无论是实际受害人还是立法者，都会毫不犹豫地选择后者。[1]

作为侵权领域侵害人承担侵权责任的具体表现形式，预防性侵权责任与损害赔偿责任存在一定的共同之处：其一，预防性侵权责任与损害赔偿责任都要求行为与损害（或可能的损害）存在因果关系。因果关系是确定侵害行为人是否应当承担侵权责任的重要工具，如果侵害行为人与相关损害不存在因果关系，则受害人不得请求行为人承担侵权责任。所不同的是，侵权预防责任虽然是一种前瞻性的侵权责任，追求的是针对未来不利情势的防御，但因果关系要件要求的不是一种"前瞻性的因果关系"，而是一种"回顾性的因果关系"，因为侵权预防责任之所以存在是因为行为人的行为或状态在当下"已经造成了"他人的困扰，而不是因为"在将来有可能导致"他人遭受不利。[2]其二，预防性侵权责任与损害赔偿责任具有目的上的一致性。作为侵权责任的承担方式，损害赔偿责任与预防性侵权责任的目标是相同的，均旨在保护信息主体的合法权益，制裁不法侵害行为。

然而，在具体的适用上，预防性侵权责任由于"门槛"较之于损害赔偿责任更低，能够更充分地救济受害人的受损权益，这种制度上的优越性主要体现为以下几点：1.预防性侵权责任不要求实际损害的存在。传统的损害赔偿严格遵循着"无损害则无救济"的古老观念，损害赔偿的发生以损害的现实存在为逻辑起点，臆想的、假设的损害或尚未发生的损害无法触发损害赔偿责任。预防性侵权责任并不要求损害实际发生，对于损害尚未发生但有可能发生的情形，

---

[1]　孙政伟：《大数据时代侵权法功能定位的历史转型》，《民商法论丛》2020年第1期，第139页。

[2]　叶名怡：《论侵权预防责任对传统侵权法的挑战》，《法律科学》2013年第2期，第127页。

权利人即有权请求侵害人承担排除妨碍、消除危险等预防性侵权责任，以阻止可能发生的损害。2. 预防性侵权责任不要求行为人主观上存在过错。我国现行法体系下，过错责任原则是补偿性侵权责任基本的归责原则，补偿性侵权责任的构成要求行为人主观上具有过错，无过错责任仅在特定的情况下方才适用。预防性侵权责任强调行为人对损害结果的预防或及时清除可能潜在的侵害，虽然现行法没有明确规定预防性侵权责任的归责原则，但通说认为预防性侵权责任适用无过错责任原则，换言之，预防性侵权责任的成立并不考虑侵权人的主观状态。3. 预防性侵权责任不适用诉讼时效。根据《民法典》相关规定可知，原则上来说，损害赔偿请求权受诉讼时效的限制，信息主体超过诉讼时效提请损害赔偿请求的可能要承担不利的后果。与之不同，信息主体在请求侵害行为人承担停止侵害、消除危险等预防性侵权责任时，由于权益被侵害的状态尚未发生或正处于持续性状态，因而无法适用诉讼时效制度。

大数据时代，个人敏感信息侵权损害呈现出新的特征，这些新形态的损害使得传统的损害赔偿面临种种桎梏。首先，个人敏感信息侵权损害具有不可逆性。损害的不可逆性指损害一旦发生，就无法或者很难恢复至起初的圆满状态。个人敏感信息泄露案件中，当个人敏感信息被不法公开后，通常意味着个人敏感信息已经被暴露于不特定多数人的视线范围之内，信息主体无法从根本上遏制社会一般人随时可能知晓该信息的可能性。对于个人敏感信息侵权引致的不可逆的损害，事后的损害赔偿意义甚微，难以真正发挥保护信息主体的功效。其次，个人敏感信息侵权损害的严重性。网络世界的一个显著特点就是传播方式的即时性与分散性，个人敏感信息一旦被不法公开或发布就极有可能在较大范围传播开来，严重扰乱了信息主体的生活安宁与正常的社交活动。损害的严重性体现在"量"与"质"两个方面，前者指个人敏感信息侵权很容易引发大规模损害，受害主体往往数量众多；后者指被侵害的权益具有重要性，个人敏感信息表征信息主体的人格特性，侵害个人敏感信息可能导致信息主体的人格尊严、人格自由面临巨大的威胁。可见，个人敏感信息侵权损害一旦发生，可能使得信息主体遭受无法弥补的痛苦，为此，有必要引入预防性侵权责任，将可能发生的损害扼杀于萌芽阶段。最后，个人敏感信息侵权损害证明困难。根据我国现行的证明责任分配标准，信息主体请求损害赔偿时必须证明其遭受了现实的损害以及具体的损害数额，否则需要承受举证不能的不利后果，这种证明责任配置的规则增加了信息主体获得损害赔偿的阻力。与之不同，预防性侵权责任不要求损害的实际发生，权利人只需要证明其合法、正当地享有个人信息权益，且行为人可能存在影响其权益的行为即可请求行为人承担停止侵害、消除危险的预防性侵权责任。

（四）预防性侵权责任的具体适用

根据前述分析可知，在个人敏感信息保护领域适用预防性侵权责任不仅是可能的，也是必要的。具体来说，对于不法侵害他人个人敏感信息尚未造成实际损害但存在损害发生的风险，或者损害已经发生但侵害行为尚在进行中时，适用预防性侵权责任可以及时制止损害的发生或损害的进一步扩大。如前所述，预防性侵权责任具体包括停止侵害、排除妨碍、消除危险这三种责任形式，但排除妨碍不适合作为个人敏感信息侵权预防性责任的救济方式。排除妨碍是指行为人的妨碍行为使他人的财产权利无法或不能正常行使时，他人有权请求加害人将该障碍予以排除，从而恢复权利的圆满状态，因而排除妨碍主要适用于不动产权领域。[①] 由于个人敏感信息不具有有形的物质实体，使得个人敏感信息侵权难以适用排除妨碍，就此而言，如果信息处理者不法侵害个人敏感信息的，即使其尚未造成现实的损害，信息主体仍可请求其承担停止侵害或消除危险的预防性侵权责任。

1. 停止侵害

停止侵害是指行为人正在实施的行为可能侵害权利主体的合法权益时，权利主体可以请求行为人停止正在进行的侵害行为。停止侵害在时间维度上有一定的要求，其适用于侵害行为已经开始且尚未结束这个时间段，对于尚未开始或已经结束的侵害行为，没有停止侵害的适用余地。停止侵害的目的在于制止正在进行的侵害行为，以防止损害的发生或进一步扩大，就此而言，负担停止侵害的义务主体不局限于直接实施侵害行为的人，也包括能够制止侵害行为继续进行的人。换言之，权利人既可以请求具体行为人停止侵害行为，也可以请求对于行为人具有控制力的主体停止侵害行为。

具体到个人敏感信息侵权中，停止侵害体现为停止处理请求权，指当信息处理者的行为侵害或可能侵害信息主体的合法权益时，信息主体有权请求信息处理者停止其正在进行的侵害行为。根据请求期限的不同，停止处理可以进一步区分为暂时性停止处理与永久性停止处理，暂时性停止处理是指信息主体请求信息处理者在一定期限内不得继续处理该个人敏感信息，等到法定的或约定的事由出现时，信息处理者可以继续对该信息进行处理。永久性停止处理一般

[①] 田土城主编：《侵权责任法学》，郑州大学出版社 2010 年版，第 290—291 页。

发生于信息处理行为严重违背法律法规的规定，或者严重违背社会基本的伦理道德，于此情形，信息主体可以要求信息处理者终止信息处理行为。暂时性停止处理只是短暂性地停止信息处理进程，一旦信息处理行为得到纠正或者信息主体撤回其停止处理请求，这种暂停处理的状态即告终结，信息处理者仍可以继续处理个人敏感信息。在具体操作上，信息处理者可以采取以下措施来阻止个人敏感信息的继续流转与利用，诸如封存个人信息的获取渠道、对争议个人敏感信息附加标识、将争议信息转移至其他系统、删除已发布的个人敏感信息或对该信息进行加密处理等。

须注意的是，停止处理请求权具有两面性，其在增进社会效益的同时也可能带来一定风险。对于信息主体来说，面对处于强势地位的信息处理者，信息主体囿于信息的不对称、专业能力的欠缺等多种因素，无法提供充足的证据证明正在进行的信息处理行为可能侵害其合法权益，进而使得停止处理请求权形同虚设。对于信息处理者来说，个人信息的处理过程涉及收集、存储、控制、利用等各个环节，信息主体请求相关信息处理者停止处理特定信息时，不仅增加了信息处理者的运营负担，也阻碍了其他信息处理者乃至信息产业的快速发展。为防止信息主体动辄以个人敏感信息可能被侵害为由，请求信息处理者停止正在进行的信息处理行为，进而引发个人信息效力状态不确定性之风险，有必要设置除外条款。易言之，在特定情形下，信息处理者可以拒绝信息主体的停止处理请求。具体来说，如果信息主体重复提出停止处理请求，或信息主体明确表示其目的在于破坏正常的信息秩序等类似情形的，信息处理者可以拒绝信息主体不合理的停止处理请求。对此，信息处理者须提供证据证明信息主体的请求是明显无根据的或者过分的，之所以要求信息处理者反证证明不存在正当性事由，是因为相较于信息主体，信息处理者更具有经济上、技术上的优势。信息处理者拒绝采取停止处理措施时，应当及时通知信息主体，并说明拒绝的理由。如果信息主体因信息处理者没有及时通知而遭受后续性损害的，有权要求信息处理者予以赔偿。

2.消除危险

消除危险指信息主体认为信息处理者的行为可能使其人身安全或财产安全处于危险状态时，有权请求信息处理者采取一定的措施去除危险，防止危险进一步发展为现实的损害。从技术角度来说，信息处理者可以对个人敏感信息采取匿名化或去标识化等加密处理技术，降低信息主体被识别的概率。由于"危险"是否会转化为现实的损害存在不确定性，在"危险"被最终确定并消除之

前，信息主体可以根据个案的具体情况采取不同的措施。当信息主体不确定
"危险"是否真实发生，而仅是质疑信息处理行为可能存在危险时，其可以要求
信息处理者对相关情况进行核实，信息处理者在核实期间对于个人敏感信息的
处理应当受到一定的限制。如果信息主体明知或已知"危险"现实发生或即将
发生时，其可以要求信息处理者更正或者删除不完整、不准确的个人敏感信息。

信息主体在请求信息处理者消除已经存在或可能存在的危险时，应当满足
一定的条件，具体如下：1.存在或可能存在危险。消除危险的适用前提是，信
息处理者正在实施或者即将实施的行为存在或可能存在危险，信息主体请求信
息处理者消除危险并不要求侵害行为正处于持续状态，对于尚未发生或已经结
束的侵害行为，都可能存在危害信息主体权益的风险性因素。具体个案中，何
种情况下构成"危险"，应当根据人们的一般观念进行确定，特殊情况下可能还
需要技术鉴定，但"危险"必须是现实的，而不是主观臆想出来的。①2.时间要
件。消除危险要求时间上的紧迫性，以防止信息主体借消除危险之名，不当妨
碍他人权利的正当行使。具体个案中，危险既可能处于损害尚未现实发生但极
有可能发生的阶段，也可能处于损害已发生但侵害行为仍在持续并可能引发更
大危险的阶段。无论哪个阶段，都要求危险的发生迫在眉睫，若信息处理者不
及时采取措施消除危险，可能使得其合法权益受到难以弥补的损害。3.证据要
件。为防止信息主体滥用法律所赋予的权利而影响信息处理者正常的生产经营
活动，信息主体请求信息处理者采取相应的措施时，须有证据证明信息处理者
正在实施或即将实施的行为存在侵害其合法权益的风险。在具体的证明要求上，
信息主体只需提供初步证据证明信息处理者存在非法侵害其个人信息权益的行
为即可，无需达到法律上的盖然性标准。此外，负有消除危险的义务主体具有
一定程度的"不确定性"，除了正在实施侵害行为的信息处理者外，还包括与之
存在关联性的其他信息处理者。信息处理者需通知其他相关的信息处理者采取
一定的措施消除危险，信息处理者自身未采取措施或未通知其他信息处理者的，
须承担相应的责任。

---

① 王成：《侵权责任法》，北京大学出版社 2011 年版，第 156 页。

结　语

信息科技的纵深式发展极大地颠覆了人类的生产与生活方式，深刻影响着社会共同体中的每一个成员，小到日常生活中的消费支付，大到国家治理方式的转型升级，均发生了革命性的变化。个人信息作为当前社会经济发展的关键性资源，对于个人的生存发展以及数字社会的构建发挥着不可替代的作用。对于个人而言，个人信息是信息主体身份特征及行为特征的数字化呈现，透过相关的个人信息可以将特定主体识别出来。一定意义上可以说，个人信息是信息主体的"数字身份证"。个人信息与人身的密切依附性使得个人信息成为个体开展正常的社会交往的重要媒介，个人通过与他人分享、交换个人信息，能够顺利地融入社会生活。对于企业而言，大数据时代的到来改变了传统的消费模式，企业运营的主要阵地由线下转移到了线上。平台经济的有序运行依赖于对海量个人信息的积聚与分析，只有掌握充足的个人信息资源并对其进行深度地分析与挖掘，才能精准预测潜在客户的消费偏好、价格敏感度等相关特征，在节省企业运营成本的基础上实现定向的、高效率的商业推广，为企业的蓬勃发展抢占战略制高地。对于国家而言，社会的发展进步迫使其进一步提高治理能力与治理方式，通过对个人信息的收集与利用能够有效预测社会发展趋势，为相关政策的出台提供良好的社会基础，避免因信息的匮乏而做出错误的决策。

然而，大数据技术犹如一把"双刃剑"，其在积极促进社会发展、提升社会整体福祉的同时也带来了一系列的问题，引发了社会各界人士的隐忧。其中最为突出者，当属个人信息侵权现象的大肆盛行，成为当下社会不得不关注的重要议题。实践中，个人信息的泄露是一切个人信息侵权行为发生的起点，而在大数据时代，人们获取个人信息的渠道愈益便利，大量的个人信息源源不断地被他人任意收集与分享，导致个人信息侵权现象难以从根本上完全消除。根据个人信息的泄露是否基于信息主体的意愿，可以将其区分为主动的个人信息泄露与被动的个人信息泄露。在社交媒体日益风靡的社会背景下，人们经常在网络空间主动公开或分享其个人信息，为他人不法获取个人信息提供了便利的途径。此外，随着信息处理技术的飞跃式发展，信息处理者获取个人信息的速度与广度实现了质的突破。个人信息具有非竞争性与非损耗性，这使得个人信息可以在信息主体不知情的情形下被收集与利用，导致个人信息侵权行为的野蛮滋长，严重扰乱了人们的生活安宁。

现阶段，人们普遍呼吁严厉制裁不当侵害个人信息的违法行为，从而保障基本的私密空间，维护人格尊严与人格自由不受侵犯。虽然我国现行规范对于个人信息保护问题予以了积极的回应，但关于个人信息的侵权救济仍缺乏体系性与科学性的规制路径，无法有效应对实践中个人信息侵权纠纷的复杂性。具体来说，我国立法关于个人信息侵权的规定分散在不同部门法之中，且大部分规范的法律效力层级较低，难以对侵害行为人形成有效的约束。《个人信息保护法》作为我国首部个人信息保护领域的单行法，能够为实践中个人信息保护工作的推进提供重要的参考。然而，《个人信息保护法》关于个人信息的侵权保护缺乏翔实的明文规定，且相关条文与现实实践严重脱节，无法为个人信息侵权纠纷的解决提供明确的指引。

个人信息保护规范的缺失以及现实情况的复杂性，致使个人信息侵权救济面临诸多理论与实务上的难题。就归责原则来说，不同于域外立法建构的二元的归责原则体系，我国立法采取的是一元的过错推定责任原则，忽视了个人信息固有的客观差异性以及信息处理者合法利益的保护，在价值选择上有欠妥当。在个人信息侵权的具体构成要件方面，个人信息侵害行为的隐蔽性、损害样态的多样性以及因果关系认定标准的模糊性，增加了信息主体获取救济的难度。在个人信息侵权责任承担方面，现行规范对于个人信息侵权救济的具体方式没有进行全面的规定。由于缺乏立法的明确性规定，司法实践中法院在裁决个人信息侵权问题时存在不同的做法，容易滋生"同案异判"的非正义现象。

个人信息是人格利益与财产利益的综合体，个人信息承载着信息主体与信息处理者的正当性利益，这种多元的利益格局要求我们必须重新审视传统个人信息侵权救济的基本理念，寻求其在新时代背景下合理的因应之道。面对个人信息的利用价值愈益凸显的现实情境，个人信息的法律保护不应再片面强调信息保护或信息利用的一元价值目标，而应转至动态权衡信息保护与信息利用的二元价值目标，合理协调信息主体与信息处理者的利益诉求。目前，大部分学者已认识到个人信息保护应当合理平衡多方主体的利益诉求，但在具体的实现路径上鲜有进一步地展开，不得不说是个遗憾。随着时代的发展，个人信息保护法不再单纯地强调权益保护功能，行为自由的保障也成为个人信息保护法所追求的重要价值，就此而言，个人信息的法律保护应当以衡平权益保护与行为自由为基本的价值目标。

类型化是解决疑难问题重要的方法论工具，也是法律精细化发展的必然趋势。当前，个人信息的类型化保护逐渐获得理论界与实务界的认同，并由此涌现出各式各样的类型化标准，但很少有学者在类型化的视角下探讨个人信息侵权保护问题。侵权法以矫正利益状态的不合理变动为主旨，守护着社会的底线正义，侵权救济制度设计是否合理，关乎公平正义能否良好地贯彻。本书以个人信息所固有的敏感度的差异性为逻辑起点，将个人信息区别为个人一般信息与个人敏感信息，进而采取宽严有别的救济措施。申言之，个人信息的侵权法保护应当摒弃传统的"一元规制模式"，转而采取"二元规制模式"，也就是说，应当根据被侵害的对象为个人一般信息或个人敏感信息而在侵权责任的构成要件以及具体的救济方式上做出不同的安排，以期在动态平衡信息保护与信息利用的基础上，为解决实践中错综复杂的个人信息侵权纠纷提供一定的借鉴。

个人信息的法律保护既是宏观层面的问题，也是微观层面的问题，其不仅关系国家信息产业的发展以及社会秩序的稳定，也关系每一个社会成员的合法权益能否有效地落实。大数据时代，个人信息的收集和利用与人们的日常生活息息相关，没有人能够完全摆脱大数据的裹挟，只有解决个人信息侵权救济难题，才能构筑个人信息保护屏障，促进我国信息经济的优化调整。需说明的是，个人信息保护法仅是个人信息尤为重要的保护手段，而非唯一的保护手段。除了个人信息保护法外，合同法、反不正当竞争法、诉讼法等其他部门法也发挥着不可或缺的作用，个人信息的合理规制有赖于多个部门法乃至多个学科的协同与合作，这需要更多的理论上的储备以及立法层面的关注。

参考文献

一、中文文献

（一）中文著作

[1] 秦成德、危小波、葛伟：《网络个人信息保护研究》，西安交通大学出版社 2016 年版。

[2] 曾世雄：《民法总则之现在与未来》，中国政法大学出版社 2001 年版。

[3] 曾世雄：《损害赔偿法原理》，中国政法大学出版社 2001 年版。

[4] 陈聪富：《侵权归责原则与损害赔偿》，北京大学出版社 2005 年版。

[5] 陈海帆、赵国强主编：《个人资料的法律保护：放眼中国内地、香港、澳门及台湾》，社会科学文献出版社 2014 年版。

[6] 陈小君主编：《私法研究》（第 7 卷），法律出版社 2009 年版。

[7] 崔聪聪、巩姗姗、李怡等：《个人信息保护法研究》，北京邮电大学出版社 2015 年版。

[8] 刁胜先：《个人信息网络侵权问题研究》，上海三联书店 2013 年版。

[9] 丁宇翔：《个人信息保护纠纷——理论解释与裁判实务》，中国法制出版社 2021 年版。

[10] 高富平：《个人数据保护和利用国际规则：源流与趋势》，法律出版社 2016 年版。

[11] 郭瑜：《个人数据保护法研究》，北京大学出版社 2012 年版。

[12] 韩旭至：《个人信息的法律界定及类型化研究》，法律出版社 2018 年版。

[13] 黄薇主编：《中华人民共和国民法典侵权责任编解读》，中国法制出版社 2020 年版。

[14] 蒋坡主编：《个人数据信息的法律保护》，中国政法大学出版社 2008

年版。

[15] 京东法律研究院:《欧盟数据宪章:〈一般数据保护条例〉GDPR 评述及实务指引》,法律出版社 2018 年版。

[16] 孔令杰:《个人资料隐私的法律保护》,武汉大学出版社 2009 年版。

[17] 雷磊:《规范理论与法律论证》,中国政法大学出版社 2012 年版。

[18] 李爱君、苏桂梅主编:《国际数据保护规则要览》,法律出版社 2018 年版。

[19] 李婧:《侵权法的经济学分析》,知识产权出版社 2016 年版。

[20] 李开国:《民法总则研究》,法律出版社 2003 年版。

[21] 李震山:《人性尊严与人权保障》,元照出版有限公司 2001 年版。

[22] 梁慧星主编:《民商法论丛》(第 15 卷),法律出版社 1999 年版。

[23] 梁慧星主编:《民商法论丛》(第 23 卷),金桥文化出版(香港)有限公司 2002 年版。

[24] 梁上上:《利益衡量论》,法律出版社 2013 年版。

[25] 林诚二:《民法总则》(上册),法律出版社 2008 年版。

[26] 林鸿文:《个人资料保护法》,书泉出版社 2018 年版。

[27] 林喆:《权利的法哲学:黑格尔法权哲学研究》,山东人民出版社 1999 年版。

[28] 刘德良:《论个人信息的财产权保护》,人民法院出版社 2008 年版。

[29] 刘金瑞:《个人信息与权利配置——个人信息自决权的反思和出路》,法律出版社 2017 年版。

[30] 刘少军:《法边际均衡论——经济法哲学》,中国政法大学出版社 2007 年版。

[31] 刘士国:《现代侵权损害赔偿研究》,法律出版社 1998 年版。

[32] 刘雅琦:《基于敏感度分级的个人信息开发利用保障体系研究》,武汉大学出版社 2015 年版。

[33] 刘智慧:《中国侵权责任法释解与应用》,人民法院出版社 2010 年版。

[34] 龙卫球主编:《中华人民共和国个人信息保护法释义》,中国法制出版社 2021 年版。

[35] 陆小华:《信息财产权——民法视角中的新财富保护模式》,法律出版社 2009 年版。

[36] 马俊驹、余延满:《民法原论》(第四版),法律出版社 2010 年版。

[37] 马俊驹:《人格和人格理论讲稿》,法律出版社 2009 年版。

[38] 齐爱民:《拯救信息社会中的人格:个人信息保护法总论》,北京大学出版社 2009 年版。

[39] 全国人大常委会法制工作委员会民法室编:《〈中华人民共和国侵权责任法〉条文说明、立法理由及相关规定》,北京大学出版社 2010 年版。

[40] 沈德咏主编:《〈中华人民共和国民法总则〉条文理解与适用》,人民法院出版社 2017 年版。

[41] 史尚宽:《民法总论》,中国政法大学出版社 2000 年版。

[42] 台湾大学法律学院、台大法学基金会编译:《德国民法典》,北京大学出版社 2016 年版。

[43] 田土城主编:《侵权责任法学》,郑州大学出版社 2010 年版。

[44] 汪东升:《个人信息的刑法保护》,法律出版社 2019 年版。

[45] 王成:《侵权责任法》,北京大学出版社 2011 年版。

[46] 王利明:《侵权行为法研究》(上卷),中国人民大学出版社 2004 年版。

[47] 王利明:《侵权责任法研究》(上卷),中国人民大学出版社 2016 年版。

[48] 王利明:《人格权法研究》,中国人民大学出版社 2012 年版。

[49] 王胜明主编:《中华人民共和国侵权责任法解读》,中国法制出版社 2010 年版。

[50] 王胜明主编:《中华人民共和国侵权责任法释义》,法律出版社 2010 年版。

[51] 王伟光:《利益论》,中国社会科学出版社 2010 年版。

[52] 王卫国:《过错责任原则:第三次勃兴》,中国法制出版社 2000 年版。

[53] 王泽鉴:《民法学说与判例研究》(第二册),北京大学出版社 2009 年版。

[54] 王泽鉴:《侵权行为法》(第一册),中国政法大学出版社 2001 年版。

[55] 王泽鉴:《人格权法:法释义学、比较法、案例研究》,北京大学出版社 2013 年版。

[56] 吴从周:《概念法学、利益法学与价值法学》,中国法制出版社 2011 年版。

[57] 吴汉东:《无形财产权基本权利问题研究》,中国人民大学出版社 2013 年版。

[58] 奚晓明、王利明:《侵权责任法条文释义》,人民法院出版社 2010 年版。

[59] 奚晓明主编:《〈中华人民共和国侵权责任法〉条文理解与适用》,人民法院出版社 2010 年版。

[60] 谢永志:《个人数据保护法立法研究》,人民法院出版社 2013 年版。

[61] 谢远扬:《个人信息的私法保护》,中国法制出版社 2016 年版。

[62] 薛波主编:《元照英美法词典》,法律出版社 2003 年版。

[63] 薛晓源、周战超主编:《全球化与风险社会》,社会科学文献出版社 2005 年版。

[64] 杨芳:《隐私权保护与个人信息保护法——对个人信息保护立法潮流的反思》,法律出版社 2016 年版。

[65] 杨立新:《侵权法论》,人民法院出版社 2005 年版。

[66] 叶金强:《信赖原理的私法结构》,北京大学出版社 2014 年版。

[67] 于敏、李昊等:《中国民法典侵权行为编规则》,社会科学文献出版社 2012 年版。

[68] 张俊浩主编:《民法学原理》,中国政法大学出版社 1997 年版。

[69] 张新宝:《侵权责任构成要件研究》,法律出版社 2007 年版。

[70] 张新宝:《隐私权的法律保护》,群众出版社 2004 年版。

[71] 赵克祥:《侵权法之因果关系概念及判断标准研究》,法律出版社 2009 年版。

[72] 郑玉波:《民法债编总论》,中国政法大学出版社 2004 年版。

[73] 周汉华:《个人信息保护法(专家建议稿)及立法研究报告》,法律出版社 2006 年版。

[74] 周友军:《侵权法学》,中国人民大学出版社 2011 年版。

[75] 朱庆育:《民法总论》,北京大学出版社 2013 年版。

[76] 最高人民法院民法典贯彻实施工作领导小组主编:《中华人民共和国民法典侵权责任编理解与适用》,人民法院出版社 2020 年版。

[77] 最高人民法院民法典贯彻实施工作领导小组主编:《中华人民共和国民法典人格权编理解与适用》,人民法院出版社 2020 年版。

(二)中文译作

[1][奥] 赫尔穆特·考茨欧、亚历山大·瓦齐莱克:《针对大众媒体侵害人格权的保护:各种制度与实践》余佳楠等译,中国法制出版社 2012 年版。

[2][澳] 胡·贝弗利 - 史密斯:《人格的商业利用》,李志刚、缪因知译,北京大学出版社 2007 年版。

[3][德] 埃尔温·多伊奇、汉斯 - 于尔根·阿伦斯:《德国侵权法——侵权行为、损害赔偿及痛苦抚慰金》,叶名怡、温大军译,中国人民大学出版社 2016 年版。

[4][德] 伯恩·魏德士:《法理学》,丁小春、吴越译,法律出版社 2003 年版。

[5][德] 迪特尔·施瓦布:《民法导论》,郑冲译,法律出版社 2006 年版。

[6][德] 黑格尔:《法哲学原理》,范扬、张企泰译,商务印书馆 2017 年版。

[7][德] 卡尔·拉伦茨:《法学方法论》,陈爱娥译,商务印书馆 2003 年版。

[8][德] 康德:《实践理性批判》,韩水法译,商务印书馆 2009 年版。

[9][德] 克雷斯蒂安·冯·巴尔:《欧洲比较侵权行为法》(下卷),焦美华译,法律出版社 2001 年版。

[10][德] 罗伯特·霍恩、海因·科茨、汉斯 G·莱塞:《德国民商法导论》,托尼·韦尔、米健译,中国大百科全书出版社 1996 年版。

[11][德] 马格努斯主编:《侵权法的统一:损害与损害赔偿》,谢鸿飞译,法律出版社 2009 年版。

[12][德] 马克西米利安·福克斯:《侵权行为法》,齐晓琨译,法律出版社 2006 年版,第 256 页。

[13][德] 乌尔里希·贝克:《风险社会:新的现代性之路》,张文杰、何博文译,译林出版社 2018 年版。

[14][德] 乌尔里希·贝克:《风险社会》,何博闻译,译林出版社 2004 年版。

[15][古希腊] 亚里士多德:《尼各马可伦理学》,廖申白译,商务印书馆 2003 年版。

[16][加拿大] 欧内斯特·J.温里布:《私法的理念》,徐爱国译,北京大学出版社 2007 年版。

[17][美]E.博登海默:《法理学——法律哲学与法律方法》,邓正来译,中国政法大学出版社 1998 年版。

[18][美]J.范伯格:《自由、权利和社会正义——现代社会哲学》,王守昌、戴栩译,贵州人民出版社 1998 年版。

[19][美] 阿丽塔·L.艾伦、理查德·C.托克音顿:《美国隐私法——学说、判例与立法》,冯建妹、石宏等译,中国民主法制出版社 2004 年版。

[20][美] 德沃金:《法律帝国》,李常青译,中国大百科全书出版社 1996 年版。

[21][美] 格瑞尔德·J. 波斯特马主编：《哲学与侵权行为法》，陈敏、云建芳译，北京大学出版社 2005 年版。

[22][美] 霍姆斯：《普通法》，冉昊、姚中秋译，中国政法大学出版社 2006 年版。

[23][美] 杰里米·里夫金：《第三次工业革命》，张体伟、孙豫宁译，中信出版社 2012 年版。

[24][美] 劳伦斯·莱斯格：《代码 2.0：网络空间中的法律》，李旭、沈伟伟译，清华大学出版社 2009 年版。

[25][美] 罗伯特·D. 考特、托马斯·S. 尤伦：《法和经济学》，施少华等译，上海财经大学出版社 2002 年版。

[26][美] 罗伯特·斯考伯、谢尔·伊斯雷尔：《即将到来的场景时代》，赵乾坤、周宝曜译，北京联合出版公司 2014 年版。

[27][美] 罗斯科·庞德：《法理学》（第 3 卷），廖德宇译，法律出版社 2007 年版。

[28][日] 城田真琴：《数据中间商》，邓一多译，北京联合出版公司 2016 年版。

[29][日] 我妻荣：《民法讲义——债权各论》，冷罗生等译，中国法制出版社 2008 年版。

[30][日] 五十岚清：《人格权法》，铃木贤、葛敏译，北京大学出版社 2009 年版。

[31][日] 星野英一：《私法中的人》，王闯译，中国法制出版社 2004 年版。

[32][意] 彼德罗·彭梵得：《罗马法教科书》，黄风译，中国政法大学出版社 1992 年版。

[33][英] 安东尼·吉登斯：《失控的世界》，周红云译，江西人民出版社 2001 年版。

[34][英] 边沁：《道德与立法原理导论》，时殷弘译，商务印书馆 2000 年版。

[35][英] 弗里德利希·冯·哈耶克：《自由秩序原理》（上），邓正来译，生活·读书·新知三联书店 1997 年版。

[36][英] 罗伯特·鲍德温、马丁·凯夫、马丁·洛奇编：《牛津规制手册》，宋华琳等译，上海三联书店 2017 年版。

[37][英] 维克托·迈尔 - 舍恩伯格，肯尼斯·库克耶：《大数据时代：生活、工作与思维的大变革》，盛杨燕、周涛译，浙江人民出版社 2013 年版。

[38][英]维克托·迈尔-舍恩伯格:《删除:大数据取舍之道》,袁杰译,浙江人民出版社 2013 年版。

[39][美]康芒斯:《制度经济学》(上),于树生译,商务印书馆 2017 年版。

[40]《奥地利普通民法典》,戴永盛译,中国政法大学出版社 2016 年版。

[41]《荷兰民法典》,王卫国译,中国政法大学出版社 2006 年版。

[42]《瑞士民法典》,戴永盛译,中国政法大学出版社 2016 年版。

[43]欧洲侵权法小组:《欧洲侵权法原则:文本与评注》,于敏、谢鸿飞译,法律出版社 2009 年版。

(三)中文期刊论文

[1]刁胜先:《个人信息网络侵权归责原则的比较研究——兼评我国侵权法的相关规定》,载《河北法学》2011 年第 6 期。

[2]叶名怡:《个人信息的侵权法保护》,载《法学研究》2018 年第 4 期。

[3]张建文、时诚:《个人信息的新型侵权形态及其救济》,载《法学杂志》2021 年第 4 期。

[4]杨芳:《个人信息保护法保护客体之辨——兼论个人信息保护法和民法适用上之关系》,载《比较法研究》2017 年第 5 期。

[5]杨芳:《德国一般人格权中的隐私保护——信息自由原则下对"自决"观念的限制》,载《东方法学》2016 年第 6 期。

[6]张谷:《论〈侵权责任法〉上的非真正侵权责任》,载《暨南学报(哲学社会科学版)》2010 年第 3 期。

[7]孙政伟:《大数据时代侵权法功能定位的历史转型》,载《民商法论丛》2020 年第 1 期。

[8]叶名怡:《论侵权预防责任对传统侵权法的挑战》,载《法律科学》2013 年第 2 期。

[9]刘静怡:《社群网路时代的隐私困境:以 Facebook 为讨论对象》,载《台大法学论丛》2012 年第 1 期。

[10]海尔穆特·库齐奥:《动态系统论导论》,张玉东译,载《甘肃政法学院学报》2013 年第 4 期。

[11]李建新:《两岸四地的个人信息保护与行政信息公开》,载《法学》2013 年第 7 期。

[12]杨惟钦:《价值维度中的个人信息权属模式考察——以利益属性分析切入》,载《法学评论》2016 年第 4 期。

[13] 张红:《死者生前人格上财产利益之保护》,载《法学研究》2011 年第 2 期。

[14] 宁园:《敏感个人信息的法律基准与范畴界定——以〈个人信息保护法〉第 28 条第 1 款为中心》,载《比较法研究》2021 年第 5 期。

[15] 王利明:《敏感个人信息保护的基本问题——以〈民法典〉和〈个人信息保护法〉的解释为背景》,载《当代法学》2022 年第 1 期。

[16] 蒋丽华:《无过错归责原则:个人信息侵权损害赔偿的应然走向》,载《财经法学》2022 年第 1 期。

[17] 苏宇、高文英:《个人信息的身份识别标准:源流、实践与反思》,载《交大法学》2019 年第 4 期。

[18] 杨咏婕:《个人信息的私法保护研究》,吉林大学 2013 年博士学位论文。

[19] 席斌、汪渊智:载《大数据时代个人信息的法释义学分析——以〈民法典〉"个人信息"的概念为中心》,《贵州社会科学》2020 年第 12 期。

[20] 叶良芳、应家赟:《非法获取公民个人信息罪之"公民个人信息"的教义学阐释——以〈刑事审判参考〉第 1009 号案例为样本》,载《浙江社会科学》2016 年第 4 期。

[21] 范姜真媺:《大数据时代下个人资料范围之再检讨——以日本为借镜》,载《东吴法律学报》2017 年第 2 期。

[22] 岳林:《个人信息的身份识别标准》,载《上海大学学报(社会科学版)》2017 年第 6 期。

[23] 杨楠:《个人信息"可识别性"扩张之反思与限缩》,载《大连理工大学学报(社会科学版)》2021 年第 2 期。

[24] 陈奇伟、刘倩阳:《大数据时代的个人信息权及其法律保护》,载《江西社会科学》2017 年第 9 期。

[25] 程德理、赵丽丽:《个人信息保护中的"识别"要素研究》,载《河北法学》2020 年第 9 期。

[26] 井慧宝、常秀娇:《个人信息概念的厘定》,载《法律适用》2011 年第 3 期。

[27] 冉克平:《论〈民法典〉视野下个人隐私信息的保护与利用》,载《社会科学辑刊》2021 年第 5 期。

[28] 廖宇羿:《我国个人信息保护范围界定——兼论个人信息与个人隐私的区分》,载《社会科学研究》2016 年第 2 期。

[29] 范为:《大数据时代个人信息定义的再审视》,载《信息安全与通信保密》2016 年第 10 期。

[30] 周加海、邹涛、喻海松:《〈关于办理侵犯公民个人信息刑事案件适用法律若干问题的解释〉的理解与适用》,载《人民司法》2017 年第 19 期。

[31] 齐爱民、张哲:《识别与再识别:个人信息的概念界定与立法选择》,载《重庆大学学报(社会科学版)》2018 年第 2 期。

[32] 任龙龙:《大数据时代的个人信息民法保护》,对外经济贸易大学 2017 年博士学位论文。

[33] 郭明龙:《论个人信息之商品化》,载《法学论坛》2012 年第 6 期。

[34] 黄耀赏:《浅谈"得以间接方式识别特定个人之资料"》,载《科技法律透析》2015 年第 1 期。

[35] 范姜真媺:《个人资料保护法关于"个人资料"保护范围之检讨》,载《东海大学法学研究》2013 年第 41 期。

[36] 叶金强:《私法中理性人标准之构建》,载《法学研究》2015 年第 1 期。

[37] 冯珏:《汉德公式的解读与反思》,载《中外法学》2008 年第 4 期。

[38] 詹星:《侵犯公民个人信息犯罪中"公民个人信息"范围探析》,载《中国检察官》2021 年第 9 期。

[39] 吕炳斌:《个人信息保护的"同意"困境及其出路》,载《法商研究》2021 年第 2 期。

[40] 石巍、王雪:《个人信息新型保护框架之构建:路径、界限与匿名法律标准》,载《学术交流》2021 年第 8 期。

[41] 杨立新:《个人信息:法益抑或民事权利——对〈民法总则〉第 111 条规定的"个人信息"之解读》,载《法学论坛》2018 年第 1 期。

[42] 申卫星:《论个人信息权的构建及其体系化》,载《比较法研究》2021 年第 5 期。

[43] 张新宝:《信息技术的发展与隐私权保护》,载《法制与社会发展》1996 年第 5 期。

[44] 王利明:《论个人信息权在人格权法中的地位》,载《苏州大学学报(哲学社会科学版)》2016 年第 6 期。

[45] 吕炳斌:《个人信息权作为民事权利之证成:以知识产权为参照》,载《中国法学》2019 年第 4 期。

[46] 程啸:《论我国民法典中个人信息权益的性质》,载《政治与法律》

2020 年第 8 期。

[47] 汤擎:《试论个人数据与相关的法律关系》,载《华东政法学院学报》2000 年第 5 期。

[48] 张素华:《个人信息商业运用的法律保护》,载《苏州大学学报》2005 年第 2 期。

[49] 温昱:《个人数据权利体系论纲——兼论〈芝麻服务协议〉的权利空白》,载《甘肃政法学院学报》2019 年第 2 期。

[50] 张新宝:《论个人信息权益的构造》,载《中外法学》2021 年第 5 期。

[51] 郑晓剑:《个人信息的民法定位及保护模式》,载《法学》2021 年第 3 期。

[52] 梅夏英:《信息和数据概念区分的法律意义》,载《比较法研究》2020 年第 6 期。

[53] 龙卫球:《〈个人信息保护法〉的基本法定位与保护功能——基于新法体系形成及其展开的分析》,载《现代法学》2021 年第 5 期。

[54] 蔡培如:《欧盟法上的个人数据受保护权研究——兼议对我国个人信息权利构建的启示》,载《法学家》2021 年第 5 期。

[55] 杨立新:《私法保护个人信息存在的问题及对策》,载《社会科学战线》2021 年第 1 期。

[56] 朱虎:《侵权法中的法益区分保护:思想与技术》,载《比较法研究》2015 年第 5 期。

[57] 方新军:《权益区分保护的合理性证明——〈侵权责任法〉第 6 条第一款的解释论前提》,载《清华法学》2013 年第 1 期。

[58] 陈忠五:《论契约责任与侵权责任的保护客体:"权利"与"利益"区别正当性的再反省》,载《台大法学论丛》2007 年第 3 期。

[59] 李炎:《侵权法上可赔偿损害的区分规制论——以权利射程与利益筛选为切入点》,南京大学 2018 年博士学位论文。

[60] 夏勇:《权利哲学的基本问题》,载《法学研究》2004 年第 3 期。

[61] 于柏华:《权利认定的利益判准》,载《法学家》2017 年第 6 期。

[62] 于飞:《侵权法中权利与利益的区分方法》,载《法学研究》2011 年第 4 期。

[63] 张力,莫杨燊:《法益论视角下个人信息侵权法保护之类型化》,载《重庆邮电大学学报(社会科学版)》2020 年第 3 期。

[64] 高郦梅：《网络虚拟财产保护的解释路径》，载《清华法学》2021 年第3 期。

[65] 王锡锌：《个人信息国家保护义务及展开》，载《中国法学》2021 年第1 期。

[66] 丁晓东：《个人信息权利的反思与重塑：论个人信息保护的适用前提与法益基础》，载《中外法学》2020 年第 2 期。

[67] 冉克平：《论个人生物识别信息及其法律保护》，载《社会科学辑刊》2020 年第 6 期。

[68] 王利明：《论民事权益位阶：以〈民法典〉为中心》，载《中国法学》2022 年第 1 期。

[69] 叶金强：《〈民法典〉第 1165 条第 1 款的展开路径》，载《法学》2020 年第 9 期。

[70] 程啸：《民法典编纂视野下的个人信息保护》，载《中国法学》2019 年第 4 期。

[71] 赵正群、王进：《盗用个人信息行为的违法性及其法律责任论析——对"罗彩霞案"的信息法解读》，载《南开学报（哲学社会科学版）》2012 年第 4 期。

[72] 陆青：《数字时代的身份构建及其法律保障：以个人信息保护为中心的思考》，载《法学研究》2021 年第 5 期。

[73] 王成：《个人信息民法保护的模式选择》，载《中国社会科学》2019 年第 6 期。

[74] 张建文：《基因隐私权的民法保护》，载《河北法学》2016 年第 6 期。

[75] 王迁：《论医生对患者基因隐私的保密与披露义务》，载《私法》2004 年第 2 期。

[76] 杨显滨、麻晋源：《个人信息的民事法律保护与限度》，载《江海学刊》2021 年第 4 期。

[77] 张忆然：《大数据时代"个人信息"的权利变迁与刑法保护的教义学限缩——以"数据财产权"与"信息自决权"的二分为视角》，载《政治与法律》2020 年第 6 期。

[78] 李承亮：《个人信息保护的界限——以在线评价平台为例》，载《武汉大学学报（哲学社会科学版）》2016 年第 4 期。

[79] 甘绍平：《信息自决权的两个维度》，载《哲学研究》2019 年第 3 期。

[80] 邱文聪:《从资讯自决与资讯隐私的概念区分——评"电脑处理个人资料保护法修正草案"的结构性问题》,载《月旦法学杂志》2009 年第 5 期。

[81] 王泽鉴:《人格权的具体化及其保护范围·隐私权篇(中)》,载《比较法研究》2009 年第 1 期。

[82] 王洪亮:《〈民法典〉与信息社会——以个人信息为例》,载《政法论丛》2020 年第 4 期。

[83] 吴伟光:《大数据技术下个人数据信息私权保护论批判》,载《政治与法律》2016 年第 7 期。

[84] 姬蕾蕾:《大数据时代个人信息财产权保护研究》,载《河南社会科学》2020 年第 11 期。

[85] 黄祖帅:《中国个人信息的刑法保护研究》,载《首都师范大学学报(社会科学版)》2015 年第 5 期。

[86] 刘德良:《个人信息的财产权保护》,载《法学研究》2007 年第 3 期。

[87] 梅夏英:《数据的法律属性及其民法定位》,载《中国社会科学》2016 年第 9 期。

[88] 郑观:《个人信息对价化及其基本制度构建》,载《中外法学》2019 年第 2 期。

[89] 王锡锌:《个人信息权益的三层构造及保护机制》,载《现代法学》2021 年第 5 期。

[90] 张莉:《个人信息权的法哲学论纲》,载《河北法学》2010 年第 2 期。

[91] 王怡苹:《著作权损害赔偿之再建构:以德国法为借镜》,载《台大法学论丛》2015 年第 3 期。

[92] 刘云:《论个人信息非物质性损害的认定规则》,载《经贸法律评论》2021 年第 1 期。

[93] 解正山:《数据泄露损害问题研究》,载《清华法学》2020 年第 4 期。

[94] 叶金强:《精神损害赔偿制度的解释论框架》,载《法学家》2011 年第 5 期。

[95] 张新宝、李倩:《惩罚性赔偿的立法选择》,载《清华法学》2009 年第 4 期。

[96] 李惠宗:《个人资料保护法上的帝王条款——目的拘束原则》,载《法令月刊》2013 年第 1 期。

[97] 丁海俊:《预防型民事责任》,载《政法论坛》2005 年第 4 期。

[98] 崔建远:《绝对权请求权抑或侵权责任方式》,载《法学》2002 年第 11 期。

[99] 谢鸿飞:《精神损害赔偿的三个关键词》,载《法商研究》2010 年第 6 期。

[100] 张新宝:《民法分则侵权责任编立法研究》,载《中国法学》2017 年第 3 期。

[101] 王鹏鹏:《论个人信息区分的私法保护》,载《大连理工大学学报(社会科学版)》2022 年第 3 期。

[102] 程啸:《论我国个人信息保护法中的个人信息处理规则》,载《清华法学》2021 年第 3 期。

[103] 李延舜:《从隐私到信息的立法梳理——基于美、德、法三国的比较考察》,载《学习论坛》2016 年第 2 期。

[104] 丁晓东:《论个人信息法律保护的思想渊源与基本原理——基于"公平信息实践"的分析》,载《现代法学》2019 年第 3 期。

[105] 洪海林:《个人信息保护立法理念探究——在信息保护与信息流通之间》,载《河北法学》2007 年第 1 期。

[106] 高富平:《论个人信息保护的目的——以个人信息保护法益区分为核心》,载《法商研究》2019 年第 1 期。

[107] 谢远扬:《〈民法典人格权编(草案)〉中"个人信息自决"的规范建构及其反思》,载《现代法学》2019 年第 6 期。

[108] 郭春镇、马磊:《大数据时代个人信息问题的回应型治理》,载《法制与社会发展》2020 年第 2 期。

[109] 商希雪:《超越私权属性的个人信息共享——基于〈欧盟一般数据保护条例〉正当利益条款的分析》,载《法商研究》2020 年第 2 期。

[110] 徐丽枝:《个人信息处理中同意原则适用的困境与破解思路》,载《图书情报知识》2017 年第 1 期。

[111] 姚佳:《论个人信息处理者的民事责任》,载《清华法学》2021 年第 3 期。

[112] 王怀勇、常宇豪:《个人信息保护的理念嬗变与制度变革》,载《法制与社会发展》2020 年第 6 期。

[113] 江波、张亚男:《大数据语境下的个人信息合理使用原则》,载《交大法学》2018 年第 3 期。

[114] 曾哲、雷雨薇:《比例原则的法律适用评析与重塑》,载《湖南社会科学》2018年第2期。

[115] 刘士国:《类型化与民法解释》,载《法学研究》2006年第6期。

[116] 齐爱民、李仪:《论利益平衡视野下的个人信息权制度——在人格利益与信息自由之间》,载《法学评论》2011年第3期。

[117] 董悦:《公民个人信息分类保护的刑法模式构建》,载《大连理工大学学报(社会科学版)》2020年第2期。

[118] 叶名怡:《论个人信息权的基本范畴》,载《清华法学》2018年第5期。

[119] 项定宜、申建平:《个人信息商业利用同意要件研究——以个人信息类型化为视角》,载《北方法学》2017年第5期。

[120] 袁泉、王思庆:《个人信息分类保护制度及其体系研究》,载《江西社会科学》2020年第7期。

[121] 曹博:《论个人信息保护中责任规则与财产规则的竞争及协调》,载《环球法律评论》2018年第5期。

[122] 张鹏:《论敏感个人信息在个人征信中的运用》,载《苏州大学学报(哲学社会科学版)》2012年第6期。

[123] 胡文涛:《我国个人敏感信息界定之构想》,载《中国法学》2018年第5期。

[124] 程海玲:《108号公约现代化与个人信息收集合法性依据的重构》,载《时代法学》2019年第6期。

[125] 田野:《大数据时代知情同意原则的困境与出路——以生物资料库的个人信息保护为例》,载《法制与社会发展》2018年第6期。

[126] 张新宝:《从隐私到个人信息:利益再衡量的理论与制度安排》,载《中国法学》2015年第3期。

[127] 王叶刚:《个人信息收集、利用行为合法性的判断——以〈民法总则〉第111条为中心》,载《甘肃社会科学》2018年第1期。

[128] 田野、张晨辉:《论敏感个人信息的法律保护》,载《河南社会科学》2019年第7期。

[129] 张新宝:《个人信息收集:告知同意原则适用的限制》,载《比较法研究》2019年第6期。

[130] 林传琳、宋宗宇:《个人信息保护的民法定位与路径选择》,载《甘肃社会科学》2021年第4期。

[131] 刘海安、张雪娥:《论个人信息的保有权能:从该权能的存废展开》,载《河南社会科学》2019年第10期。

[132] 房绍坤、曹相见:《论个人信息人格利益的隐私本质》,载《法制与社会发展》2019年第4期。

[133] 程啸:《论侵害个人信息的民事责任》,载《暨南学报(哲学社会科学版)》2020年第2期。

[134] 刘迎霜:《大数据时代个人信息保护再思考——以大数据产业发展之公共福利为视角》,载《社会科学》2019年第3期。

[135] 杨立新:《侵害公民个人电子信息的侵权行为及其责任》,载《法律科学》2013年第3期。

[136] 齐爱民:《个人信息保护法研究》,载《河北法学》2008年第4期。

[137] 王兵、郭磊:《网络社会个人信息侵权问题研究》,载《西南交通大学学报(社会科学版)》2011年第2期。

[138] 刁胜先:《论个人信息网络侵权责任多元归责原则之确立基础》,载《重庆邮电大学学报(社会科学版)》2015年第3期。

[139] 尹志强:《网络环境下侵害个人信息的民法救济》,载《法律适用》2013年第8期。

[140] 孔祥俊:《论侵权行为的归责原则》,载《中国法学》1992年第5期。

[141] 费多益:《意志自由的心灵根基》,载《中国社会科学》2015年第12期。

[142] 龙宗智:《推定的界限及适用》,载《法学研究》2008年第1期。

[143] 王雄飞:《论事实推定和法律推定》,载《河北法学》2008年第6期。

[144] 冯珏:《安全保障义务与不作为侵权》,载《法学研究》2009年第4期。

[145] 宋亚辉:《个人信息的私法保护模式研究——〈民法总则〉第111条的解释论》,载《比较法研究》2019年第2期。

[146] 汪志刚:《论民法上的损害概念的形成视角》,载《法学杂志》2008年第5期。

[147] 宁金成、田土城:《民法上之损害研究》,载《中国法学》2002年第2期。

[148] 徐银波:《侵权损害赔偿论》,西南政法大学2013年博士学位论文。

[149] 李怡:《个人一般信息侵权裁判规则研究——基于68个案例样本的类型化分析》,载《政治与法律》2019年第6期。

[150] 秦伟、杨姿:《容忍义务主体类型化及其正当性证成》,载《山东社会科学》2021 年第 6 期。

[151] 李婉萍:《欧盟个资小组对"目的拘束原则"之诠释及该诠释对界定个资法上"特定目的"之启发》,载《科技法律透析》2013 年第 9 期。

[152] 田野:《雇员基因信息保护的私法进路》,载《法商研究》2021 年第 1 期。

[153] 蔡一博:《〈民法典〉实施下个人信息的条款理解与司法应对》,载《法律适用》2021 年第 3 期。

[154] 郑永宽:《论责任范围限定中的侵权过失与因果关系》,载《法律科学》2016 年第 2 期。

[155] 田野、张宇轩:《〈民法典〉时代的个人健康信息保护》,载《北京航空航天大学学报(社会科学版)》2021 年第 6 期。

[156] 徐明:《大数据时代的隐私危机及其侵权法应对》,载《中国法学》2017 年第 1 期。

[157] 田野、张耀文:《个人信息侵权因果关系的证明困境及其破解——以相当因果关系理论为进路》,载《中南大学学报(社会科学版)》2022 年第 1 期。

[158] 陈吉栋:《个人信息的侵权救济》,载《交大法学》2019 年第 4 期。

[159] 刘海安:《个人信息泄露因果关系的证明责任——评庞某某与东航、趣拿公司人格权纠纷案》,载《交大法学》2019 年第 1 期。

[160] 叶金强:《相当因果关系理论的展开》,载《中国法学》2008 年第 1 期。

[161] 朱岩:《当代德国侵权法上因果关系理论和实务中的主要问题》,载《法学家》2004 年第 6 期。

[162] 周汉华:《个人信息保护的法律定位》,载《法商研究》2020 年第 3 期。

[163] 孙清白:《敏感个人信息保护的特殊制度逻辑及其规制策略》,载《行政法学研究》2022 年第 1 期。

[164] 李薇薇:《论国际人权法中的平等与不歧视》,载《环球法律评论》2004 年第 2 期。

[165] 胡雪梅:《英美侵权法行为"自身可诉"侵权制度及其合理借鉴——以我国〈侵权责任法〉的完善为中心》,载《现代法学》2011 年第 1 期。

[166] 田野:《风险作为损害:大数据时代侵权"损害"概念的革新》,载《政治与法律》2021 年第 10 期。

[167] 谢鸿飞:《个人信息泄露侵权责任构成中的"损害"——兼论风险社

会中损害的观念化》，载《国家检察官学院学报》2021年第5期。

[168] 解正山：《个人信息保护法背景下的数据抓取侵权救济》，载《政法论坛》2021年第6期。

[169] 冉克平：《民法上恢复原状的规范意义》，载《烟台大学学报（哲学社会科学版）》2016年第2期。

[170] 张勇：《个人信息去识别化的刑法应对》，载《国家检察官学院学报》2018年第4期。

[171] 项定宜：《个人信息的类型化分析及区分保护》，载《重庆邮电大学学报（社会科学版）》2017年第1期。

[172] 孙南翔：《论网络个人信息的商业化利用及其治理机制》，载《河北法学》2020年第7期。

[173] 杨彪：《受益型侵权行为研究——兼论损害赔偿法的晚近发展》，载《法商研究》2009年第5期。

[174] 胡晶晶：《德国法中的专利侵权损害赔偿计算——以德国〈专利法〉第139条与德国〈民事诉讼法〉第287条为中心》，载《法律科学》2018年第4期。

[175] 黄芬：《人格权侵权获利赔偿的请求权基础研究》，载《法商研究》2019年第4期。

[176] 岳业鹏：《论人格权财产利益的法律保护——以〈侵权责任法〉第20条为中心》，载《法学家》2018年第3期。

[177] 刘召成：《人格商业化利用权的教义学构造》，载《清华法学》2014年第3期。

[178] 缪宇：《获利返还论——以〈侵权责任法〉第20条为中心》，载《法商研究》2017年第4期。

[179] 张家勇：《基于得利的侵权损害赔偿之规范再造》，载《法学》2019年第2期。

[180] 王泽鉴：《人格权保护的课题与展望——人格权的性质及构造：精神利益与财产利益的保护》，载《人大法律评论》2009年第1期。

[181] 翁清坤：《赋予当事人个人资料财产权地位之优势与局限：以美国法为中心》，载《台大法学论丛》2018年第3期。

[182] 毛立琦：《数据产品保护路径探究——基于数据产品利益格局分析》，载《财经法学》2020年第2期。

[183] 张玉屏：《个人数据产权归属的经济分析》，载《江西财经大学学报》2021 年第 2 期。

[184] 程啸：《论大数据时代的个人数据权利》，载《中国社会科学》2018 年第 3 期。

[185] 丁晓东：《数据到底属于谁——从网络爬虫看平台数据权属与数据保护》，载《华东政法大学学报》2019 年第 5 期。

[186] 邢会强：《大数据交易背景下个人信息财产权的分配与实现机制》，载《法学评论》2019 年第 6 期。

[187] 龙卫球：《数据新型财产权构建及其体系研究》，载《政法论坛》2017 年第 4 期。

[188] 易继明：《评财产权劳动学说》，载《法学研究》2000 年第 3 期。

[189] 郑佳宁：《数据信息财产法律属性探究》，载《东方法学》2021 年第 5 期。

[190] 刘权：《风险治理视角下的个人信息保护路径》，载《比较法研究》2024 年第 2 期。

[191] 宋亚辉：《风险控制的部门法思路及其超越》，载《中国社会科学》2017 年第 10 期。

[192] 薛晓源、刘国良：《全球风险世界：现在与未来——德国著名社会学家、风险社会理论创始人乌尔里希·贝克教授访谈录》，载《马克思主义与现实》2005 年第 1 期。

[193] 吴泓：《信赖理念下的个人信息使用与保护》，《华东政法大学学报》2018 年第 1 期。

[194] 叶金强：《共同侵权的类型要素及法律效果》，载《中国法学》2010 年第 1 期。

[195] 张建伟、岳红强：《风险社会下我国食品安全民事责任预防机制的建构》，载《学习论坛》2016 年第 3 期。

[196] 苏和生：《个人信息保护公益诉讼的程序构造——从损害救济模式向风险防控模式的转向》，载《华中科技大学学报（社会科学版）》2023 年第 4 期。

[198] 朱岩：《论侵权责任法的目的与功能——兼评〈中华人民共和国侵权责任法〉第 1 条》，载《私法研究》2010 年第 2 期。

[199] 马特：《个人资料保护之辩》，载《苏州大学学报（哲学社会科学版）》2012 年第 6 期。

[200] 齐爱民:《论个人资料》,载《法学》2003 年第 8 期。

[201] 高志宏:《大数据时代"知情—同意"机制的实践困境与制度优化》,载《法学评论》2023 年第 2 期。

[202] 石佳友:《个人信息保护法与民法典如何衔接协调》,载《人民论坛》2021 年第 2 期。

[203] 汪庆华:《个人信息权的体系化解释——兼论〈个人信息保护法〉的公法属性》,载《环球法律评论》2022 年第 1 期。

[204] 王苑:《个人信息保护在民法中的表达——兼论民法与个人信息保护法之关系》,载《华东政法大学学报》2021 年第 2 期。

[205] 叶金强:《风险领域理论与侵权法二元归责体系》,载《法学研究》2009 年第 2 期。

[206] 王成:《侵权法归责原则的理念及配置》,载《政治与法律》2009 年第 1 期。

[207] 孟强:《公平责任归责原则的终结——〈民法典〉第 1186 条的解释论》,载《广东社会科学》2021 年第 1 期。

[208] 余筱兰:《民法典编纂视角下信息删除权建构》,载《政治与法律》2018 年第 4 期。

[209] 纪海龙:《数据的私法定位与保护》,载《法学研究》2018 年第 6 期。

[210] 冯德淦:《数据的二元划分与体系保护》,载《中南大学学报(社会科学版)》2020 年第 5 期。

[211] 周斯佳:《个人数据权与个人信息权关系的厘清》,载《华东政法大学学报》2020 年第 2 期。

[212] 梅绍祖:《个人信息保护的基础性问题研究》,载《苏州大学学报(哲学社会科学版)》2005 年第 2 期。

[213] 赵磊:《数据产权类型化的法律意义》,载《中国政法大学学报》2021 年第 3 期。

[214] 彭诚信、向秦:《"信息"与"数据"的私法界定》,载《河南社会科学》2019 年第 11 期。

[215] 崔建远:《我国〈民法总则〉的制度创新及历史意义》,载《比较法研究》2017 年第 3 期,第 187 页。

[216] 张平:《大数据时代个人信息保护的立法选择》,载《北京大学学报(哲学社会科学版)》2017 年第 3 期,第 144 页。

[217] 王利明:《论个人信息权的法律保护——以个人信息权与隐私权的界分为中心》,载《现代法学》2013 年第 4 期。

[218] 程啸:《论死者个人信息的保护》,载《法学评论》2021 年第 5 期。

[219] 周汉华:《平行还是交叉——个人信息保护与隐私权的关系》,载《中外法学》2021 年第 5 期。

[220] 葛云松:《死者生前人格利益的民法保护》,载《比较法研究》2002 年第 4 期。

[221] 王洪平:《论胎儿的民事权利能力及权利实现机制》,载《法学论坛》2017 年第 4 期。

[222] 李永军:《我国〈民法总则〉第 16 条关于胎儿利益保护的质疑——基于规范的实证分析与理论研究》,载《法律科学》2019 年第 2 期。

二、外文文献

（一）外文著作类

[1] Alan F. Westin, Privacy and Freedom, New York: Atheneum（1967）

[2] Abraham Maslow, Motivation and Personality, New York: Harper（1954）

[3] Serge Gutwirth, Yves Poullet, Paul De Hert & Ronald Leenes (eds), Computers, Privacy and Data Protection: an Element of Choice, Springer Dordrecht Heidelberg London New York（2011）

[4] Roscoe Pound, Interpretations of Legal History, Cambridge University Press（1967）

[5] Goff、Jones, The Law of Restitution, Sweet & Maxwell（2007）

[6] E.Hondius·A. Janssen (eds.), Disgorgement of Profits——Gain-Based Remedies throughout the World, Springer International Publishing（2015）

[7] Serge Gutwirth et al., Reinventing Data Protection? Springer Science & Business Media (2009)

[8] Aharon Barak, Proportionality, Constitutional Rights and Their Limitations, Cambridge University Press (2012)

[9] Adam Burgess & Alberto Alemanno, Jens O. Zinn eds., Routledge Handbook of Risk Studies, Routledge (2016)

（二）外文期刊类

[1] Robert L. Rabin, Perspectives on Privacy, Data Security and Tort Law,

DePaul Law Review, Vol. 66, Issue. 2, (2017)

[2] Carmen Tamara Ungureanu, Legal Remedies for Personal Data Protection in European Union, Logos Universality Mentality Education Novelty Section: Law, Vol. 6, Issue. 2, (2018)

[3] Gola/Piltz (o. Fußn. 2), Rdnr. 11; in diese Richtung auch Neun/Lubitzsch, BB 2017, 2563, 2567.

[4] Boris P. Paal, Schadensersatzansprüche bei Datenschutzverstößen Voraussetzungen und Probleme des Art. 82 DS-GVO. MMR (2020)

[5] Cordeiro, A. B. Menezes, Civil Liability for Processing of Personal Data in the GDPR. European Data Protection Law Review (EDPL), Vol. 5, Issue. 4, (2019)

[6] Dirk Bieresborn, The impact of the General Data Protection Regulation on Social Security, ERA Forum, Vol. 20, Issue. 2, (2019)

[7] Jerry Kang, Information Privacy in Cyberspace Transactions, Stanford Law Review, Vol. 50, Issue. 4, (1998)

[8] Paul Ohm, Broken Promises of Privacy: Responding to the Surprising Failure of Anonymization, UCLA Law Review, Vol. 57, Issue. 6, (2010)

[9] Omer Tene, Jules Polonetsky, Big Data for All: Privacy and User Control in the Age of Analytics, Northwestern Journal of Technology and Intellectual Property, Vol.11, Issue. 5, (2013)

[10] Mark Burdon, Contextualizing the Tensions and Weaknesses of Information Privacy and Data Breach Notification Laws, Santa Clara Computer & High Technology Law Journal, Vol.27, Issue. 1, (2010)

[11] Warren B Chik, Joey Keep Ying Pang, The Meaning and Scope of Personal Data under the Singapore Data Protection Act, Singapore Academy of Law Journal. Vol.26, Issue. 2, (2014)

[12] Sophie Stalla-Bourdillon, Alison Knight, Anonymous Data v. Personal Data - False Debate: An EU Perspective on Anonymization, Pseudonymization and Personal Data, Wisconsin International Law Journal, Vol.34, Issue. 2, (2016)

[13] Paul M. Schwartz, Daniel J. Solove, The PII Problem: Privacy and a New Concept of Personally Identifiable Information, New York University Law Review, Vol. 86, Issue. 6, (2011)

[14] Larry A. DiMatteo, Counterpoise of Contracts: The Reasonable Person

Standard and the Subjectivity of Judgment, South Carolina Law Review, Vol.48, Issue. 2, (1997)

[15] Gerald Spindler, Philipp Schmechel, Personal Data and Encryption in the European General Data Protection Regulation, Journal of Intellectual Property, Information Technology and Electronic Commerce Law, Vol. 7, Issue. 2, (2016)

[16] Helen Nissenbaum, Privacy as Contextual Integrity, Washington Law Review, Vol.79, Issue. 1, (2004)

[17] Helen Nissenbaum, Respecting Context to Protect Privacy: Why Meaning Matters, Science and Engineering Ethics, Vol.24, Issue. 4, (2015)

[18] Daniel J Solove, Conceptualizing Privacy, California Law Review, Vol. 90, Issue. 4, (2002)

[19] Pamela Samuelson, Privacy as Intellectual Property, Stanford Law Review, Vol.52, Issue. 5, (2000)

[20] Jed Rubenfeld, The Right of Privacy, Harvard Law Review, Vol.102, Issue. 4, (1989)

[21] Samuel D. Warren, Louis D. Brandeis, The Right to Privacy, Harvard Law Review, Vol. 4, Issue. 5, (1890)

[22] Wolfram H. Eberbach, Juristische Aspekte einer Individualisierten Medizin, MedR 29 (2011)

[23] Arthur R. Miller, Personal Privacy in the Computer Age: The Challenge of a New Technology in an Information-Oriented Society, Michigan Law Review, Vol.67, Issue. 6, (1969)

[24] Julie E. Cohen, Examined Lives: Informational Privacy and the Subject as Object, Stanford Law Review, Vol. 52, Issue. 5, (2000)

[25] Margaret Jane Radin, Property Evolving in Cyberspace, Journal of Law and Commerce, Vol.15, Issue. 2, (1996)

[26] Stan Karas, Privacy, Identity, Databases, American University Law Review, Vol.52, Issue. 2, (2002)

[27] Raquel Gonzalez-Padron, Property Rights over Personal Data: An Alternative for Standing in Data Breach Cases, Wake Forest Law Review, Vol.56, Issue. 2, (2021)

[28] Sonia M. Suter, Disentangling Privacy from Property: Toward a Deeper

Understanding of Genetic Privacy, George Washington Law Review, Vol.72, Issue. 4, (2004)

[29] Paul M. Schwartz, Karl-Nikolaus Peifer, Prosser's Privacy and the German Right of Personality: Are Four Privacy Torts Better than One Unitary Concept, California Law Review, Vol.98, Issue. 6, (2010)

[30] Joseph W Jerome, Buying and Selling Privacy: Big Data's Different Burdens and Benefits, Stanford Law Review Online, Vol. 66, Issue. 47, (2013)

[31] William L Prosser, Privacy, California Law Review, Vol. 48, Issue. 3, (1960)

[32] Jacqueline Lipton, Information Property: Rights and Responsibilities, Florida Law Review, Vol.56, Issue. 1, (2004)

[33] Landessozialgericht Hamburg, Begrenzung der Erlschenswirkung bei Nichtanzeige einer Beschftigung(2006)

[34] Chloe Stepney, Actual Harm Means It Is Too Late: How Rosenbach v. Six Flags Demonstrates Effective Biometric Information Privacy Law, Loyola of Los Angeles Entertainment Law Review, Vol. 40, Issue. 1, (2019)

[35] Maxwell E. Loos, Exposure as Distortion: Deciphering Substantial Injury for FTC Data Security Actions, George Washington Law Review Arguendo, Vol. 87, Issue. 42, (2019)

[36] Stacy-Ann Elvy, Paying for Privacy and the Personal Data Economy, Columbia Law Review, Vol. 117, Issue. 6, (2017)

[37] Alessandro Acquisti, Leslie K. John & George Loewenstein, What Is Privacy Worth, Journal of Legal Studies, Vol. 42, Issue. 2, (2013)

[38] Normann Witzleb, Justifying Gain-Based Remedies for Invasions of Privacy, Oxford Journal of Legal Studies, Vol. 29, Issue. 2, (2009)

[39] Ernest J. Weinrib, Restitutionary Damages as Corrective Justice, Theoretical Inquiries in Law, Vol. 1, Issue. 1, (2000)

[40] Miles L. Galbraith, Identity Crisis: Seeking a Unified Approach to Plaintiff Standing for Data Security Breaches of Sensitive Personal Information, American University Law Review, Vol. 62, Issue.5, (2013)

[41] Sasha Romanosky, Alessandro Acquisti, Privacy Costs and Personal Data Protection: Economic and Legal Perspectives, Berkeley Technology Law Journal, Vol. 24, Issue.3, (2009)

[42] Etzioni Amitai, A Cyber Age Privacy Doctrine: More Coherent, Less Subjective, and Operational, Brooklyn Law Review, Vol. 80, Issue. 4, (2015)

[43] Muge Fazlioglu, Beyond the Nature of Data: Obstacles to Protecting Sensitive Information in the European Union and the United States, Fordham Urban Law Journal, Vol. 46, Issue. 2, (2019)

[44] David L. Mothersbaugh et al., Disclosure Antecedents in an Online Service Context: The Role of Sensitivity of Information, Journal of Service Research, Vol. 15, Issue. 1, (2012)

[45] Nancy J. King, V.T. Raja, What do They Really Know About Me in the Cloud? A Comparative Law Perspective on Protecting Privacy and Security of Sensitive Consumer Data, American Business Law Journal, Vol. 50, Issue. 2, (2013)

[46] Carlisle Adams, A Classification for Privacy Techniques, University of Ottawa Law & Technology Journal, Vol. 3, Issue. 1, (2006)

[47] Sabah Al-Fedaghi, Abdul Aziz Rashid Al-Azmi, Experimentation with Personal Identifiable Information, Intelligent Information Management, Vol. 4, Issue. 4, (2012)

[48] Karen McCullagh, Data Sensitivity: Proposals for Resolving the Conundrum, Journal of International Commercial Law and Technology, Vol. 2, Issue. 4, (2007)

[49] Wong Rebecca, Data Protection Online: Alternative Approaches to Sensitive Data, Journal of International Commercial Law and Technology, Vol. 2, Issue. 1, (2007)

[50] Paul Ohm, Sensitive Information, Southern California Law Review, Vol. 88, Issue. 5, (2015)

[51] Andrew B. Serwin, Privacy 3.0-The Principle of Proportionality, University of Michigan Journal of Law Reform, Vol. 42, Issue. 4, (2009)

[52] Moira Paterson, Maeve McDonagh, Data Protection in an Era of Big Data: The Challenges Posed by Big Personal Data, Monash University Law Review, Vol. 44, Issue. 1, (2018)

[53] Joel R. Reidenberg, Privacy in Public, University of Miami Law Review, Vol. 69, Issue. 1, (2014)

[54] Jonathon W. Penney, Chilling Effects: Online Surveillance and Wikipedia

Use, Berkeley Technology Law Journal, Vol. 31, Issue. 1, (2016)

[55] Emily Schmidt, Article III Standing in Data-Breach Litigation: Does a Heightened Risk of Identity Theft Constitute an Injury-in-Fact, Cumberland Law Review, Vol. 49, Issue. 2, (2019)

[56] Laurel J. Harbour, Ian D. MacDonald, Eleni Gill, Protection of Personal Data: The United Kingdom Perspective, Defense Counsel Journal, Vol.70, Issue.1, (2003)

[57] Alessandro El Khoury, Personal Data, Algorithms and Profiling in the EU: Overcoming the Binary Notion of Personal Data through Quantum Mechanics, Erasmus Law Review, Vol. 11, Issue. 3, (2018)

[58] Francis S. Chilapowski, The Constitutional Protection of Informational Privacy, Boston University Law Review, Vol. 71, Issue. 1, (1991)

[59] Vera Bergelson, It's Personal but Is It Mine - Toward Property Rights in Personal Information, U.C. Davis Law Review, Vol.37, Issue. 2, (2003)

[60] Margaret Jane Radin, Property and Personhood, Stanford Law Review, Vol.34, Issue. 5, (1982)

[61] Jane B. Baron, Property as Control: The Case of Information, Michigan Telecommunications and Technology Law Review, Vol.18, Issue. 2, (2012)

[62] Kenneth C. Laudon, Markets and Privacy, Communications of the ACM, Vol.39, Issue. 9, (1996)

[63] Richard A. Posner, The Right of Privacy, Georgia Law Review, Vol.12, Issue.3, (1978)

[64] Lothar Determann, Social Media Privacy: A Dozen Myths and Facts, Stanford Technology Law Review, Vol. 7, Issue.1, (2012)

[65] Brey P A E., Theorizing Modernity and Technology, Modernity & Technology, (2017)

[66] Leif Sundberg, Towards the Digital Risk Society: A Review, Hum. Aff, Vol. 34, Issue.1, (2024)

[67] J. Scott Brennen, Daniel Kreiss, Digitalization, The International Encyclopedia of Communication Theory and Philosophy, Wiley Online Library, (2016)

[68] Daniel J. Solove, Danielle Keats Citron, Risk and Anxiety: A Theory of Data-Breach Harms, Texas Law Review, Vol. 96, Issue.4, (2018)